Aurelia Gujer
mit Ruth Bai-Pfeifer
Anna, das Mädchen, das mit den Augen spricht

Danksagung

Dieses Buch konnte nur entstehen, weil mich einige Menschen unterstützten.

Mein erster Dank gilt Ruth Bai-Pfeifer, die überhaupt die Idee für dieses Buch hatte. Ohne sie wäre die Geschichte von Anna nie in gedruckter Form erzählt worden. Sie hat meine Texte respektvoll behandelt und in Absprache mit mir gekürzt und korrigiert. Ruth hat mir vor Jahren, als mir das Herz schwer war vor lauter Sorgen und Lasten, aufmerksam zugehört. Sie hat mir Beachtung und Wertschätzung entgegengebracht, was mir bis tief in die Seele wohlgetan hat. Durch Ruth wurde mir nach und nach bewusst, dass wir über Jahre hinweg eine außerordentlich schwere Last zu tragen hatten. Aber auch Anna trug schwer an ihrer Geschichte. Heute können wir zusammen das Leben, die Freude und die Rückkehr in eine gewisse Normalität feiern. Danke, Ruth, für alle Unterstützung, den Zuspruch, die Wertschätzung und die Anerkennung.

Meinem Mann Hansuli möchte ich auch von Herzen danken. Er hat mit mir zusammen das oft sehr schwierige Leben durchgestanden. Hansuli hat mich zudem immer unterstützt in der Arbeit an diesem Buch. Oft, wenn ich nach stundenlangem Schreiben müde und erschöpft das Abendessen zubereiten wollte, bestellte er einfach mein Lieblingsessen, eine feine Pizza. So konnten wir etwas Gemütlichkeit genießen nach der anstrengenden Arbeit am Buch. Zusammen feierten wir jedes entstandene Kapitel und staunten über den Reichtum unserer Geschichte.

Hansuli hat mich nicht nur mental unterstützt. Er hat das Cover des Buches in vielen Arbeitsstunden sorgfältig gestaltet. Dabei ging er geduldig auf meine Wünsche ein, bis wir beide zufrieden sein konnten. Er knipste auch die meisten Fotos, die diesem Buch beigefügt sind. Über viele Jahre hat er so unser Leben mit Anna bildlich dokumentiert.

Nicht zuletzt möchte ich Gott danken, der uns Anna anvertraute. Sie ist ein unendlich großes Geschenk für uns!

Ein Dank gilt auch allen Freundinnen und Freunden und dem Werkheim, die mitfieberten bei der Entstehung des Buches. Es ist schön, so erfreulich unterstützt zu werden.

Aurelia Gujer
mit Ruth Bai-Pfeifer

Anna, das Mädchen, das mit den Augen spricht

*Ein dramatischer Unfall verändert eine Familie.
Doch die Liebe findet einen Weg!*

BRUNNEN
VERLAG BASEL · GIESSEN

Bibliografische Information der Deutschen Bibliothek
Die Deutsche Bibliothek verzeichnet diese Publikation in der Deutschen Nationalbibliografie; detaillierte bibliografische Daten sind im Internet über http://dnb.ddb.de abrufbar.

Umschlag: Hansuli Gujer, Uster
Hintergrundzeichnung Umschlag: Anna Gujer, Uster
Fotos Umschlag und Innenteil: Hansuli & Aurelia Gujer, Uster
Satz: Bertschi & Messmer AG, Basel
Druck: Bercker, Kevelaer
Printed in Germany

ISBN 978-3-7655-1423-4

Inhalt

Nachbemerkungen zum Thema «Ablösung»

Vorwort

Die Haustür öffnete sich. Vor mir stand eine junge Frau. Ein breites Lachen lag auf ihrem hübschen Gesicht, das von dunklen, lockigen Haaren umrahmt war. Sie trug ein langes, wunderschönes Kleid, eine auffallende Kette um den Hals und Ringe an den Ohrläppchen.

«Das ist sie nun», ging es mir durch den Kopf. «Anna, das Mädchen, das mit den Augen spricht.»

Sie streckte mir ihre Hand entgegen und begrüßte mich – ohne Worte. Aber in ihren Augen war ein freudiges Funkeln, ein herzliches «Hallo» zu lesen. Es war richtig faszinierend, Anna zum ersten Mal so gegenüberzustehen und zu realisieren, dass sie wirklich mit den Augen spricht.

Als ich vor etwa vier Jahren die Geschichte von Anna zum ersten Mal von Aurelia, ihrer Mutter, hörte, war ich berührt und geschockt zugleich. Mir begegnen viele tragische Geschichten über behinderte Kinder. Aber so etwas habe ich doch noch nie gehört. Zuerst wird dem Kind unsagbares Leid zugemutet, dann der Unfall. Was bleibt, ist ein geistig behindertes Kind.

Ich spürte den Schmerz und die Einsamkeit, die diese Mutter für ihr adoptiertes Kind durchlitt. Gleichzeitig war da diese unendliche Liebe zu Anna, die Aurelia motivierte, den harten Kampf zurück ins Leben in Angriff zu nehmen. Anna soll in unsere Welt integriert werden: Sie soll auf allen Ebenen gefördert werden; soll Freunde haben und sich schön machen. Und nicht zuletzt soll sie verstanden werden – auch ohne gesprochene Sprache.

All das forderte die Eltern bis an die Grenzen ihrer Kraft. Nicht nur ihr Leben und ihre Ehe wurden erschüttert. Diese Geschichte löste eine tiefe Glaubenskrise aus. Alles, was sie bisher geglaubt hatten, zerbrach. Was blieb, war die Erfahrung, dass Gott auch im tiefsten Leid da ist. Anna, ihre geistig behinderte Tochter, öffnete ihnen ein neues Verständnis für Glauben und Vertrauen: Was auch immer kommen mag –

Gott hält, trägt, führt und liebt. Sogar dann, wenn ein ersehntes Heilungswunder ausbleibt. Er muss die Not nicht wegnehmen. Wie und dass *er* durchträgt, das ist wesentlich!

Aurelia und Hansuli haben einen langen, einsamen, dunklen Tunnel durchschritten. Ihre unerschütterliche Liebe, ihr grenzenloser Einsatz, ihre beharrliche Hoffnung für Anna lösen in mir Hochachtung aus. Ohne dieses leidenschaftliche Engagement wäre Anna nicht, wer sie ist. Voller Überzeugung sagen die Eltern heute: «Sind wir nicht reich beschenkt durch unsere wunderbare geistig behinderte Tochter? Was wollen wir mehr? Trotz all der Einschränkungen ist unser Leben unendlich reich. Wir werden immer wieder belohnt für unsere Bemühungen, wenn Anna uns aus ihren fröhlichen, viel sagenden Augen anstrahlt. Ihre Blicke drücken mehr aus als schön gewählte Worte.»

Eltern von geistig behinderten Kindern bleiben zeitlebens auf diesem oft steinigen, mühsamen, holprigen Weg, auf dem sich nur wenig ändert. Jeder kleine Fortschritt ist ein Geschenk. Jede Hilfe lässt sie spüren, dass Gott sie nicht vergessen hat. All diese Eltern verdienen unsere ganze Wertschätzung, Hochachtung und Unterstützung. Sie sind für mich die *wahren* VIPs und Helden unserer Zeit.

Ruth Bai-Pfeifer

Ruth Bai-Pfeifer ist Erwachsenenbildnerin, Referentin und Seelsorgerin und leitet außerdem «Glaube und Behinderung», die christliche Arbeit unter behinderten Menschen in der Schweiz. Ruth Bai-Pfeifer leidet selbst unter einer äußerst seltenen Muskelkrankheit. Sie ist verheiratet mit Ernst Bai und Herausgeberin der beiden Bücher «Steine statt Brot?» und «Behinderte leben!» (beide erschienen im Brunnen Verlag Basel).

Kapitel 1: Anna und die große Entscheidung

«Hallo, Aurelia. Gut, dass ich dich telefonisch erreichen kann. Wie geht's?», war die Begrüßung von K., meiner ehemaligen Flötenlehrerin.

«Aurelia, ich habe eine Frage, verbunden mit einem großen Anliegen. Möchtet ihr eigentlich immer noch ein Kind adoptieren?» Sie kam gleich auf den Punkt.

«Ja, sicher. Wir haben nur die Hoffnung aufgegeben. Es scheint ziemlich schwierig zu sein, ein Kind ohne irgendeine komplizierte Geschichte adoptieren zu können», gab ich eindeutig resigniert zur Antwort. Ich hatte keine blasse Ahnung von dem, was K. mir noch eröffnen würde.

«Kannst du dich noch an die kleine Anna erinnern, von der ich dir einmal erzählte? Sie wurde aus einem rumänischen Kinderheim in die Schweiz geholt.»

«Ja, ich kann mich gut erinnern. Wie geht es ihr? Und was möchtest du mir von Anna erzählen?», fragte ich ganz verwundert.

Anna braucht einen neuen Platz

«Anna braucht einen neuen Platz zum Leben. Sie konnte leider nicht in der Familie bleiben, die sie aus Rumänien geholt hat. Vorübergehend lebt sie jetzt bei einer anderen Familie. Könntet ihr euch vorstellen, diese kleine Anna bei euch aufzunehmen?»

Ich war völlig überrumpelt und aufgewühlt. Tausend Fragen schwirrten durch meinen Kopf. Wie alt war Anna jetzt? Was war denn das Problem, dass sie nicht in der Adoptivfamilie bleiben konnte? Und, und, und …

Hatte ich nicht erst vor wenigen Tagen mit Hansuli ausgemacht, dass wir uns doch besser auf ein Leben ohne Kinder einstellen sollten? Ich wollte Ordnung in meine Gefühle, meine Hoffnungen und meine Erwartungen an das Leben bringen. Die Ungewissheit, die uns doch einige Zeit umgetrieben hatte, zermürbte uns. Wir wollten nicht, dass unser Leben nur mit einem Kind Wert zu haben schien. Wir waren auch beide nicht bereit, Geld für ein Kind zu bezahlen. Und wir beide wurden uns einig: Es durfte nicht sein, dass ein Kind für das Glück unseres Lebens verantwortlich sein sollte. Wir wünschten uns zwar nach wie vor ein Kind, oder lieber mehrere, aber nicht um jeden Preis.

Kein Herzklopfen und keine Freudengefühle stellten sich ein. Nach den vergangenen Erlebnissen blieb ich vorsichtig und zurückhaltend. Ich wollte meinem Herz keine weiteren Verletzungen zufügen. Den Schmerz, von einem Traum Abschied nehmen zu müssen, wollte ich nicht immer wieder von neuem durchleben.

Nun ging es um eine kleine, sehr lebendige Anna Cristina, die bald vier Jahre alt werden würde. Aus der Entwicklungspsychologie wusste ich, dass die ersten drei Lebensjahre eines Kindes sehr prägend sind. Die hier gewonnene Erkenntnis fürs Leben wird zum festen Bestandteil des Denkens und Handelns eines Menschen. Anna hatte diese drei Jahre bereits hinter sich. Ihr bisheriges Leben war geprägt von mancher bitteren Enttäuschung. Mehr wussten wir damals noch nicht.

Für mich war sehr schnell klar, dass ich mir diese Aufgabe nicht zutraute. Ich wusste nur zu gut, wie schwierig es ist, Kinder in diesem Alter zu Gutem anzuleiten, wenn sie schon negativ geprägt sind. Als Kindergärtnerin hatte ich genug Gelegenheit gehabt, dies zu erleben. Nein, zu so einer verrückten Aufgabe konnte ich nicht einfach locker Ja sagen.

Unsere Informationen ergaben, dass Annas erste Adoptivmutter zusammengebrochen war, weil Anna sich sozial auffällig, wild und schwierig verhielt. Sie muss sehr anstrengend und geradezu unzähmbar gewesen sein. Wir konnten deshalb nur schlecht einschätzen, was da auf uns zukommen würde. Der Druck, bald eine Entscheidung treffen zu müssen, lastete schwer auf uns. Für Anna musste schnell ein neuer Platz zum Leben gefunden werden.

Hansuli wehrte sich entschlossen gegen meine Bedenken. «Haben wir bis jetzt nicht solche eminent wichtigen Fragen mit Gott besprochen? Warum sollten wir das jetzt nicht auch tun?», rief er mir in Erinnerung.

Und so beteten wir um die richtige innere Einstellung zu der möglicherweise alles verändernden Entscheidung. Mein Entschluss stand fest: Diese Aufgabe ist eine Nummer zu groß für uns. Nein, nein und nochmals nein!

Je entschiedener ich Nein sagte, umso mehr nahm ich eine innere Wende wahr. Die Geschichte ließ mich nicht los und begann mich trotz aller Einwände zu interessieren. Immer wieder stand das Schicksal von Anna vor meinem inneren Auge. Anna war anders als die früheren «Angebote», die wir erhalten hatten.

Wir einigten uns als Ehepaar, der Geschichte von Anna tiefer auf den Grund zu gehen. So telefonierten wir mit den ersten Adoptiveltern von Anna und tauschten einige Gedanken aus. Wir wollten uns mit ihnen treffen und uns einen weiteren Eindruck von der Geschichte verschaffen. Mit flauem Gefühl im Magen reisten wir ab.

Undefinierbar seltsame, interessante, spannende und auch Angst machende Gefühle bewegten uns auf dem ganzen Weg zu der Familie. Was, um Himmels willen, würden wir antreffen? Mit was konnten wir rechnen? Was wurde von uns erwartet? Meine Emotionen fuhren Achterbahn.

Die Begegnung mit dem Ehepaar war herzlich, aber auch zurückhaltend. Wir erkannten sofort, dass es der Frau sehr schlecht ging. Ich konnte mir gut vorstellen, dass sie sich extrem unwohl fühlen mussten, weil sie ihre Elternaufgabe nicht weiter ausführen konnten. Die Unsicherheit des Ehepaares blieb den ganzen Abend über erhalten. Sie zeigten uns Fotos von Anna.

«Was? Anna ist ja so dunkelhäutig?! Ist sie etwa …?», fragte ich zögerlich und ohne den Satz zu beenden.

«Ja, sie ist ein ‹Zigeunermädchen›, eine Romni. Sie ist deshalb etwas dunkler als andere Rumänen.»

Nein, das auch noch! Komisch, das machte mir doch sehr zu

schaffen. Meine Klischeevorstellung von «Zigeunern» holte mich ein. Vielleicht ist sie deshalb so widerspenstig, weil sie Roma ist?

Das Ehepaar erzählte uns, wie auffällig und laut Anna sich häufig verhielt. Sie wollte immer und überall und zu jeder Zeit im Mittelpunkt sein. Offenbar war Anna sehr erfinderisch, wenn es darum ging, sich die Aufmerksamkeit ihrer Umwelt zu sichern. Sie spielte nur selten mit Spielzeug. Sie wollte Menschen, die sich ihr zuwandten.

Mein Herz war zwar berührt worden, aber ein Ja zu der Aufgabe, Anna in unsere Familie aufzunehmen, hatte ich damals noch überhaupt nicht.

Hansuli blieb offen, interessiert und fröhlich. Er fand diesen neuen Prozess rund ums Thema Familienzuwachs sehr belebend. Er ging unvoreingenommen an diese neue Herausforderung heran. Er hatte ja auch noch keine Erfahrung mit der Aufgabe, ein Kind zu betreuen. Irgendwie war ich froh um seine unkomplizierte Art. Langsam spürte ich, dass ich begann, Anna einen Platz in meinem Herzen frei zu räumen.

Beratung

Von nun an bewegte und beschäftigte uns diese Geschichte pausenlos.

Bevor wir uns für Anna entschieden, suchten wir das Gespräch mit den Leitern unserer Kirche (also den Gemeindeältesten), mit Kinderpsychologen und Freunden. Wir wollten uns gut auf das Unbekannte vorbereiten. Die Gemeindeältesten trauten uns diese Aufgabe zu. Die Psychologen warnten uns. Von einem Fachmann wurde ich sehr unterstützt in meiner Angst um Anna. Er ermutigte mich, genau zu überlegen, ob ich mich so einer riesigen Aufgabe wirklich verschreiben wollte. Es schien ihm sinnvoller, wenn Anna in einer gut geführten Institution mit geschultem Personal eine neue Heimat finden könnte.

Ich erschrak. Überschätzten wir uns tatsächlich, wenn wir

glauben wollten, dass wir Anna helfen könnten? Erfahrene Heilpädagogen erklärten mir, dass Anna nur wenig von unserer heilen Welt verstehen würde. Für Anna gab es diese heile, schmerzlose Welt nicht. Annas Seele war von Beginn ihres Lebens an mit Füßen getreten worden. Das war für sie normal.

Freunde unterstützten uns und sagten uns ihre Hilfe zu. Das Interesse unserer Mitmenschen, die uns nahestanden, hat uns bewegt und berührt. Anna würde von allen herzlich aufgenommen werden.

Wir brauchten diesen Rahmen von Menschen um uns herum, die diese folgenschwere Entscheidung mit uns trugen. Ich denke, es ist wichtig, dass man solche Entscheide nicht alleine fällt in der irrigen Meinung, man könnte die Aufgabe leicht bewältigen. Auch wenn letztlich wir die Aufgaben zu lösen hatten, wussten wir doch immer um die Menschen, die uns treu begleiteten. Ohne diesen Rahmen wären wir zusammengebrochen. Da bin ich mir sicher!

Nicht einfach nur ein süßes, kleines, heimatloses Mädchen

Trotz allem merkte ich gerade nach diesen Gesprächen, dass Anna bereits einen Platz in meinem Herzen hatte. Ich wollte ihr nicht zumuten, als kleines Mädchen ein Leben ohne Eltern fristen zu müssen. Mein inneres Ja zu Anna verfestigte sich. Als Ehepaar spürten wir, dass wir uns eigentlich schon *für* Anna entschieden hatten. Aber ich war sorgfältig. Ich prüfte alles lieber mehrmals, bevor ich mich auf solch eine Aufgabe einließ.

Mittlerweile wurden wir telefonisch mit Annas Vormund in Kontakt gebracht. Ernst und streng wies er uns auf die riesige Herausforderung hin, Anna ein Zuhause zu bieten. Offen zeigte er uns seine Empörung über all das, was der kleinen Anna in ihrem kurzen Leben schon angetan worden war. Bei diesem Gespräch erfuhren wir, dass noch eine Polizistenfamilie aus der Ostschweiz im Gespräch sei. Das traf mich. Die Vormundschaftsbehörde des Wohnortes von Anna arbeitete auf Hochtouren, um für Anna die beste Lösung zu finden. Dabei konfrontierte uns der Vormund auch damit, dass sie darüber beraten würden, ob für Anna eine Heim-Einweisung vielleicht nicht doch das Beste wäre.

Bei diesen schweren Gesprächen, die immer ein schlechtes Gefühl hinterließen, erkannten wir die Brisanz unserer Entscheidung. Wir würden definitiv nicht einfach ein süßes, kleines, heimatloses Mädchen bei uns aufnehmen. Anna hatte außergewöhnlich schwere Startschwierigkeiten in der Schweiz gehabt. Von jetzt an würden die Behörden uns oder einer anderen Familie ganz gehörig auf die Finger schauen. Wir könnten uns keine Ausrutscher oder Fehler erlauben. Anna würde uns auch so mehr als genug Probleme aufgeben.

Würden wir sie bei uns aufnehmen, käme mit Anna auch ein gewisser Druck auf uns. Könnten wir diesem Druck standhalten? Würde unsere Liebe ausreichen, dieses Mädchen treu umsorgend durchs Leben zu begleiten? Würde Anna sich positiv ins normale Leben einfügen? Oder war da schon zu viel Porzellan zerschlagen? Was würde das alles für unsere Ehe bedeuten? Wie würden unsere Familie und die Freunde zu Anna und zu uns stehen?

Aber noch war nichts entschieden. Bis jetzt stand nur unser inneres Ja fest, Anna trotz all der Bedenken bei uns aufzunehmen. Zu unserer großen Überraschung entschied sich die Vormundschaftsbehörde für uns als mögliche Adoptiveltern. Allerdings musste Anna in diesen Entscheid einbezogen werden. Und so kam es, dass wir Anna erst einmal persönlich kennen lernen durften.

Ein Ja für Anna

Bis zu jenem Zeitpunkt hatten wir von Anna nur Fotos gesehen. Gespannt vereinbarten wir ein erstes Treffen mit der Pflegefamilie, bei der sie sich zurzeit befand.

Einigermaßen vorbereitet, so glaubten wir wenigstens, trudelten wir bei der Familie ein. Mein Herz flatterte. Was würde wohl jetzt auf uns zukommen? Wir läuteten. Bald hörten wir Kinder hinter der noch verschlossenen Tür.

«Hallo!», begrüßten uns die Pflegeeltern Ursula und Martin. Es war leicht zu erkennen, dass nicht nur wir nervös waren!

Drei Kinder, zwei blonde und ein dunkelhaariges, wildes Mädchen, drückten sich an den Eltern vorbei zu uns.

«Das ist sie, die kleine Anna!», ging es mir durch den Kopf.

Sehr klein, mit lustigen dunkelbraunen Locken und stechenden Augen, so stand Anna vor uns. Sie litt offensichtlich unter Vertrauensverlust. Ihr Körper wollte zu uns, obwohl sie keine Ahnung von uns und unserem Vorhaben hatte. Und doch hielt sie etwas Unsichtbares zurück. Sie unterschied sich deutlich von den anderen Kindern. Die mussten noch nie solche seelischen Nöte erleben wie die kleine, wilde Anna. Sie wirkten ausgeglichen und zeigten eine gesunde Zurückhaltung. Beide drückten sich schutzsuchend an die Beine ihrer Eltern. Anna stand alleine, irgendwie verloren zwischen den Fronten. Sie schien nirgends hinzugehören.

«Kommt doch herein», baten uns die Gastgeber sogleich in ihre Wohnung.

Wir setzten uns zusammen. Jeder hoffte, dass sich der Besuch einigermaßen locker gestalten würde. Ursula ergriff die Initiative und zeigte uns ihre Eigentumswohnung. Dabei wollte sie uns nebenbei Annas Schlafplatz zeigen und flüsterte mir zu, dass Anna nur wenig Eigentum besitze. Die Kinder hatten keine Ahnung, dass wir wegen Anna hier waren. Wild rannten sie in der Wohnung herum, was sehr viel Lärm verursachte. Das ermöglichte es Ursula, uns ab und zu eine Bemerkung über Anna «rüberzuschmuggeln». Fast betäubt von dem Lärm und der Hektik, die sicherlich vor allem durch Anna verursacht wurden, entschieden wir uns, auf den Spielplatz zu gehen. Die Kinder brauchten offensichtlich Bewegung und frische Luft!

Anna setzte sich auf ein Dreirad. Sie wollte losbrausen. Mit einer lauten, nicht sehr verständlichen Sprache stieß sie Befehle aus. Spontan wendete ich mich ihr zu und versuchte sie etwas abzulenken von ihrem Vorhaben, die Straße unsicher zu machen. Annas innerer Druck schien sich kontinuierlich aufzubauen. Sie kam mir vor wie ein Fass, das unter Überdruck stand und gleich mit einem lauten Knall explodieren würde. Anna wurde immer unbändiger, wilder, lauter, frecher und verlangender. Ich fühlte mich fast überfordert.

Vorsichtig, wie eine Katze, die sich auf die Lauer legt, schaute sie mich von der Seite her an, den Kopf schützend zwischen die hochgezogenen Schultern geklemmt. Sie fragte sich vermutlich, was ich denn von ihr wolle. Annas Angst wurde beinahe fühlbar. Ihr Widerstreben, Menschen an sich heranzulassen, war nur zu verständlich.

Die Kinder von Martin und Ursula bewegten sich zufrieden und ohne Hast auf dem Gehweg zum Spielplatz. Anna, ganz verkrampft, unter einer enormen Anspannung stehend, trat mit voller Kraft in die Pedale. Ob sie ihrem inneren Stress damit Ausdruck gab oder einfach die Erste auf dem Spielplatz sein wollte? Anna schien unsäglich zu leiden. Sie weinte nicht. Sie wehrte sich heftig und wild gegen ihre traurigen Gefühle. Dieses kleine Mädchen schien ausgeweint zu haben. Das tat mir selber innerlich unendlich weh.

Hansuli rannte neben Anna her und schwatzte mit ihr, was die Kinder von Ursula und Martin wunderte. Warum spielten wir mit Anna und nicht mit ihnen? Sie wurden von ihren Eltern ein wenig informiert. Viel durften sie aber dazu nicht sagen. Denn es war ja wie gesagt noch nichts entschieden über Annas neues Zuhause.

Doch mit ihrer schnellen Auffassungsgabe merkte Anna bald, dass wir ihretwegen die Pflegefamilie aufsuchten. War es eine kleine Hoffnung, die sie so in Fahrt brachte? Oder wollte Anna uns auf Herz und Nieren testen? Anna wurde wild und wilder. Sie forderte Nähe, um uns gleich wieder von sich zu stoßen. Sie wollte geschaukelt werden. Aber festhalten durften wir sie nicht. Wir mussten sie auf dem Dreirad anschieben, wurden dann aber sofort beschimpft, weil wir zu viel oder zu wenig schoben. Anna verstand die Welt offenbar nicht mehr und sehnte sich doch so sehr nach Zugehörigkeit und Nähe. Gleichzeitig holte sie dauernd die Erfahrung ein, Menschen niemals trauen zu können.

Neben all dem Lärm und der Hektik, die rund um Anna ausgebrochen waren, blieb mir nur eines, nämlich Anna und das Geschehen zu beobachten. Mit einem kleinen Händedruck, den die clevere Anna zu deuten wusste, zeigte ich ihr mein Mitgefühl. Sonst hielt ich mich bewusst zurück. Ich blieb einfach einigermaßen still in ihrer Nähe.

Hansuli ließ sich spielend auf sie ein. Er reagierte nicht beleidigt, wenn sie ihn frech herausforderte. Ursula und Martin hielten sich diskret zurück. Auch ihre Kinder zogen die Nähe ihrer Eltern dem ausufernden Treiben von Anna vor.

«Zu Hause warten Kaffee und Kuchen auf uns. Wollen wir uns auf den Weg machen?», fragte Ursula. Alle freuten sich, und wir machten uns auf den Heimweg. Anna musste uns nicht mehr so heftig zeigen, wie «stark» sie war. Vermutlich stellten sich gewisse Ermüdungserscheinungen ein. Wir genossen die kurze «Normalität».

Zu Hause setzten wir uns eng zusammengedrängt um den Küchentisch. Der Platz reichte nicht für alle. Wie gut.

«Anna, willst du auf meinen Knien sitzen?», fragte ich sie.

Anna konnte unmöglich Ja sagen. Sie hatte solche Angst, sich auf Menschen einzulassen. Trotzdem kletterte sie, ohne Antwort zu geben, auf meine Knie. Sie setzte sich kerzengerade, in respektierlichem Abstand zu meinem Körper, hin. Anfangs hielt ich mich zurück, meine Hände auf ihre Beine zu legen. Kuchen und Kaffee wurden verteilt. Ich musste mich etwas nach vorne neigen, um meine Tasse erreichen zu können. So kam ich Anna etwas näher. Ich vermied es respektvoll, sie dabei zu berühren, obwohl ich nichts lieber getan hätte. Mir wurde sofort klar, dass ich Anna entscheiden lassen musste, wann ich ihr näher kommen dürfte. Sie war die seelisch Verletzte, nicht ich.

Vielleicht bildete ich mir das nur ein: Ich glaubte zu spüren, dass Anna sich am liebsten angeschmiegt hätte. Aber dazu war es viel zu früh.

Steif blieb sie sitzen, drückte nur ihren Arm etwas nach hinten, damit wir uns leicht berührten. Anna spürte vermutlich, dass wir uns für sie interessierten. Vielleicht kam ihr das bekannt vor.

Nicht zum ersten Mal interessierten sich erwachsene Menschen für sie. Schon damals im rumänischen Kinderheim wurde sie mit Menschen konfrontiert, die sie kennen lernen wollten. Die ersten Adoptiveltern mussten mehrmals nach Rumänien reisen, bevor die leibliche Mutter von Anna die Verzichtserklärung unterschrieb. Also lebte Anna schon damals zwischen Hoffnung und Angst. Trotzdem bat ich Anna nach einer Weile, ob ich meine Hände über ihren Beinen zusammenhalten durfte. Dabei flüsterte ich ihr die Frage ins Ohr. Es war eine Abmachung zwischen uns beiden. Anna sollte frei entscheiden dürfen.

Und sie wollte! Anna hatte genug Freiraum und fühlte sich trotzdem gehalten. Das war schön, wohl für uns beide!

Unsere erste Begegnung mit Anna endete damit, dass wir uns auf den nächsten Besuch bei uns einigten. Auf der Heimreise sprachen wir über alles. Ich hatte noch nie ein Kind erlebt, das sich so auffällig, zerstreut und aggressiv benahm. Meine kühnsten und schlimmsten Erwartungen waren übertroffen worden. Was kam da auf uns zu? Die innere Überzeugung, dass Anna zu uns gehörte, blieb uns erhalten und sollte übrigens ein Leben lang durch alle Stürme hindurch nie mehr ins Wanken geraten. Wir spürten die Zusage Gottes, dass *er* uns die Kraft geben würde, mit Anna zusammen den Weg durchs Leben zu finden.

Vorbereitungen

Der Besuch von Ursula, Martin, ihren Kindern und Anna bei uns zu Hause war vereinbart.

Mein Herz klopfte, als sie fröhlich lachend bei uns um die Hausecke bogen. Ja, das Herz sprang mir fast aus dem Leibe! Unsere Anna kam zum ersten Mal zu uns nach Hause! Juhu!

Wir genossen die gemeinsamen Stunden, die diesmal erstaunlicherweise viel ruhiger und zufriedener abliefen. Anna stotterte stark und brauchte viel Geduld und Zuwendung. Es kostete Zeit, wenn ich sie verstehen wollte. Sie zeigte eine Empfindlichkeit, die nur jemand mit stark verletzten Gefühlen hat. Anna reagierte sofort verunsichert, wenn sie sich vernachlässigt fühlte oder nicht die volle Zuwendung bekam. Aber im Großen und Ganzen erlebten wir sie bei dieser zweiten Begegnung gelassener. Diese Hektik, die uns beim ersten Besuch erschreckt hatte, schien verschwunden zu sein, wenigstens für diesmal.

Beim Abschied schenkten wir Anna ein kleines Stoffhäschen. Sie hielt das lebendig wirkende Tierchen zum Liebhaben zärtlich in ihren Händen. Anna war völlig überwältigt. Unfähig, mit dieser Form von Zuwendung umzugehen, blieb sie stocksteif stehen. Das Tierchen blieb nah bei ihr und sollte noch lange Zeit mit ihr das Bett teilen.

Die kluge und aufmerksame Anna erkannte, worum es bei den Besuchen mit uns ging. Ein entscheidendes Gespräch fand zwischen Wohnzimmer und Annas zukünftigem Schlafzimmer statt.

Anna lehnte sich an einen Stuhl und schaute mir sehr direkt in die Augen. Nach erstem Zögern fragte sie mich: «Kann ich jetzt hierbleiben?»

Vorsichtig antwortete ich: «Möchtest du das denn gerne?»

«Ja, schon», gab Anna zurück. Sie schaute forschend.

«Nun, dann wollen wir das doch mit Martin und Ursula besprechen. Möchtest du das?», wollte ich von Anna wissen.

«Ja.» Mehr wusste Anna dazu nicht zu sagen. Zu sehr plagte sie die Angst, wieder Ablehnung zu erfahren. So wurde Anna in die Entscheidung einbezogen, wo sie wohnen wollte.

Nach dem Besuch bei uns wurde Anna sachte und mit viel Feingefühl von Ursula und Martin auf ihren Umzug vorbereitet. Dabei vermieden sie es, uns Anna als ihre neuen Eltern vorzustellen. Es ging einfach darum, Anna Aussichten auf eine Familie, auf Zugehörigkeit zu geben, ohne ihr schon die ganze Zukunft erklären zu wollen. Anna sagte zu dem Zeitpunkt zu allen Frauen Mami und zu allen Männern Papi. Offensichtlich war ihr das Gefühl von Zugehörigkeit zu *einem* Papi und zu *einer* Mami abhandengekommen. Oder hatte sie dieses Gefühl noch gar nie empfunden? Wir konnten und wollten nicht nachfragen.

Es wurde zwischen der ersten Adoptivfamilie von Anna und uns vereinbart, dass wir den Kontakt zueinander abbrechen würden, sobald sich die Zukunft von Anna geklärt hätte. Allen war klar, dass sich die erste Adoptivmutter erholen musste und jede Annäherung für Anna unbegreiflich sein würde. Nur zu Ursula und Martin und ihren Kindern sollte der Kontakt noch längere Zeit lebendig bleiben.

Anna zieht bei uns ein

Am 27. Januar 1992 reiste Anna mit ihrem Köfferchen zu uns. Sie hielt das geliebte Stoffhäschen im Arm. Wie würden wir uns nun als neue Familie zusammenfinden?

Das überwachte Annas Vormund ganz genau. Hätte er die kleinsten Zweifel an uns gehabt, dann hätte sich der Entscheidungsprozess länger hinausgezogen. Er hatte ein wachsames Auge auf uns und ließ uns nie den Eindruck bekommen, dass wir mit uns zufrieden sein konnten. Die Gespräche mit ihm gaben mir das Gefühl, von diesem weisen Mann sehr gut begleitet zu sein. Er besuchte uns anfänglich auch mehrmals kurz hintereinander. Dabei entdeckte er, dass ich viel Wert auf Ordnung, Sauberkeit und Sorgfalt legte.

«Frau Gujer, Anna sollte mehr Freiheiten haben. Ihre Wohnung ist mir zu ordentlich. Anna sollte aus dem Rahmen fallen dürfen, ohne gleich wieder in die Ordnung zurückbeordert zu werden. Sie machen Ihre Sache ja gut. Aber in dem Punkt muss ich doch sagen: Lassen Sie Anna mehr Freiheiten», war sein wohlbedachter Rat an mich.

Genau diese Kritik musste ich mir schon in meiner Zeit als Kindergärtnerin gefallen lassen. Bei mir war alles diszipliniert, ordentlich, sauber, kontrolliert. Kinder sind aber lebendig und brauchen die Möglichkeit, aus dem Rahmen fallen zu dürfen,

Schmutz hinterlassen zu können, ohne sofort von der putzenden Mutter verfolgt zu werden. Sie müssen Fehler machen können. Wenn sie Spielzeug zerstören, dann kann das mit ihrem Wissensdurst zusammenhängen. Vielleicht wollen sie etwas auseinandernehmen, damit sie das Spielzeug besser begreifen können? Vielleicht gehört das einfach zum Entdecken des Lebens? Ich erkannte, dass zerstören, etwas auseinandernehmen, Löcher machen etc. nicht immer damit zu tun haben muss, destruktiv zu sein. Jedenfalls wurde mir damals bewusst, dass ich gehörig dazulernen musste, wenn ich Anna in die innere und äußere Freiheit begleiten wollte. Ein lebenslanger Lernprozess begann. Ich durfte dabei selber nach und nach lernen, wie ich mich von einigen meiner Zwänge befreien konnte.

Anna sollte also experimentieren dürfen. In unserer kleinen, uralten Dreizimmerwohnung richteten wir für sie einen Teil des größten Zimmers ein. Ihre Schlafstätte gestalteten wir wie ein Märchenbett. Ein alter Vorhang diente als Himmel. Bald schon zeigte Anna ihre spezielle Freude an schönen, glänzenden Stoffen. Die hängte sie über das Bettgestell oder hüllte sich selber darin ein.

An einem kleinen Kindertischchen konnte Anna malen. Dazu legte ich ihr Wasserfarben hin und ein Malbuch. Anna konnte noch lange nicht figürlich zeichnen. Sie wollte sich auch nicht überreden lassen, etwas deutlich und als Figur erkennbar darzustellen. Viel lieber wählte sie dunkle Farben aus und malte so lange an derselben Stelle mit dieser dunklen Wasserfarbe, bis sie ein Loch durch das Malbuch gebohrt hatte. In meiner disziplinierten Art machte ich sie immer wieder darauf aufmerksam, dass sie so nicht malen solle. Anna blieb jedoch dabei: Sie durchlöcherte jedes Malbuch.

Die Gespräche mit dem Vormund machten mir deutlich, dass ich Anna gewähren lassen solle. Sie würde schon damit aufhören, wenn sie innerlich reif für Fortschritte war.

Anna wusste nicht, wie sie ihren Kinderalltag gestalten sollte. Sie hatte offenbar keine Ahnung, wie man spielte. Sie konnte sich mit nichts alleine beschäftigen. Demonstrierte ich ihr etwas, schaute sie belustigt hin, wandte sich dann aber zusammen mit mir etwas anderem zu. Das kostete mich anfangs viel Geduld und Fantasie. Sie war nicht in der Lage, alleine zu spielen.

Dafür redete Anna den ganzen Tag wie ein Wasserfall, der kaum zu stoppen war. Dabei stotterte sie die ersten Wochen unglaublich, was das Zuhören mühsam machte. Manchmal bat ich Anna um eine «Schwatzpause». Nach höchstens zwei Minuten fragte sie mich, ob diese nun vorbei sei. Dabei entschied sie eigentlich gleich selber über das Ende dieser für sie ziemlich blöden Pausen. Denn Anna tat ja kaum etwas anderes als schwatzen. Mit der Schwatzpause nahm ich ihr sozusagen das Einzige, womit sie sich lebendig fühlte. Darum mussten diese Pausen sehr kurz sein!

«Mami, hast du mich *wirklich* lieb?»

Ich liebte dieses kleine, wilde Mädchen täglich mehr. Die vielen beruflich bedingten Abwesenheiten von Hansuli entpuppten sich nicht als Nachteil für uns. Anna konnte sich auf mich einlassen und musste nicht um die Aufmerksamkeit von zwei Erwachsenen kämpfen. Sie kam nie zu kurz, weil ich ausschließlich für sie da war. Nur mit der körperlichen Nähe haperte es noch, was ich leicht begreifen konnte.

Ich überlegte mir, wie wir ganz natürlich zu mehr Körperkontakt kommen könnten. Anna musste dabei bestimmen können, wie viel Nähe sie aushalten konnte. So öffnete ich meinen Haarzopf und ließ Anna meine Haare bürsten, was sie sehr gerne tat. Sie schwatzte dabei eine Menge. Anna tänzelte um mich herum und schien die Nähe zu genießen, um auch gleich wieder auf Abstand zu gehen. Ich versuchte, Anna nicht vorzusagen, was sie tun sollte. Das kostete mich viel Geduld, denn diese Bürsterei war nicht nur angenehm. Anna ließ sich selber die Haare übrigens nicht bürsten. Allerhöchstens am Morgen durfte ich die Kraushaare etwas bändigen. Dann flitzte sie gleich davon.

Anna hatte ein ausgeprägtes Mundwerk. Und wir merkten schnell, dass sie sehr intelligent war. Sie beobachtete ihre Umwelt ganz genau. Mit ihren dunklen Knopfaugen und dem lustigen Kraushaar gewann sie die Aufmerksamkeit ihrer Mitmenschen in Windeseile. Anna diskutierte leidenschaftlich gerne, was wir am Anfang sehr lustig fanden.

Doch mit der Zeit stellten wir fest, dass Anna mit ihrer Eloquenz einige ihrer Defizite wettmachte. Sie hatte ja keine Lust, keine Freude und kein Interesse an altersgemäßem Spielen. Einen Tag nur mit Schwatzen zu verbringen, ist für alle Beteiligten ziemlich anstrengend. Ich versuchte, Anna behutsam zu zeigen, wie sie sich selber beschäftigen konnte. Dabei verbrachten wir die ersten Wochen fast ausschließlich mit- und nebeneinander. Ich wollte Anna Vertrautheit lehren. Sie sollte Nähe, Zuwendung und Hingabe konsumieren können, damit ihr Seelentank sich füllte. Ich legte mich viel zu ihr auf den Teppichboden und suchte bewusst den direkten Blickkontakt zu ihr. Sie sollte merken, dass ich wirklich sie und nur sie meinte.

Manchmal schaute mich Anna zweifelnd an. Ihr Blick verriet die Frage: «Mami, hast du mich *wirklich* lieb?»

Mit einer kleinen Handbewegung fuhr ich ihr über die Wange, den Arm oder die Hand und versicherte ihr, dass ich wirklich sie, ganz und gar sie liebte. Solche Momente habe ich in wunderschöner Erinnerung. Dabei erlebten wir wertvolle innere Nähe. Das Band der Eltern-Kind-Liebe wurde langsam dichter gewoben …

Hansuli verwöhnte Anna, indem er ihr aus jedem Land, das er bereiste, besondere Geschenke mitbrachte. Immer bevor er nach Hause kam, machten wir uns in der Küche fleißig daran, einen Kuchen zu backen. Zusammen deckten wir den Tisch im Wohnzimmer festlich und stellten den gemeinsam gebackenen Kuchen auf den Tisch. Wir besorgten schöne Blumen und stellten sie sorgfältig angerichtet in eine Vase. Zur rechten Zeit holten wir Hansuli am Flughafen ab. Das freudige Hallo war weitherum zu hören.

Anna lebte diese Freude völlig übertrieben aus. Es lag wenig

Natürlichkeit in diesen lauten, impulsiven Begrüßungen. Hansuli war nicht spitzfindig und genoss diese herzlichen Willkommensrituale wie ein gefeierter König! Im Auto auf dem Heimweg berichteten wir uns freudig über die Tage, die wir getrennt erlebt hatten. Zu Hause erwartete Hansuli der lecker duftende Kuchen. Wir setzten Teewasser auf und feierten seine Heimkehr intensiv. Bald schon rückte Hansuli mit den Geschenken für Anna heraus.

Sie freute sich immer extrem. Dann saß sie jeweils staunend und irgendwie beschämt vor diesen Liebesgaben und fragte immer wieder: «Papi, sind diese Geschenke alle für mich?» Und stets kam dieselbe Frage. Anna konnte es nicht fassen. Für sie ganz alleine hatte der Papi diese Geschenke im Flugzeug hertransportiert! Anna genoss es, so verwöhnt zu werden. Sie sog die Liebe in sich auf und konnte nie genug davon bekommen.

Du bist nicht meine Mama

Es dauerte nicht lange, da prüfte Anna die Ernsthaftigkeit unserer Liebe. Einmal, so erinnere ich mich, standen wir an der Kasse eines Kleidergeschäftes. Ich wollte bezahlen. Anna stand vor mir. Mit ihren dunklen Augen hielt sie nach möglichen Gefahren Ausschau. Die Reihe vor uns war nicht lang, aber langsam.

«Mami, ich will nicht mehr warten!», begann sie auf einmal zu quengeln.

«Es wird nicht mehr ewig dauern, bis wir drankommen», meinte ich mit der Absicht, Anna zu beruhigen. Plötzlich rannte sie nach vorne, an der eben bezahlenden Person vorbei, und begann immer etwas mehr aus meinem Blickfeld zu tanzen.

Nun trat ich in Aktion. Ich ermahnte Anna, vorerst noch sehr beherrscht, sie solle bei der Kasse warten.

«Nein, sicher nicht! Du hast mir gar nichts zu sagen. Du bist nicht meine Mami!», rief Anna.

Zu meinem Erstaunen rannte sie nicht davon. Sie wollte mich genauso wenig verlieren wie ich sie!

Wow, mit so einer Aussage musste ich erst mal klarkommen. Das war eine klare Provokation!

«Warte einfach, und wir diskutieren nachher weiter. In Ordnung?» Damit hoffte ich, sie zu beruhigen. Weit gefehlt! Anna wollte mich jetzt erst recht herausfordern. Den Blicken meiner Nächsten an der Kasse konnte ich förmlich ihre Empörung ansehen. Irgendjemand war wohl kurz davor zu meckern: «Sagen Sie dem Kind doch mal, was Sache ist!»

Ich musste mich zusammennehmen und vernünftig überlegen, wie ich Anna beweisen konnte, dass unsere Beziehung ein solches Verhalten ertragen würde. Es schien Annas Erfahrung zu sein, dass sie sich nur frech und widerspenstig genug verhalten musste, um die Beziehungen aufs Äußerste zu strapazieren. Ich musste also irgendwie herausfinden, wie ich sie überraschen konnte. Mein Ziel war es ja, ihr Vertrauen zu gewinnen.

In gespielter Ruhe bezahlte ich endlich meine Einkäufe und wandte mich langsam und mit Bedacht an Anna. Aber dieses viel zu kleine Mädchen mit den dunklen Augen stand da wie eine Wildkatze, bereit zum Angriff. Innerlich musste ich dabei ein wenig schmunzeln. Was hatte dieses kleine Ding doch für eine Macht! Irgendwie faszinierte mich ihre Kampfbereitschaft. Da war Leben in dem Kind. Es wollte ernstlich wahrgenommen werden und wusste einfach nicht so recht, wie es das anstellen sollte.

Ich wollte Anna zeigen, dass ich sie ganz und gar liebte und auf gar keinen Fall wegstoßen würde. Ohne viel Aufsehen streckte ich ihr meine Hand entgegen. Sie erfasste sie, was für mich das Zeichen eines kleinen Sieges war.

Anna hielt meine Hand nicht ruhig und fügsam. Sie zerrte, schimpfte herum und drohte mir mit hässlichen Worten. Aber sie ließ meine Hand nicht los. Ich musste den peinlichen Auftritt in der Öffentlichkeit über mich ergehen lassen, wenn ich Anna für mich gewinnen wollte. Die kleine Anna als Person, die liebten wir schon so sehr, dass für uns eine Trennung niemals in Frage gekommen wäre. Aber ihr Verhalten war manchmal schon eher zum Davonlaufen.

Ich hatte jedoch den Eindruck, dass Anna mit ihren lauten, provokativen Aktionen ums Überleben kämpfte. Manchmal kamen mir ihre fast pausenlosen Wut- und Kraftausbrüche vor wie ein einziger Schrei: *«Lasst mich leben!»*

Maßlose Herausforderung

Ich hatte die feste Absicht, nie meine Hand ausrutschen zu lassen, um ein Kind zurechtzuweisen. Mein Erziehungsbild war strikt gegen körperliche Strafen. Meine Erfahrung war die, dass man mit Geduld und im Gespräch alle Probleme mit einem Kind lösen kann.

Bei Anna funktionierte meine Geduld nicht. Sie forderte uns zuweilen so maßlos heraus, dass ich ihr einen Klaps auf den Hintern gab. Sie jedoch quittierte meine Erziehungsversuche mit einem gehässigen Lachen. Einsicht war nicht in greifbarer Nähe!

Mit der Zeit merkte ich, dass Anna nur dann wirklich dazulernte, wenn ich mich in solchen provokativen Momenten von ihr abwendete und zu ihr sagte: «Anna, dein Verhalten ist nicht akzeptabel.» Ich musste ihr den Wind aus den Segeln nehmen, indem ich ihr die Chance bot, sich selber aus ihrem Verhalten zu befreien.

Nur wenn sie alleine war, ohne Zuschauer, die irgendetwas hätten von ihr erwarten können, fand sie einigermaßen aus ihrem Dilemma heraus. Sie wollte nie aufgeben und hätte sich vermutlich allzu verletzt gefühlt, wenn Menschen ihre Wandlung zum Guten beobachtet hätten. Sie wollte aus Selbstschutz nicht nachgeben. Es war ihre Sicherheit, ihr Schutz, stärker zu sein als die anderen. Und so musste sie sozusagen ganz allein entscheiden können, ob sie sich einfügen wollte oder nicht.

So ging ich dann auch nicht mehr auf sie ein, wenn sie sich zum empfohlenen Verhalten entschieden hatte. Nicht einmal mit einem ermunternden Blick zollte ich ihr Anerkennung. Hatte sie sich ganz alleine zum Guten entschieden, so fühlte sie sich stark und sicher.

Später, als ihre Angst geschrumpft war, dass ihre Provokationen uns dazu verleiten könnten, sie wegzugeben, zeigte Anna mehr Weichheit und Verletzlichkeit. Einmal, als wir gerade wieder so einen schwierigen Kampf überstanden hatten, schmiegte sich Anna Frieden suchend an meine Beine. Ein ganz neues Erlebnis. Ich war in der Küche damit beschäftigt, das Mittagessen vorzubereiten. Vorsichtig löste ich mich von meinem Tun und wendete mich Anna zu. Langsam, ohne sie aus den Augen zu verlieren, kniete ich mich zu ihr nieder.

«Anna, was möchtest du?»

«Mami, ich will lieb sein», sagte Anna etwas hart.

«Anna, du *bist* lieb!», gab ich ihr zu verstehen.

«Aber, aber, aber, aber ... ich habe sehr geschimpft», stotterte Anna sichtlich aufgelöst.

«Ja, liebe Anna, weißt du, deshalb bist du trotzdem lieb», versuchte ich ihr zu versichern. «Weißt du was, Anna? *Du* bist immer lieb und unser Schatz. Nur dein *Verhalten* ist manchmal schlimm. Verstehst du den Unterschied? Dich lieben wir immer, auch wenn du schimpfst», erklärte ich Anna unsere Einstellung zu ihr und zu ihrem provokativen Verhalten.

«Aha, mich habt ihr lieb, gell? Aber mein Benehmen findet ihr nicht lieb? Aber mich habt ihr lieb, gell?!»

Den Kopf leicht schräg gelegt, schaute sie mich prüfend an. Meinte die neue Mami das wirklich ernst? Oder sagte sie solche schönen Sachen nur so daher? Anna litt noch sehr unter Zweifeln. Aber von da an lernte sie deutlich, die Liebe zu sich und zu ihrem Benehmen zu unterscheiden.

Die ersten Adoptiveltern

Während der ersten acht Monate fragte mich Anna oft: «Mami, wann kommt mein Papi und holt mich wieder nach Hause?» Damit meinte sie nicht den neuen Papi. Damit meinte Anna ihren ersten Adoptivvater.

Wieder kam es uns zugute, dass Anna bei uns kein emotionales Loch füllen musste. Sie musste nicht für unseren Kinderwunsch herhalten. Sie durfte mit ihren Defiziten und Nöten bei uns leben.

Ich fühlte mich nicht angegriffen, verletzt oder zurückgewiesen, wenn Anna mir diese Frage stellte. Ich kniete mich zu ihr nieder und sagte nur: «Ich verstehe dich. Du möchtest gerne deinen Papi wiedersehen.» Es ging mir darum, ihr sozusagen mit meinen Worten zu sagen, dass ich ihr Anliegen verstand.

«Mami, wann kann ich wieder zu ihm gehen?», bohrte Anna bei mir weiter.

Ich konnte ihr unmöglich sagen, dass sie ihn nie wiedersehen würde. Also sagte ich nochmals: «Anna, es wäre dir gerade sehr wichtig, ihn wiederzusehen, gell?» Ich bestätigte Anna so quasi darin, dass ich ihre Frage verstanden hatte.

In Absprache mit dem Vormund, der viel Erfahrung in diesen Dingen hatte, gab ich aber nie eine direkte Antwort, denn die hätte Anna nicht verkraftet. Wir ließen ihr Zeit, bis sie nicht mehr nachfragte. Sie sollte so lange die Sehnsucht nach der «alten» Familie ausdrücken können, wie es für sie nötig war. So nach und nach verblassten die alten Erinnerungen, weil viel Neues ihre Gedanken beflügelte.

Immer wieder verurteilten Menschen um uns herum die ersten Adoptiveltern. Allen voran schimpfte der Vormund über den Leichtsinn, ein Kind so unüberlegt bei sich aufzunehmen, um es dann plötzlich wieder loswerden zu wollen. Ich glaube nicht, dass die ersten Adoptiveltern Anna aus Leichtsinn oder Unüberlegtheit bei sich aufnahmen und dann wieder abschoben. Die eigenen Grenzen lernt man oft erst in Extremsituationen kennen. Anna war extrem. Auch wir erlebten diese schwierigen Seiten von Anna hautnah. Sie forderte uns vielfältig heraus. Sie brachte auch mich immer wieder an mir zuvor unbekannte Grenzen.

Ich lernte mit der Zeit, dass nicht alle Menschen dieselbe Kraft zum Leben aufbringen. Zunehmend verstand ich, warum die erste Adoptivmutter unter den Herausforderungen mit Anna zusammengebrochen war. Ich war gesegnet mit stabiler Kraft, Lebensmut und Kampfwillen, Ideenreichtum und Durchhaltevermögen.

Anna stellte unsere Liebe zu ihr stets aufs Neue auf die Probe. Immer wieder durfte sie dabei erfahren, dass uns nichts aus der Bahn werfen würde. Hansuli zeigte eine unerschöpfliche Geduld und Ausdauer. Anna konnte ihn noch so sehr provozieren, er blieb cool. Hansuli ist nicht nachtragend. Anna konnte immer damit rechnen, dass der neue Papi stets voller Liebe und Herzlichkeit auf sie zugehen würde, egal wie extrem schwierig sie sich zuvor verhalten hatte. Wir waren einfach überaus begeistert von unserer Anna. Das half uns, sie durchzutragen. Die schwierigen Momente standen für uns ganz einfach nicht im Vordergrund. Die gemeinsamen Erlebnisse zählten. Und unser unerschütterlicher Glaube, dass Gott Annas Herzeleid heilen würde.

Selbstverletzung

Anna zeigte bald eine ganz eigenartige Form von Selbstverletzung. Bei einem so kleinen Mädchen hätte ich das nicht erwartet. Annas innerer Druck sprengte offenbar alles Aushaltbare. Damit Anna sich spüren konnte, ritzte sie sich die Haut im Gesicht auf. Manchmal tat sie dasselbe an den Armen. Aber viel mehr kratzte sie sich die Wangen blutig. Noch heute sieht man ganz kleine Narben, wenn man genau hinschaut. Es tat mir in der Seele weh, wenn Anna sich auf diese Weise Schmerzen zufügte. Die Hintergründe und Beweggründe dieses Verhaltens kannte ich damals noch nicht. Oder zumindest konnte ich sie nur erahnen. Aber ich erkannte, dass Anna wirklich ernsthaft litt.

Aus einer innerlich gesteuerten Aggression heraus griff sie sich plötzlich und kraftvoll an die Wange und ritzte sich mit starrem Blick die Haut auf. Die Wunden färbten sich schnell mit leuchtend rotem Blut und mussten sicherlich fürchterlich brennen.

In solchen Momenten konnte ich nicht anders, als in einem Anflug von Mitleid und Herzschmerz Anna in die Arme zu nehmen, damit sie sich beruhigte. Anna wollte sich dann aus meiner Umklammerung befreien und weiter die Wange aufkratzen. Sie schaute mich dabei provokativ an und schien aber gleichzeitig wie weggetreten. Mir kam es so vor, als würde Anna von unsichtbarer Hand ferngesteuert. Und darum redete ich auf sie ein, möglichst beruhigend, und versprach ihr, dass ich sie schützen werde.

Die fremde Kraft, die sie zu dermaßen selbstzerstörerischem Verhalten antrieb, ließ dann nach, und Anna wurde ganz schlaff. Sie genoss die Wärme und Nähe und ließ sich widerstandslos Salbe auf die Wunden auftragen. Auch dieses angstmachende und leidvolle Verhalten besserte sich zusehends. Anna lernte, auf sich Acht zu geben, und begann sich irgendwie anzunehmen. Sie wurde nach und nach weicher in ihren Bewegungen.

Neun Monate nach Annas Einzug bei uns stellten wir zum ersten Mal fest, dass Annas Blick sanfter wurde. Annas schöne Augen begannen vertrauensvoller in die Welt zu schauen, die sie mehr und mehr begreifen lernte.

Angekommen

Im Herbst 1992 verweilten wir für eine Woche in einem Rustico, einem typischen Bauernhaus, im Sonnenkanton Tessin. Es regnete viel. Wir verbrachten die Tage vorwiegend genüsslich im Haus. Für Anna war es das Höchste der Gefühle, uns garantiert mit niemandem teilen zu müssen, und sie überraschte uns mit der neu entdeckten Gabe, wunderschön zeichnen zu können. Sie durchlöcherte keine Malbücher mehr. Jetzt war sie unsere Künstlerin geworden, was sie uns auch immer wieder deutlich in Erinnerung rief.

Aber einmal wurden wir von der Sonne mit einem warmen, freundlichen Tag beglückt. Wir entschieden uns, eine Wanderung zu unternehmen. Unvorbereitet, ohne Plan und mit etwas Proviant machten wir uns auf den Weg durch die gelb gefärbten Herbstwälder. Wir genossen es, mit Anna die Natur zu bewundern und uns einfach von der wärmenden Sonne bestrahlen zu lassen. Wir hatten keine Eile. Der Genuss stand im Vordergrund. Und so merkten wir kaum, wie die Zeit verging und wir eigentlich noch sehr weit von unserem Rustico entfernt waren. Anna wurde müde. Sie hatte ja nur kurze Beine und konnte deshalb verständlicherweise bei langen Wanderungen nicht mithalten.

«Papi, ich bin müde!», jammerte Anna.

«Komm, ich trage dich», bot ihr der Papi an. Er kniete sich nieder. Anna legte sich über seine Schultern und lag ganz entspannt wie ein junges Schäfchen da.

«Anna, du siehst aus wie ein Lämmlein, das auf der Schulter des Hirten liegt», meinte ich zu Anna. «Du kennst doch die Geschichte vom guten Hirten, der alle Schafe stehen lässt, nur um ein einziges zu suchen, das verloren gegangen ist, gell?», wollte ich von Anna wissen.

Sie kannte die Geschichte aus der Bibel sehr gut, wollte sie aber immer und immer wieder hören. Und so erzählte ich ihr, während sie selber wie ein Schäflein getragen wurde, die Geschichte so lebendig wie möglich. Anna lächelte ganz entspannt auf Papis Schultern. Dabei entstand unsere erste Fotografie von Anna mit den schönen Augen.

Selbstverständlich gab es schon viele Fotos von Anna. Aber noch keine von Anna mit den schönen braunen Augen, die sanft und entspannt und vertrauensvoll blickten! Diesen weichen, lieben Blick hat sie seither nie mehr verloren. Nicht einmal, wenn Anna wütend ist, erinnert ihr Blick noch an den früheren. Damals schauten die zwei dunkelbraunen Augen stechend, immer auf der Lauer liegend und voller Angst und Zweifel, geradezu misstrauisch, in die fremde, unfassbare Welt.

Während es draußen wieder einmal regnete, baute Anna im Rustico mit Holzscheiten eine Burg. Das heißt, sie legte die Scheite so an, dass sie einen Innenhof bildeten. Dort stellte sie ihre vielen Duplo-Figuren auf. Auch ein Holzzug stand darin. Zum ersten Mal erlebten wir, wie Anna sich ausführlich mit den Figuren unterhielt. Sie erteilte Anweisungen, erklärte, wie schwierig es sei, die Zugwagen zu beladen, weil die Leute einfach nicht begriffen, wie sie arbeiten sollten. Und dann war da noch die böse Welt außerhalb der Holzscheite. Irgendwie mussten die Leute im Kreis klarkommen mit den Gefahren draußen. So referierte Anna erstmalig lange über ihre kleine Welt. Wir staunten, was in dem kleinen Krausköpfchen alles vorging. Wir erkannten, dass Anna sich innerlich beruhigte und Vertrauen schöpfte.

Als sie zu uns kam, hatte der Arzt Annas Körpergröße einmal gemessen. Er befand sie als zu klein für ihr Alter. Wir kauften ihr Kleider für dreijährige Kinder, obwohl sie schon vier Jahre zählte. Nach und nach wurden die Kleider zu klein, nicht etwa, weil Anna normal wuchs. Nein, sie streckte sich fast mit ihrem zunehmenden Wohlbefinden. Das war eine interessante Beobachtung. (Viel später gab es eine Zeit, da hoffte ich inbrünstig, dass Anna nicht mehr weiterwachsen würde. Ich fand es schwierig, wenn Anna als geistig behinderte Frau sehr groß gewachsen sein würde, was dann glücklicherweise nicht eintraf.) Sie misst heute schöne 1,68 Meter, genau die richtige Körpergröße für unsere Anna.

Anna musste während der ersten Monate bei uns lernen, auf gesunde Distanz zu den Mitmenschen zu gehen. Sie suchte eine Weile lang sehr schnell und ungebremst wahllos die Nähe von Menschen. Während unserer stressigen Einkaufstouren konnte Anna unverhofft auf eine fremde Person zugehen und sich bei ihr anlehnen. Anna wollte aber gar nichts von den Leuten. Es ging ihr lediglich um Aufmerksamkeit. Schnell hüpfte sie zum Nächsten, der sich zwangsläufig mit ihr abgeben musste. Niemand bekam genügend Zeit, sich mit Anna richtig zu befassen.

Nähe, Berührungen, aber auch eine gesunde Distanz waren für Anna ein Problem. Wollte sie jemand umarmen, konnte Anna die Leute unvermittelt heftig wegstoßen. Es erforderte eine Extraportion Liebe, Geduld und Großzügigkeit, damit umzugehen. Gleichzeitig konnte Anna wildfremden Menschen gegenüber ein derart kumpelhaftes Benehmen an den Tag legen, dass alle perplex waren. Nach und nach gab Anna sich und den Mitmenschen mehr Zeit, um sich sachte aufeinander einzulassen.

Und dann, nach neun Monaten gemeinsamer Erlebnisse, Kämpfe und Freuden, begriff Anna etwas mehr von wirklicher Liebe und Zugehörigkeit. Sie grenzte sich endlich ab von den Menschen, die nicht zu ihren Nächsten gehörten. Von da an waren die Provokationen anders, weniger heftig. Für Anna war es nun kein Eingeständnis von Schwäche mehr, wenn sie sich an unsere Anordnungen hielt. Sie glaubte uns, dass wir sie immer lieben wollten, egal wie provozierend sie sich benehmen würde. Von da an stellten wir fest, dass Anna sich langsam, aber deutlich in eine einigermaßen altersgemäße Spielwelt vertiefen konnte.

Am 13. Oktober, wir waren zurück aus unseren schönen Ferien im Rustico, platzierte Anna einen alten Spiegel auf dem Wohnzimmerboden. Sie legte viele kleine und größere glänzende Glaskugeln um den Spiegel. Anna sortierte sie liebevoll und achtete genau darauf, dass sie ein schönes Bild zusammenstellte. Rund um diese kleine Glitzerwelt stellte Anna viele bemalte Holzfiguren, die sie genauestens so ausrichtete, dass alle auf die Spiegelfläche schauten. Dann tänzelte Anna pausenlos schwatzend um diese Geschichte herum.

«Diese Leute gehorchen einfach nicht. Ich weiß nicht, was los ist. Sie gehorchen einfach nicht. Es nützt alles nichts, sie gehorchen einfach nicht.» Solches und Ähnliches plapperte Anna vor sich hin. Ich wusste nicht, was sie damit genau sagen wollte. Sie schwatzte Dinge vor sich hin, die wenig Sinn ergaben. Anna ging nicht auf mich ein, als ich sie fragte, was denn die Figuren machen sollten. Sie lebte in einer Welt, die man wohl Fantasiewelt nennt. Wir störten nur, wenn wir sie unterbrachen. Und so freuten wir uns einfach darüber, dass Anna sich in so eine Welt vertiefte, die ja nur sie verstehen musste. Am Abend sortierte sie nochmals alles so, dass ihre Welt in Ordnung war.

Am nächsten Tag wachte Anna erschöpft und fiebrig auf. Sie blieb nur ungern im Bett liegen. Wir entschieden uns aber, dass sie doch auch einmal krank sein dürfe. Anna ging es nicht richtig schlecht. Oder zeigte sie einfach nicht, wie sie sich in Wirklichkeit fühlte? Ich wusste es nicht, weil ich Anna noch nie krank erlebt hatte. Ich bat sie, viel zu trinken.

Ab und zu maßen wir das Fieber und stellten fest, dass es stieg, ohne dass sich Anna wirklich sehr schlecht fühlte. Immer wieder setzte sie sich im Bett auf und wollte wissen, wann sie denn aufstehen könne. Anna davon zu überzeugen, dass sie im Bett besser aufgehoben war, kostete einiges an Zuspruch. Doch mit der Zeit genoss Anna meine besondere Fürsorge für sie sehr, legte sich gehorsam ins Bett, ließ sich liebevoll zudecken und fühlte sich offenbar geborgen wie ein Baby. Eine zärtliche Innigkeit verband uns. Wir genossen die körperliche und räumliche Nähe sehr.

Anna blieb seit dem 27. Januar 1992 unsere geliebte Tochter, egal wie sehr sie uns provozierte. Wir sind sehr froh, dass wir Anna kennen lernen durften und sie ein Teil unseres Lebens wurde. Und darum sind wir den Menschen auch irgendwie dankbar, die Anna in die Schweiz geholt haben. Die Lebensgeschichte von Anna nahm letztendlich eine gute Wende.

Das große Glück, Anna nun als eigenes Kind bezeichnen zu dürfen, ließ meine Gedanken oft zurückwandern in das Land, aus dem Anna eigentlich kam …

Kapitel 2: Rumänien – das Land, aus dem Anna kommt

Rumänien war 1989 heftig in die Schlagzeilen sämtlicher Weltmedien geraten. Nicolae und Elena Ceauşescu regierten das Land über Jahrzehnte mit eiserner Hand. Sie bauten sich auf Kosten des Volkes ein Imperium auf und herrschten uneingeschränkt. Bis das Volk so ausgelaugt war, dass es sich zu wehren begann. Es gab Studentenrevolten, die von der Geheimpolizei von Ceauşescu brutal niedergeschossen wurden. Ende Dezember 1989 obsiegte die Gerechtigkeit über das böse Herrscherpaar. Sie wurden gefangen genommen und hingerichtet.

Westliche Journalisten drangen in das Land ein und sandten Bilder und Berichte in die ganze Welt. Diese Bilder offenbarten das himmelschreiende Elend von Rumänien. Aufnahmen aus Kinderheimen, die in einem unsäglich verwahrlosten Zustand waren, flimmerten in unsere westlichen Wohnzimmer. Auch wir waren entsetzt ob der traurig blickenden, völlig verdreckten Kinder, die uns mit maskenhaften Gesichtern anstarrten. Sie trugen Lumpen anstelle von Kleidern. Meist kahlgeschoren und kreidebleich vegetierten die unterentwickelten Kinder vor sich hin. Ihr stumpfer Blick verriet, dass sie keinerlei Erwartungen ans Leben hatten. Die Betten der Kinder sahen scheußlich aus, ohne Decken und Kissen. Meist schliefen mehrere Kinder auf einer verdreckten Matratze, eng zusammengekauert. Manchmal wackelten sie stereotyp hin und her oder schlugen sich mit den Fäusten auf ihre Köpfe. Kein Spielzeug lag herum.

Die Kinder wirkten verlaust und vernachlässigt. Sie wurden behandelt wie lästige Ware, die entsorgt werden kann. Kein Kind kam in den Genuss von Zuneigung oder Zuwendung. Viel zu wenig Personal, das zudem in jeder Hinsicht ungeschult war, «betreute» die riesige, unübersichtliche Kinderschar.

Toiletten gab es nicht. Im Boden der Waschräume waren

Rinnen angebracht, wie bei den Kühen im Stall. Da konnten die Kinder ihr Geschäft verrichten. Den Gestank, den diese Umstände erzeugten, konnten wir entsetzten Zuschauer fast durch den Fernseher riechen.

Behinderte Kinder lebten in noch schlimmeren Zuständen. Einmal sahen wir Bilder, die uns schier das Blut in den Adern stocken ließen. Von ausländischen Journalisten wurde eine verschlossene Tür in einem dunklen, verwahrlosten Kinderheim geöffnet. Dahinter standen, lagen und schliefen behinderte Kinder. Sie hatten kaum Licht, keine frische Luft und vegetierten sozusagen im Vorraum zur Hölle. Ob sie jemals mit genügend Wasser in Berührung kamen? Sie wurden nicht als Menschen wahrgenommen. Man deponierte sie in so etwas wie Abstellräumen. Diese Kinder bekamen noch weniger Betreuung.

Das Essen, das in den Heimen ausgegeben wurde, entsprach in keiner Weise dem, was Heranwachsende benötigen. Darum war es nicht verwunderlich, dass alle Kinder spindeldürr waren und offensichtlich allerlei Krankheiten in sich trugen. Medizinische Hilfe wurde ihnen nicht zuteil. Sie waren ja der Abschaum der Gesellschaft, nicht wahrgenommen von den Menschen «draußen», jedenfalls bis die Journalisten diese Grässlichkeiten aufdeckten.

Es ging den Rumänen außerhalb dieser schrecklichen «Kindergefängnisse» nicht wesentlich besser. Sie hatten auch nur das Allernötigste. Weil die meisten Familien kinderreich waren, blieb ihnen oft für ihr eigenes Überleben nichts anderes übrig, als einige Kinder in solche Heime abzuschieben. Vermutlich blutete dabei manches Mutterherz unsäglich. Die Frauen hatten keinerlei Mittel, um Schwangerschaften zu verhüten. Unwissend und vor allem mittellos, wie sie waren, gebaren sie ein Kind nach dem anderen. Es war die Norm, dass Familien zehn und mehr Kinder hatten. Diese mussten alle durchgefüttert werden. An eine gute Ausbildung war nicht zu denken.

Viele Menschen ertränkten zudem ihren unermesslichen Kummer im Alkohol. Die Landwirtschaft lag völlig am Boden.

Ob die Menschen arbeiteten oder nicht, spielte letztlich keine Rolle. Sie bekamen ohnehin nur wenig oder gar keinen Lohn. Wenige Regimetreue konnten wohl etwas profitieren vom Goodwill ihres Herrschers. Die meisten Menschen in dem Land, das vor vielen Jahrzehnten zur Kornkammer Europas gehört hatte, hungerten, froren und lebten am Existenzminimum.

Wir hier im Westen hatten vorher keine Ahnung von den schlimmen Umständen in Rumänien. Schockiert über die veröffentlichten Bilder, wurden auf der ganzen Welt Sammelaktionen gestartet, um den Menschen dort zu helfen. Sehr viele waren betroffen von dem Elend, das uns über Wochen täglich in immer schaurigeren Formen präsentiert wurde. Wir wurden Zeugen von unermesslichem persönlichem Leid.

Bald wurde bekannt, dass kinderlose Ehepaare Kinder aus den schlimmen Heimen in den Westen holen und adoptieren wollten. Sie wollten die Kinder sozusagen aus ihrer Hölle erlösen. Wir erfuhren, dass vor allem die US-Amerikaner erstaunlich bald Möglichkeiten fanden, Kinder aus Rumänien herauszubekommen. Filmisch wurde festgehalten, wie für manche Kinder ein Märchen wahr wurde. Es ging mir nahe, wenn ich sah, wie ein zuvor verwaistes und krankes Kind auf den Armen der neuen Eltern aus dem reichen Westen, gut gekleidet und sauber, in ein Flugzeug getragen wurde. Manch ein Kind erhielt so eine Chance für eine gute Zukunft.

Es ging nicht lange, da las oder hörte man Berichte über zunehmende Schwierigkeiten, denen adoptionswillige Paare in Zukunft gegenüberstehen würden, wenn sie in Rumänien ein Kind für sich finden wollten. Geld, viel Geld war im Spiel bei den Adoptionen. Schauergeschichten von enttäuschten und um viel Geld geprellten Ehepaaren wurden publik. Die neu gegründete und völlig instabile Regierung wollte für sich einen Profit aus den Adoptionen schlagen. Alle wollten endlich aus dem Elend heraus, das sie jahrzehntelang geknechtet hatte. Alle versuchten irgendwie etwas vom Reichtum abzubekommen, der da nach Rumänien floss. Die Menschen waren seelisch, körperlich und geistig völlig ausgehungert, so dass sie sehr viel Unrecht zuließen, um zu etwas Wohlstand zu kommen.

Auch ein Jahr nach der Revolution schien Rumänien noch ganz unten zu sein. Das riesige, unendlich arme Land war wie ein Fass ohne Boden. Immer mehr Lastwagen und Flugzeuge, beladen mit vielen Hilfsgütern, brachten gesammelte Kleider, Schuhe, Decken, Nahrungsmittel und Medikamente zu den vielen armen Menschen. Und dabei entdeckten die Hilfsorganisationen immer schlimmere Zustände. Die Hilfsgüter waren oft nur wie ein Tropfen auf den heißen Stein.

Eine befreundete Frau fragte mich damals, ob wir nicht Interesse hätten, ein Kind aus Rumänien zu adoptieren. Wir bemühten uns schon eine ganze Weile in der Schweiz um ein Kind. Bis dahin ohne Erfolg. Hansuli und ich berieten uns tage- und nächtelang und kamen überein, dass wir uns diesem Wagnis stellen wollten. In der Schweiz hatten wir schon länger die Papiere für ein Pflegekind bereit. Die Sozialarbeiterin, die uns betreute, freute sich mit uns über unsere Idee, erinnerte uns aber daran, dass wir einen schwierigen Weg antreten würden. Sie meinte auch, dass wir mit vielen Enttäuschungen und wechselnden Emotionen rechnen müssten.

Als wir uns entschlossen hatten, dieses Wagnis in Angriff zu nehmen, konnte uns zunächst niemand mehr bremsen. Unsere Freunde besorgten uns Adressen und viele wertvolle Informationen, damit wir nach Rumänien reisen konnten.

Bukarest – Ende Dezember 1990

Wir verließen die Schweiz Richtung Bukarest, der Hauptstadt von Rumänien, mit der Schweizer Fluggesellschaft Swissair. Schon aus der Luft wollten wir die ersten Eindrücke nicht verpassen. Wir starrten aus dem Flugzeug, als wir im Anflug über Bukarest waren. Dann landete die Maschine unsanft auf dem holprigen Rollfeld des Hauptstadt-Flughafens. Es kam uns vor, wie wenn die Zeit mindestens fünfzig Jahre stehen geblieben wäre. Irgendwie schien alles unwirklich, fast verlassen. Nur die Polizei und das Militär standen am Rand der Piste und wirkten Angst einflößend. Als wir das Flugzeug, das sozusagen das letzte Restchen Schweiz für uns darstellte, auf das offene Rollfeld hinaus verließen, umgab uns als Erstes ein undefinierbarer beißender Gestank.

«Puh, das stinkt ja himmeltraurig! Was ist das?», rief ich. Ich musste mir ein Taschentuch vor die Nase halten. Dieser komische Gestank begegnete uns noch oft auf unserer Reise durch das Land. Wir begaben uns ins Flughafengebäude und bekamen weiche Knie, als wir zum altertümlich erscheinenden Zollhäuschen marschierten. Ich muss gestehen, am liebsten wäre ich sofort umgekehrt und mit dem gleichen Flugzeug zurück in die Schweiz geflogen. Alles sah alt, schmuddelig und irgendwie gefährlich aus. Brrr... Ich fror und fühlte mich unwohl. Wo waren wir nur gelandet?!

Kaum hatten wir unsere Koffer vom Rollband genommen, waren wir umringt von Taxifahrern. Die hatten ein Auge für unerfahrene Reisende. Einer riss uns die Koffer aus den Händen und stellte frech das Gepäck in seinen Wagen. Wir, noch ganz verdutzt, fragten nach dem Preis, wie uns von unseren Freunden geraten worden war. Zum Glück konnte Hansuli schnell rechnen, den Betrag einschätzen und sich entscheiden, dass wir nicht dem ersten Taxifahrer den Zuschlag geben wollten. Wir packten genauso schnell wie der Taxifahrer vorher unser Gepäck und gaben dem Mann klar zu verstehen, dass er uns nicht über den Tisch ziehen konnte. Jetzt wurde er ungemütlich. Mir war angst und bange. Wie würde das hier für uns ausgehen?

Es war Mittag. Wir sollten unseren Zug spät abends im Hauptbahnhof von Bukarest besteigen. Was sollten wir mit all der Zeit in einer so chaotischen Stadt tun? Hansuli blieb ganz ruhig. Er war ja gewohnt zu reisen, da er beruflich viel im Ausland herumkommt. Er fand einen anständigen Taxifahrer, der sich für einen annehmbaren Betrag für den ganzen Nachmittag zur Verfügung stellte. Er wollte uns die Stadt zeigen. Mir war absolut nicht wohl in dem alten, klapprigen, dreckigen Taxi. Ich musste mich sehr überwinden, an unserem Vorhaben noch etwas Gutes zu sehen.

Der Taxifahrer führte uns an die Stelle, wo die Studenten die

Revolte gegen das Regime von Ceaușescu gestartet hatten. Viele mutige junge Menschen fanden dabei den Tod. Obwohl wir ein Jahr nach der Revolution die Trauerstelle besuchten, konnten wir noch Spuren der Kämpfe sehen. Vor allem lagen viele Blumen da, wo die meisten Menschen umgebracht wurden. Mich hat es sehr berührt, an dem Ort zu stehen, wo diese Menschen mutig ihr Leben für Gerechtigkeit opferten. Es war etwas anderes, selber an dieser Stelle zu stehen, die wir bisher nur aus dem Fernsehen gekannt hatten.

Dann führte der Taxifahrer uns zum Platz vor dem Palast und stellte das Auto mitten darauf ab. Die Größe des Platzes hat uns überwältigt.

«Das ist ja nicht zu fassen!», flüsterte ich fast andächtig zu Hansuli. «Ist es möglich, dass Ceaușescu solch einen Riesenpalast erbauen lassen konnte?»

Nebel umhüllte den Palast. Er wirkte gespenstisch. Ceaușescu konnte ihn nicht vollenden. Der unfertige Palastteil sah tot aus.

Viele Menschen wurden zwangsenteignet und mussten ihre Häuser verlassen, um diesem Palast Platz zu machen. Sie wurden in gesichtslose Plattenbauten umgesiedelt, wo viele durchdrehten. Ihre uralten, historisch wertvollen Fachwerkhäuser wurden für den Wahnsinnsbau niedergerissen. Alles wurde den Menschen genommen, damit ein verrücktes Ehepaar sich in Bukarest «Versailles» aufbauen konnte.

Dieser Größenwahn lag nun wahrhaftig vor uns. Nun konnten wir uns schon ein bisschen eher vorstellen, was sich in diesem Land zugetragen hatte, als die Welt noch glaubte, Rumänien sei «nur» sozialistisch.

«Ich muss dringend auf eine Toilette, Hansuli. Wie machen wir das?» Ich fühlte mich so unwohl, weil ich mir unmöglich vorstellen konnte, eine öffentliche Toilette zu benutzen. Und ein Kaffeehaus, wie das bei uns einfach normal war, sahen wir nirgends. Dort hätte ich mich schon auf eine Toilette getraut.

Hansuli wusste mir zu helfen. Irgendwie machte er sich dem Taxifahrer verständlich. Der kutschierte uns gekonnt und zielstrebig zu einem großen Hotel. Ich rannte die Treppenstufen auf eine erhöhte Ebene hinauf, wo sich die Eingangshalle befand. Dunkel, kalt und überaus dreckig wirkte das, was mich hinter der Flügeltür erwartete. Hansuli blieb beim Taxifahrer. Irgendwie schien uns das sicherer, wegen des Gepäcks.

Mit flauem Gefühl im Magen hielt ich im dunklen Eingangsbereich Ausschau nach einem Zeichen für die Toilette. Kein Licht war angezündet. In diesem Gebäude herrschte Krimi-Stimmung. Irgendwie fand ich ein Loch, das eigentlich eine Tür sein sollte. Die Tür fehlte, der Rahmen stand. Dort drin flackerte ein kleines Licht. Nein! Hilfe! Ich hätte am liebsten das Weite gesucht. Aber meine Blase war so voll und musste unbedingt entleert werden. Also wagte ich mich vor und sah, dass eine kleine, im Durchzug flackernde Kerze die verdreckte Toilette beleuchtete. Ich schloss die Augen, erdichtete mir eine wunderbar saubere Toilette in der Schweiz und erledigte mein Geschäft. Die Luft musste ich dabei anhalten. Denn der Gestank war so penetrant, dass ich fast ohnmächtig wurde. In jeder Hinsicht erleichtert entfernte ich mich aus diesem Verlies.

Nur keine öffentliche Toilette mehr aufsuchen müssen!

Schon begann es dunkel zu werden. Der Taxifahrer brachte uns zum Bahnhof, wo wir uns von ihm verabschiedeten. In der riesigen, unglaublich verschmutzten Bahnhofshalle setzten wir uns auf unsere Koffer, die mehrheitlich mit Hilfsgütern bepackt waren. Eisiger Wind pfiff uns um die Ohren, und die Kälte drang uns durch Mark und Bein. Wir fühlten uns gar nicht wohl in der unbekannten Stadt mit den fremden Gerüchen und Menschen.

Plötzlich rannten einige zerlumpte Kinder, die schwarz vor Schmutz waren, auf uns zu. Sie hatten ein geschultes Auge für Fremde, die sich eventuell über sie erbarmen würden. Vielleicht waren es Romakinder? Ihre Haut- und Haarfarbe war dunkel. Oder färbte der Schmutz sie so schmierig braun? Sie sahen erbärmlich, ungesund und verloren aus. Der Anblick dieser Kinder berührte mich. Es packte mich großes Mitgefühl.

Aber schon eilte ein Bahnhofsangestellter herbei und verscheuchte alle Kinder, wie man Hühner vom Hof treibt. Sie waren gejagte, heimatlose, alleingelassene Geschöpfe. Was hätte es genützt, ihnen etwas Geld zu geben? Sie hätten vielleicht nicht einmal etwas Essbares damit gekauft. Lieber betäubten sie ihr Leid mit dem Schnüffeln von Leimdämpfen. Und den Leim hätten sie vermutlich mit unserem Geld besorgt. Aber wir hatten keine Gelegenheit, den Kindern etwas zu geben. Denn von da an blieb der Bahnhofsangestellte immer in Sichtweite von uns und schützte uns ungebeten. Irgendwie war ich sogar dankbar dafür.

Dann kam unser Zug, mit dem wir in die Dunkelheit hineinfuhren. Mitten in der Nacht erreichten wir nach einer heftig durchrüttelten Zugfahrt unser Ziel: Suceava. Herr Sofronie holte uns ab und brachte uns in sein Haus. Endlich konnten wir uns waschen und ausruhen.

Eigentlich wollten wir die Tage damit verbringen, uns umzusehen, ob wir ein Kind für eine Adoption finden könnten. Aber wir saßen im Zimmer, das wir für uns benutzen konnten, spazierten etwas in der düsteren Landschaft herum, und sonst geschah nichts. Unsere Zeit in Rumänien neigte sich dem Ende zu. Unser Ziel, ein Kind zu adoptieren, schien in weiter Ferne zu liegen.

Kinderheim-Besichtigung

Dann kam endlich Bewegung in die Familie. Einige der zehn Kinder der Familie Sofronie versammelten sich auf einem unserer Betten. Simona, die deutsch sprechende Tochter, übersetzte uns, dass wir in Kürze ein Kinderheim im Ort besuchen würden. Mein Herz lebte auf! Würden wir fündig werden? Wie illusorisch meine Hoffnung war, erkannten wir erst nach und nach.

Das Kinderheim machte einen äußerst sauberen und aufgeräumten Eindruck auf uns. Zu aufgeräumt, wie wir schnell bemerkten. Alles Spielzeug lag ordentlich aufgeschichtet auf den Schränken. Die Kinder schienen keine Gelegenheit zu haben, damit zu spielen. Jedenfalls fehlte es ihnen offensichtlich an menschlicher Zuwendung. Kaum betraten wir die Räume, bestürmten uns die seelisch ausgehungerten Kinder. Sie warfen uns fast zu Boden, weil jedes um Nähe kämpfte. Ich erschrak über diese Begrüßung sehr. So reagieren emotional gesunde Kinder nicht! Das wusste ich nur zu gut.

Warum wurden wir durch dieses Heim geführt? Die Leiterin wusste von Anfang an, dass sie kein einziges Kind zur Adoption freigeben konnte. Sie behauptete, diese Kinder hätten alle Angehörige, die sie lieben würden. Davon merkten wir herzlich wenig.

Dieser Besuch zerstörte uns viele Illusionen. Wir erkannten, dass wir den armen Kindern in Rumänien gar nicht so leicht helfen konnten. Immer wieder kam das Thema Geld auf. Uns war das äußerst unsympathisch. Wir wollten doch kein Kind kaufen!

Nicoletta

An einem der letzten Tage in Suceava organisierte unser Gastgeber eine Reise in den Norden Rumäniens, nach Dorohoi. Mit einem nicht ganz fahrtüchtigen Auto, das kaum Profil in den Reifen und dazu eine defekte Zündkerze hatte, raste er auf zum Teil vereister Straße mit uns nach Dorohoi. Ab und zu machte er einen Zwangshalt, weil er die Zündkerze putzen musste.

Zielstrebig steuerte Herr Sofronie in Dorohoi auf ein großes Gebäude zu, ein Kinderheim, das von außen wie ein Gefängnis aussah. Dieses Heim war dem, was wir aus den Fernsehberichten kannten, wesentlich ähnlicher. Schon bei der Eingangstür schlug uns ein eigenartiger Geruch entgegen. Wir schritten mutig hinter Herrn Sofronie her. Schnell, und ohne um den Brei herumzureden, führte uns die Heimleiterin, eine resolute, kräftig gebaute Frau, zu einem kleinen Zimmerchen.

Darin lagen einige kleine Kinder, eng beisammen in dreckige Lumpen eingewickelt.

Auf den kleinen, traurigen Gesichtchen, die aus den Lumpen guckten, konnten wir erkennen, dass diese Kinder schwer krank waren. Die kleinen Matratzen waren über und über schmutzig von Erbrochenem und Urin. Es stank bestialisch!

Und mitten in diesem Raum mit Kindern, die mehr tot als lebendig waren, saß quietschvergnügt die kleine Nicoletta. Nicoletta, ein herziges Romamädchen, das gesund und pfiffig wirkte, lebte ohne Kontakt zur eigenen Mutter in diesem Heim. Die Leiterin hätte Nicoletta gerne eine Chance gegeben, ein normales Leben zu führen. Und nun lobte sie uns gegenüber das herzige, fröhliche, kleine Mädchen, das doch wunderbar zu uns passen würde.

Ich durfte Nicoletta tragen und etwas mit ihr spielen. Die Tränen standen mir in den Augen. Das, was wir da gerade erlebten, überforderte mich beinahe. Obwohl wir gehen mussten, blieben meine Gefühle bei diesem kleinen, lustigen Mädchen zurück. Wie gerne hätte ich es gleich mitgenommen!

Aber wir mussten zuerst noch die Mutter in einem Romadorf finden, das noch nördlicher und sehr abgelegen war. Wir setzten uns also wieder ins Auto, dem ich keinen weiteren Meter mehr zutraute. Unser Gastgeber steuerte entschlossen an den unbekannten Ort. Der lag völlig isoliert in einem kleinen, unzugänglichen Tal. Die Straße dahin war steil und dick vereist.

Finster dreinblickende Leute, die Reifenreste um die Füße gebunden hatten, kamen uns entgegen. Mit energischem Ton verlangte Herr Sofronie die Auskunft, wo die Mutter von Nicoletta zu finden sei. Mir wurde bang ums Herz.

Erstaunlich schnell begegneten wir der Mutter, einer sehr jungen Romni, die keinerlei Interesse an ihrem Töchterchen zeigte. Sie fragte zielstrebig, was wir denn zu geben gedachten, damit sie die Verzichtserklärung unterschreiben würde. Mir war, als ob ein Kloß in meinem Hals stecken würde. So viel Unverfrorenheit hätte ich nun doch nicht erwartet. Wir verstanden nichts von dem, was Herr Sofronie mit dieser Frau besprach. Für unsere Ohren klang es sehr unschön, fordernd und zurechtweisend. Die Gleichgültigkeit der Mutter von Nicoletta ließ uns fast das Blut in den Adern gefrieren. Wir verstanden diese Welt definitiv nicht. Die Hoffnung, Nicoletta je wieder in unsere Arme zu schließen, zerrann. Unverrichteter Dinge fuhren wir wieder zurück.

Herr Sofronie machte uns keine große Hoffnung auf eine Adoption. Bei seinen weiteren Bemühungen forderte die Mutter noch mehr Geld. Am Schluss, und das war dann das Ende der Geschichte mit Nicoletta, verlangte sie, dass wir ihre ganze Sippe in die Schweiz holen müssten. Unerhört! Es ging ihr nie um das Wohl des Kindes! Immer suchte sie nach ihrem eigenen Profit. Noch heute kann ich kaum glauben, dass wir das tatsächlich erlebt haben. Nach diesen niederschmetternden Erlebnissen waren wir richtig froh, wieder zurück in die Schweiz reisen zu dürfen.

Erneute Reise nach Rumänien

Im Sommer 1991 reisten wir ein zweites Mal nach Rumänien. Den Wunsch, ein Kind aus diesem Land zu adoptieren, hatten wir noch nicht ganz begraben.

Von dieser Reise kehrten wir mit noch viel weniger Hoffnung auf ein rumänisches Waisenkind zurück. Wir blieben unserer Überzeugung treu, dass wir kein Kind ertrotzen, kaufen oder erzwingen wollten. Irgendwie musste das Kind, wenn wir denn eines aufnehmen sollten, auch ein wenig den Weg zu uns finden. Wir verließen damals Rumänien mit Enttäuschung und um eine ähnlich schlechte Erfahrung reicher.

Nun haben wir doch ein Kind aus Rumänien – unsere Anna. Wir sind so dankbar, dass wir die Schattenseiten und die Schönheiten dieses Landes kennen lernen durften. So wissen wir, woher Anna kommt. Wir möchten gerne dieses Land und die wunderschöne Natur wieder einmal besuchen, dann aber zusammen mit unserer Anna.

Kapitel 3: Der Unfall

Anna lag fiebrig in ihrem Bett. Gegen Abend beunruhigte mich das steigende Fieber. Meine Mutter ließ uns früher jeweils, wenn wir krank waren, ein Bad einlaufen. Im nicht zu heißen Wasser konnten wir uns erfrischen. Während wir das Bad genossen, bezog unsere Mutter das Bett frisch und lüftete das Zimmer gründlich durch. So machte ich mich gegen Abend auch daran, Anna ein kleines Bad zuzubereiten. Sie freute sich auf die Erfrischung und war glücklich, wieder einmal aus dem Bett steigen zu dürfen. Ich ließ nur wenig Wasser einlaufen. Denn in meiner Erinnerung machte das warme Bad den ohnehin geschwächten Körper erst recht schlaff. Ich wollte, dass Anna sich gemütlich ins Wasser legen konnte, um sich zu entspannen.

Anna schlüpfte aus dem Bett und aus dem verschwitzten Pyjama. Sie nahm noch ein wenig Plastikspielzeug mit in die schon sehr kleine Wanne. Im Badezimmer duftete es nach erfrischendem Schaumbad. Anna liebte es, wenn sie viel Schaum zum Spielen hatte. Ich fragte mich, was ich wohl tun könnte, damit wir das Fieber senken könnten. So telefonierte ich mit meiner Schwester Magdalena, die Hebamme ist und quasi als medizinische Beraterin in der Familie fungierte. Dabei setzte ich mich auf einen Sessel unweit von der Wanne, aber außerhalb des kleinen Badezimmers. Magdalena meinte, dass ich mir keine großen Sorgen machen müsse wegen des Fiebers.

Wir redeten noch so dies und das. Ich habe das Gespräch als eine kurze Unterhaltung in Erinnerung.

Immer lauschte ich auf das Plantschen in der Badewanne. Dann vernahm ich plötzlich nichts mehr. Es ist nicht möglich, heute noch nachzuvollziehen, wann ich Anna zum letzten Mal plantschen hörte. Aber in dem Moment, als ich die Stille wahrnahm, hob ich das verkabelte Telefon auf und ging zu Anna ins Badezimmer. Dort herrschte Ruhe, geisterhafte Stille … einfach nichts war zu hören … und dann auch nichts zu sehen. Wo war Anna? Mein Herz blieb stehen. Ich spürte, wie mir das Blut in den Adern stockte.

«Magdalena, ich sehe Anna nicht mehr!», rief ich noch einigermaßen kontrolliert.

«Nein!!» Ich schrie ins Telefon.

Anna lag mit dem Kopf unter Wasser in der Badewanne. Nein, es war keine Täuschung. «Magdalena, Anna ist tot! Nein, nein, nein, was ist nur geschehen?!»

Verzweiflung überkam mich. Ich verlor beinahe den Boden unter den Füßen.

Geistesgegenwärtig ermahnte Magdalena mich klar und deutlich: «Zieh Anna an den Füßen aus dem Wasser! Lass ihr das Wasser aus der Lunge laufen. Und jetzt lege sofort den Telefonhörer auf. Ich alarmiere den Krankenwagen. Schnell!»

Ich tat, was sie mir befohlen hatte, und war unglaublich froh um den klaren Kopf, den sie behalten hatte. Anna wollte mir immer aus den Händen rutschen. Ihr Körper war leblos, völlig schlaff. Nach und nach kam ich zur Besinnung. Ich schaute Anna an und erkannte, dass sie nicht blau angelaufen war. Ich dachte, das sei gut. Aber Anna reagierte überhaupt nicht. Sie lebte nicht. Ich schüttelte sie und konnte tatsächlich Wasser aus ihrem Mund fließen sehen. Dann legte ich sie behutsam auf den Wohnzimmerboden neben ihre schöne kleine Glitzerwelt.

Anna, bleib!

«Anna, bleib bei mir! Du darfst nicht sterben! Bitte bleib bei mir!», flehte ich sie an. Ich litt unsäglich. Mit zitternden Händen versuchte ich Anna von Mund zu Mund zu beatmen. Stoßweise, aber in fürchterlich langen Abständen, tat sie kleine Atemzüge. Nun sah ich, dass sich Annas Gesicht doch etwas blau-violett färbte.

«Nein, lieber Gott, lass Anna nicht sterben!», flehte ich den Gott an, den ich als liebenden und allmächtigen Gott kenne.

«Lass mir meine Anna noch da. Ich will sie nicht hergeben!»

«Hallo!», rief der ahnungslose Hansuli fröhlich, der an diesem Abend ausnehmend früh nach Hause kam. Unsere uralte Haustür musste mit einem riesengroßen Schlüssel geöffnet werden. Hansuli ließ den Schlüssel meistens daheim, weil er dieses schwere Ding nicht mit sich herumtragen wollte. Er liebte es, sich die Tür von seiner Anna öffnen zu lassen.

So war es auch am 14. Oktober 1992 um 17:45 Uhr. Nur hatte ich unüblicherweise die Tür leicht offen stehen lassen. So konnte Hansuli problemlos und schnell hereinkommen. Er traf mich mit Anna am Boden liegend an und begriff die Situation augenblicklich. Ohne ein Wort des Vorwurfes übernahm er die Kontrolle. Instinktiv tat er das Richtige (Lagerung, Mund-zu-Mund-Beatmung etc.) und bekam Anna so hin, dass sie atmete, wenn auch unregelmäßig. Nebenbei beruhigte er mich auch noch. Ich fühlte mich getragen, aufgehoben und nicht mehr allein mit der schrecklichen Situation.

«Ist das Krankenhaus informiert?», war seine Kontrollfrage.

Auf der Notfallstation

In dem Moment kamen zwei Rettungssanitäter hereingestürmt. Sie überblickten die Situation und handelten umsichtig. Anna wurde mit Sauerstoff versorgt und untersucht. Mithilfe des Beatmungsgeräts atmete Anna schnell wieder normal.

Der eine Sanitäter, der mich mit viel Verständnis anschaute, meinte beruhigend: «Frau Gujer, jetzt ist Anna außer Gefahr. Sie lebt!»

Mehr musste ich nicht wissen. Für den Moment reichte das. Fast glaubte ich, ein wenig Erleichterung zu spüren.

Anna wurde sorgfältig auf die Trage gelegt und schön warm eingepackt. Alles lief besonnen und sehr routiniert ab. Die Anwesenheit von Hansuli und den Rettungssanitätern wirkte sehr beruhigend auf mich. Ich ließ von nun an alles mit mir geschehen. Wie in Trance, nur noch körperlich anwesend, ließ ich mich von Ort zu Ort bewegen. Nur eine Frage schwirrte unaufhörlich in meinem Kopf herum: «Warum? Und wozu?»

Der Krankenwagen brachte Anna für eine Erstversorgung in die Notfallstation des Krankenhauses in Uster. Hansuli und ich folgten ihnen mit unserem Auto. Anna wurde behutsam in ein Untersuchungszimmer getragen, wo sie intubiert wurde. So wurde sichergestellt, dass ihre Lunge und ihr Gehirn mit ausreichend Sauerstoff versorgt würden. Es ging einzig und allein zuerst um ihre Stabilisierung. Die Ursache, warum Anna fast ertrunken war, wurde noch nicht eruiert.

Wir mussten draußen warten. Immer noch vom Schock gezeichnet, konnte ich mich nicht beruhigen. Ich fühlte mich unglaublich schuldig. Anna war in meiner Obhut beinahe gestorben! Innerlich trieb mich dieser Vorwurf fast zum Wahnsinn. Hansuli hielt mich in seinen Armen, wo ich wirklich am besten aufgehoben war. Ich drehte schier durch. Die Minuten, bis wir mehr Informationen bekommen würden, kamen mir vor wie eine Ewigkeit.

Da öffnete sich eine Tür. Nicht die Ärzte kamen uns entgegen. Magdalena, die gerade im Kanton Aargau bei unseren Eltern war, kam mit ihnen und Joachim, unserem Bruder, daher. *Die müssen ja geflogen sein,* dachte ich. *Wie schön, dass sie uns unterstützen!* Wir umarmten uns und fühlten uns in dieser verrückten Situation sehr nahe. Wir waren nicht allein.

Aber den Vorwurf in mir wurde ich trotzdem nicht los. Soweit es mir in meiner Verwirrtheit möglich war, suchte ich nach Gründen, die zu diesem Unglück hatten führen können. Es gab einfach keine Antwort. Es blieb uns nichts anderes übrig, als abzuwarten, was die Ärzte berichten würden.

Endlich öffnete sich diese graue Tür, hinter der unsere Anna lag. Ich sehnte mich so sehr danach, jetzt bei ihr zu sein. Mich zog es mit aller Macht zu meinem Kind. Endlich durften wir, begleitet von einem Arzt, zu unserer Anna. Sie lag hilflos, völlig verkabelt, auf dem Untersuchungsbett. Anna sah nicht lebendig aus. Blau war sie zwar nicht mehr, dafür aber weiß wie ein Laken.

«Oh Gott, was mutest du uns da zu?», schrie ich innerlich zu dem Gott, der uns bis dahin noch nie so abgrundtief hatte fallen lassen. Hatte Anna in ihrem kurzen Leben nicht schon genug Leid erfahren? Musste das jetzt auch noch sein? Ich spürte, wie es mich wütend machte, dass Gott, der doch alle Macht auf Erden und im Himmel hat, so etwas Grausames nicht verhinderte.

Die Ärzte ließen uns respektvoll etwas Zeit, um mit dem schrecklichen Anblick, der sich uns bot, klarzukommen. Dann teilten sie uns mit, dass Anna sofort auf die Intensivstation der Zürcher Kinderklinik überführt werde. Mehr konnten sie nicht erklären. Es half uns zu wissen, dass Anna unter kompetenter Aufsicht stand.

«Anna, wir kommen mit dir. Es wird alles gut!», hauchte ich ihr ins Ohr und wollte es unter allen Umständen auch glauben. Hansuli zog mich beiseite, weil die Ärzte Anna für den Transport bereit machen wollten.

Wir verabschiedeten uns von der Familie, die völlig geschockt vor der Tür des Untersuchungsraumes wartete. Mehr konnten wir ihnen im Moment nicht mitteilen. Wir wussten nur, dass Anna lebte und in guten Händen war. Das musste uns vorläufig als Information genügen.

Hansuli konnte unser Auto ruhig hinter dem Krankenwagen nach Zürich chauffieren. Ich saß neben ihm und konnte mit jeder Minute weniger damit umgehen, dass unser Leben offensichtlich komplett umgestülpt wurde. Wir saßen mitten in einem Strudel, der uns nach unten riss. Das spürten wir. Zum Glück hatten wir keine Ahnung von all dem, was noch auf uns warten würde.

Im Kinderkrankenhaus

In der Kinderklinik eilten wir schnell auf die Intensivstation. Wir mussten noch kurz vor der Tür warten, weil sie Anna «installieren» wollten, wie sie uns sagten.

Wieder warten! Mir reichte es langsam. «Sie sollen mich endlich zu Anna gehen lassen», sagte ich immer wieder zu

Hansuli. Er ermahnte mich ruhig, mich in Geduld zu üben. Das war nicht gerade eine Eigenschaft, die ich zu meinen Stärken zählen konnte.

Mittlerweile war es etwa zwanzig Uhr geworden. Seit fast zweieinhalb Stunden wussten wir nicht, was mit Anna los war! Das bedeutete höchste Anspannung!

Endlich, endlich wurden wir in den Intensivraum gebeten. Eine Hektik herrschte da! Alles wegen Anna? Die Krankenschwestern rollten Geräte heran, die piepsten und auch sonst nicht sehr beruhigende Geräusche von sich gaben. Sie spuckten Papier mit undefinierbaren Aufzeichnungen aus. Inmitten all dieses Geschehens lag unsere kleine, hilflose Anna. Nein! Ich konnte und wollte es nicht glauben! Hoffentlich würde sich alles bald als Fehlalarm und böser Traum entpuppen! Wie schön wäre es, wenn sich unsere Not so schnell und so leicht in Luft auflösen würde. Aber nein, alles um uns herum war grausam real.

Das rege Treiben in diesem Zimmer, wo noch einige weitere kleine Schicksale in ihren Bettchen lagen, überforderte mich nochmals. Wo sollten wir hin? Zu Anna konnten wir wegen all der Geräte, Ärzte und Krankenschwestern nicht vordringen.

So standen wir zunächst etwas ratlos in der Mitte des Raumes, als uns der leitende Arzt ansprach: «Könnten Sie mir bitte in den Nebenraum folgen?», bat er uns freundlich. «Ich möchte Ihnen ein paar Fragen zum Unfallhergang stellen.» Er ging uns zügig voraus. Wir schritten mit schwerem Herzen hinterher.

Die Diagnose

«Können Sie mir genau erklären, wie es Anna vor dem Ertrinken ging. War sie wohlauf? Hatte sie Fieber?» Der Arzt stellte etliche Fragen dieser Art. Ich hatte solche Angst, ich könnte eine Frage unzureichend oder falsch beantworten. Auch hatte ich Angst, dass er mir bald Vorwürfe machen würde, weil ich

Anna alleine im Bad gelassen hatte. Nichts dergleichen geschah.

Der Arzt blieb ruhig und bestimmt. Er erkannte meine Verzweiflung sofort. Er schaute mir direkt in die Augen und sagte ganz sicher und direkt: «Frau Gujer, hören Sie mir gut zu. Ein fast fünfjähriges Kind kann man alleine baden lassen. Anna muss eine Krankheit haben, von der Sie nichts wussten. Nur von etwas Fieber konnte sie nicht ertrinken. Wir sind gerade dabei, Anna zu testen. Wir werden herausfinden, was die Ursache dieses Unfalls war. Nur: Helfen Sie uns bitte. Denken Sie beide, Herr und Frau Gujer, genau nach, was Ihnen in der Vergangenheit bei Anna aufgefallen ist. Es könnte etwas sein, das Sie vielleicht stutzig gemacht hat.»

Der Mediziner redete klar und deutlich, deutlicher konnte er es nicht sagen.

«Geben Sie uns die Erlaubnis, Anna auf Aids zu testen?», fragte er. «Es könnte sein, dass Anna diese Krankheit in sich trägt. Das wäre nicht verwunderlich. Denn wir wissen, dass viele Kinder in den rumänischen Kinderheimen mit HIV infiziert wurden.»

«Aber Anna wurde schon in Rumänien auf Aids getestet und war negativ», wehrte ich mich.

«Die Tests in Rumänien sind vielleicht nicht sorgfältig und ordnungsgemäß ausgeführt worden. Wir wollen sie deshalb noch mal machen. Erst dann können wir diese Krankheit sicher ausschließen.»

Wir gaben unsere Zustimmung zum Aidstest, weil wir endlich eine Antwort auf das Unbegreifliche haben wollten. Hoffentlich würden die Ärzte bald eine Erklärung finden!

«Und wie gesagt, Frau Gujer. Machen Sie sich keine Vorwürfe. Das nützt niemandem etwas. Es muss eine krankhafte Ursache vorliegen, die verantwortlich ist, dass Anna fast ertrunken ist. Sie sind sicher nicht schuld! Sie werden noch viel Energie brauchen in der nächsten Zeit. Verschwenden Sie die Kraft nicht mit Selbstvorwürfen!»

Er hielt mich am Arm fest, drückte ihn dezidiert und holte mich dadurch aus meiner Selbstanklage heraus. Das half mir so unendlich. Der Arzt hatte offensichtlich genau erkannt und verstanden, wie er mit mir umzugehen hatte. Es gelang mir jetzt, mich auf Anna und die noch ungeklärte Ursache des Unfalls zu konzentrieren. Hansuli blieb die ganze Zeit äußerlich gelassen. Er beantwortete die ärztlichen Fragen geduldig, ruhig, besonnen. Seine Ruhe tat mir gut. Gott sei Dank musste ich diese Schreckensstunden nicht alleine aushalten!

Plötzlich ging die Tür auf: «Wir haben die Ursache!», rief ein untersuchender Arzt in das Besprechungszimmer. Die allgemeine Stimmung war hektisch, aber nicht laut. Aus Rücksicht auf die anderen kleinen Patienten versuchten alle, die Unruhe und den Lärm zu unterdrücken.

Wieder stockte mir der Atem. Was würden wir zu hören bekommen? Alarmiert stand der Doktor auf, der gerade im Gespräch mit uns der Ursache auf den Grund gehen wollte. Beide Ärzte besprachen sich außerhalb des Zimmers, so dass wir nichts vom Resultat der Untersuchungen mitbekommen konnten. Ganz starr vor Anspannung saßen wir da, unfähig, die Gedanken in unseren Köpfen zu sortieren.

«Also», sagte der zurückkehrende Arzt etwas entspannter, «wir haben Annas Krankheit lokalisiert. Wussten Sie, dass Anna unter Epilepsie leidet?»

Erwartungsvoll blickte er uns in die Augen.

Nein! Hatten wir etwas übersehen? Das hätten wir doch wissen müssen!

Nach einigem Zögern und einem Gemisch aus Angst und Hoffnung stellte ich fest: «Hansuli, erinnerst du dich noch an den Nachmittag, als Familie A. zu uns zu Besuch kam? Da konnten wir Anna nicht aus ihrem Mittagsschlaf wecken. Sie blieb einfach im Tiefschlaf. Als sie nach einer Weile zu sich kam, entfärbte sich ihr Gesicht und wurde kreideweiß. Anna verdrehte die Augen und musste sich übergeben. Erst nach einer Stunde schien der Spuk vorbei zu sein und Anna kehrte zurück zu ihrer normalen Lebendigkeit. Wir fanden das damals merkwürdig.»

«Stimmt, wir rätselten noch eine Weile zusammen mit unseren Freunden über das eigenartige Ereignis, fanden aber keine Antwort», bestätigte Hansuli.

«Könnte es sein, dass Annas damaliger Zustand mit Epilepsie in Zusammenhang zu bringen ist?», wollte ich vom Arzt wissen.

«Das ist durchaus möglich. Wissen können wir das nicht. Vor allem wäre es für uns interessant zu wissen, ob sich dieses Ereignis wiederholt hat. Können Sie sich an ähnliche Situationen solcher Art erinnern?», bohrte der Doktor in unserer Familiengeschichte weiter nach.

«Damals, als wir mit Anna auf den Titlis reisten, schlief sie auf dem Heimweg im Kindersitz hinten im Auto ein. Uns schien es sehr logisch zu sein, dass Anna nach dem anstrengenden, erlebnisreichen Tag im Auto einnickte. Aber etwas hat uns dann doch stutzig gemacht. Anna schlief mit halboffenen Augen. Was von der Iris sichtbar war, schien in verschiedene Richtungen verdreht zu sein. Ich versuchte sie damals auch wachzurütteln, weil sie so ein schlimmes Bild abgab. Anna ließ sich jedoch nicht wecken. Sie lag wie ohnmächtig im Kindersitz. Ich bemühte mich damals, sie so zu platzieren, dass der Sicherheitsgurt sie bestimmt nicht beim Atmen behinderte. Wir rätselten damals schon über den eigenartigen Zustand von Anna», erzählte ich.

Der Arzt nahm diese Erzählungen zu Protokoll und meinte, das könnten tatsächlich Anzeichen dafür sein, dass Anna die Epilepsie in sich getragen hatte. Später kam mir noch in den Sinn, dass Anna immer wieder das Bett genässt hatte. Das tat sie nicht regelmäßig. Wir konnten auch selten eindeutig eine Ursache dafür feststellen. Doch bis dahin waren wir davon ausgegangen, dass Annas Seelenzustand noch nicht stabil genug war und sie darum das Bett einnässte. War vielleicht die Ursache auch der Epilepsie zuzuschreiben?

Wir gaben einfach alle unsere Beobachtungen an den Arzt weiter und spürten eine leichte Entspannung dabei. Konnte der Auslöser für Annas Unfall tatsächlich eine Krankheit sein? Das hätte mich schon «erleichtert», das spürte ich.

«Noch eine Frage, Herr Doktor. Hätten wir die eben beschriebenen Signale wahrnehmen müssen? Hätten wir uns an einen Arzt wenden sollen, um eine Untersuchung anzuordnen? Haben wir fahrlässig gehandelt?», wollte ich wissen.

«Nein, Frau Gujer. Machen Sie sich keine Vorwürfe. Vermutlich hätte es mehr solche Vorfälle gebraucht, um den Verdacht für eine derartige Diagnose zu erhärten.»

So entlastete er uns von der Schuld, nicht genug aufgepasst zu haben.

«Gut, dann dürfen Sie jetzt zu Anna gehen. Es wird ihr guttun, ihre Eltern zu spüren. Anna ist in einem künstlichen Koma. Das ist zur Erholung für Annas Gehirn wichtig. Sprechen Sie trotzdem mit ihr. Anna wird Sie wahrnehmen und auch brauchen.»

So begleitete uns der Arzt zu unserer Anna, die nach wie vor völlig hilflos, fast leblos, in dem weißen Krankenhausbett lag. Tränen kullerten unaufhaltsam über meine Wangen. Meine innere Anspannung war noch voll da und verursachte eine Verhärtung in meinem Nacken. Es war mir so schrecklich unwohl. Wenn dieser Albtraum doch nur schnell vorüber wäre! Anna wimmerte leise und heiser vor sich hin. Wie viel konnte sie wohl wahrnehmen?, fragte ich mich.

Hansuli drängte die Ärzte nicht, uns mehr zu sagen, was da genau vor sich ging. Es ärgerte mich zuweilen, dass Hansuli so geduldig abwarten kann. Eigentlich hätte mich nur eine einzige Antwort beruhigen können. Nämlich die, dass Anna morgen wieder gesund und munter nach Hause kommen werde. Das aber würde nicht geschehen!

Unsere Tragödie

Als wir Stunde für Stunde an Annas Bett saßen, verfestigte sich in mir das Bewusstsein, dass wir in eine Tragödie gestürzt waren. Das alles lasen wir nicht in der Zeitung über fremde Leute. Diesmal betraf das alles uns selber.

Der Arzt an Annas Krankenbett erklärte uns die eben gemachten Untersuchungen. Ich hielt Anna an der Hand und streichelte sie beruhigend. Dabei hörte ich auf die Worte des Arztes, der uns erklärte, wie sie die Epilepsie festgestellt hatten. Das Wenige, das ich sah, waren viele Zickzackstriche, die mit einem hochempfindlichen Gerät aufgezeichnet worden waren. Die einen Zacken waren hoch und wirkten wie in wilder Hektik gezeichnet. Andere waren klein und weit auseinander liegend. Diese wurden wieder abgelöst von wilden Zacken. Der Arzt erklärte uns, dass die heftigen Zacken die Epilepsieausschläge darstellen würden. Wir konnten also bildlich die Epilepsie in Annas Gehirn dargestellt sehen.

Das berührte mich wenig. Mich interessierte es vielmehr, wie die erfahrenen Ärzte Anna von der Epilepsie heilen wollten. Diese Krankheit, die ich aus früheren Jahren kannte, als ich in einem Kinderheim gearbeitet hatte, ängstigte mich. In meiner Erinnerung war das eine böse, schlimme Krankheit, die ein normales Leben unmöglich macht.

«Wir werden nun mit einem Medikament Annas Epilepsie in den Griff bekommen. Sie müssen sich noch etwas gedulden, bis wir genau wissen, welches Mittel Anna am besten hilft.» Damit holte uns der Arzt aus unseren Gedanken.

Danach bricht meine Erinnerung ab. Ich kann nicht mehr nachvollziehen, was dann weiter passierte. Vermutlich baten uns die Ärzte, nach Hause zu gehen und zu versuchen, uns etwas auszuruhen. Sie versprachen, dass sie uns sofort informieren würden, wenn bei Anna eine markante Veränderung eintreten würde.

Hansuli und ich fuhren mit unserem Auto nach Hause. Wie wir das nur schafften? Wir verbrachten die Nacht in einem erschöpften Schlaf. Und immer blieb etwas in uns wach und wartete auf einen Telefonanruf von der Intensivstation der Zürcher Kinderklinik.

Von da an kann ich nur noch bruchstückhaft die Erinnerungen an die schweren Wochen während des Krankenhausaufenthalts unserer Tochter erzählen. Ich verlor viel Gewicht, weil ich mich selbst fast aufgab, um Anna aus dem Elend zu holen.

Auf der Intensivstation

Völlig erschöpft wachten wir am nächsten Morgen auf. Die schlimme Tatsache, dass Anna nicht lustig im Haus herumhüpfte, riss uns unmissverständlich in die grausame Realität zurück. Bevor ich nur irgendetwas Vernünftiges tun konnte, wollte ich mich auf der Intensivstation nach Annas Zustand erkundigen. Die Schwestern versicherten uns, dass Annas Zustand stabil sei. Sie sei an allen möglichen Geräten angeschlossen. Es könnte ihr gar nichts passieren. Anna liege nach wie vor im künstlichen Koma.

Sehr viel mehr konnte und durfte mir die diensthabende Schwester nicht sagen. Sie versicherte mir nochmals, dass sie mir jede wichtige Veränderung mitteilen würde. Ich solle mich etwas schonen und dann gegen Mittag auf die Intensivstation kommen.

Den Morgen verbrachte ich wie in Trance. Mein Leben schien völlig aus den Fugen geraten. Hansuli musste wieder zur Arbeit gehen. Sein Chef, der mittlerweile informiert war über die Zäsur in unserem Leben, zeigte Verständnis. Hansuli konnte mir versichern, dass er am Nachmittag ins Kinderkrankenhaus kommen werde. Diese Gewissheit beruhigte mich ein wenig. Wir vereinbarten, dass ich vorerst alleine zu Anna fahren würde, um ihr beizustehen.

Ständig den Tränen nahe, mit zitternden Knien und nach wie vor mit einer großen Angst im Nacken, begab ich mich zum Bahnhof. Wie ich es schaffte, den richtigen Zug nach Zürich zu besteigen, weiß ich nicht mehr. In solchen Fällen funktioniert ein Mensch anscheinend automatisch weiter.

In Zürich sah ich die vielen glücklichen Menschen herumeilen. Zumindest kam es mir so vor, als würden alle Menschen glücklich, lachend und zufrieden ihres Weges gehen. Nur ich litt unter diesem unsäglichen Leid um unsere Anna. Ich hatte weder für den Bettler an der Haltestelle der Straßenbahn noch für die jungen Menschen, die sich im Park mit Drogen zudröhnten, noch Augen. Ich nahm nur mein, unser unbegreifliches Schicksal wahr. Eine junge Frau lachte mit ihren zwei kleinen lustigen Mädchen. Das schnitt mir ins Herz. Ich wünschte mir, mit meiner gesunden Anna ebenso herzlich lachen zu können. Aber so war es nun mal nicht!

Ich musste mich mit unserer Not auseinandersetzen, das spürte ich. Nein! Niemand konnte von mir verlangen, dass ich so ein grausames Schicksal annehmen sollte! Ein gewisser Trotz bahnte sich einen Weg in mein Herz. Er bäumte sich auf. Wie eine Luftblase, die im Wasser nach oben drängt, drückte sich diese Wut in mir an die Oberfläche.

«Mein Gott! Was hast du dir da vorgenommen?!»

Ich saß mittlerweile in der Straßenbahn auf dem Weg ins Kinderkrankenhaus. Heftig schimpfte ich innerlich mit Gott, der meiner Meinung nach mit Leichtigkeit diese Tragödie hätte verhindern können. Warum ließ er Anna so unsäglich an diesem furchtbaren Leben leiden? Er hätte sich jemand anderen aussuchen können für dieses Elend ... Es schien, als würde Gott es aushalten können, dass ich jetzt meine ganze Wut auf ihn projizierte.

Ich musste aus der Straßenbahn aussteigen. Der Weg zwischen den alten Häusern hindurch, den Berg hoch zum Kinderkrankenhaus, kostete mich nochmals unendlich viel Kraft. Mit jedem Schritt, der mich näher zur Intensivstation brachte, klopfte mein Herz heftiger. Was würde ich antreffen? Würde Anna wach sein und mich erkennen?

Bei der Tür, die die Intensivstation von der allgemeinen Abteilung abtrennt, musste ich mich melden und dann warten, bis ich aufgerufen wurde. Diese Minuten zermürbten mich. Es zog mich mit aller Kraft zu Anna. Jetzt trennte uns wieder eine blöde Tür, die ich nicht selber öffnen durfte.

Eine Krankenschwester informierte mich, dass gerade Arztvisite sei. Als sie wieder durch die Tür verschwand, konnte ich noch einen kurzen Blick ins Krankenzimmer werfen und sah, dass alle Ärzte um Annas Bett standen. Ich wollte da hinein! Schnaubend tigerte ich den Korridor auf und ab. Dabei wurde ich immer schneller, ganz gemäß meiner inneren Stimmung.

Plötzlich öffnete sich die Tür, und ich wurde freundlich hineingebeten.

Große Erleichterung machte sich in mir breit, um gleich wieder der Bedrückung Raum zu geben. Wie ging es Anna wohl? Zielstrebig, mit einem gequälten Lächeln auf dem Gesicht, lief ich auf Anna zu. Sie lag nach wie vor fast leblos im Bett. Ich setzte mich zu ihr hin, streichelte und liebkoste sie und redete ihr gut zu. Mein Herz wurde leichter, weil ich so nahe bei Anna sein durfte.

Plötzlich, wie aus dem Nichts heraus, begann Anna zu zittern. Die Lämpchen an den Apparaturen blinkten wie wild, Alarmsignale riefen die Schwestern und den Arzt herbei. Hektik kam auf. Anna wurde durchgeschüttelt, war nicht zu beruhigen. Sie hatte einen typischen epileptischen Anfall. Der Arzt gab der Schwester Anweisungen, ruhig, aber sehr bestimmt. Medikamente wurden eilig herbeigetragen. Anna wurde ein Mittel gespritzt. Sofort beruhigte sie sich und lag wieder völlig leblos auf dem Bett. Ihr lief der Speichel aus dem Mundwinkel. Sonst rührte sie sich nicht. Der Arzt versorgte Anna umsichtig und sorgfältig.

Dann erklärte er mir, was gerade vorgefallen war. Er bat die Krankenschwester, mir einen starken Kaffee zu bringen. Erst da bemerkte ich, dass meine Beine mich kaum mehr tragen konnten. Der Arzt stellte mir einen Stuhl bereit, drückte mich sanft darauf und versicherte mir, der Kaffee würde mir guttun. Ich müsse aufpassen, dass mein Kreislauf nicht zusammenbreche. Er versicherte mir, dass Anna von dem Anfall keinen Schaden davontragen würde. Er wollte mich langsam vertraut machen mit der Krankheit von Anna.

Und so erklärte er mir in einfachen Worten, worum es sich bei Epilepsie eigentlich handelt. Ich müsse mir vorstellen, dass Anna ein Gewitter im Gehirn habe. Das tobt manchmal, um sich bald wieder zu beruhigen. Diese Information reichte mir fürs Erste.

«Die sollen das in den Griff bekommen!», trotzte ich innerlich. *Ich will nicht noch mehr solche «Gewitter» sehen,* dachte ich wütend.

Dann kam Hansuli. Auch er wollte mehr über Annas Zustand erfahren. Die Intensivstation ist immer mit ausreichend

Krankenschwestern und Ärzten besetzt. So konnten wir fast jederzeit Erkundigungen einholen. Wir wagten es aber nicht, die Mediziner dauernd mit Fragen zu überhäufen, obwohl wir das gerne getan hätten. So blieb uns manche Frage im Halse stecken, aus lauter Rücksicht auf die Fachleute, die ja noch andere Patienten zu betreuen hatten. Dabei entstand doch jede Frage bei uns aus der großen Unsicherheit und Angst um unsere geliebte Anna. Wir mussten uns mit einer neuen, noch nie da gewesenen Lebenssituation zurechtfinden. Jede Frage und jede darauf folgende Antwort hätte die Schwere unserer Situation erleichtert.

Warum stellten wir uns bloß so zurück? Warum wollten wir auf die anderen Menschen und ihre Arbeit Rücksicht nehmen? Ein Gedanke kreiste in meinem Kopf herum: «Sei geduldig. Warte einfach auf den Zeitpunkt, wo sie dir von sich aus mehr erklären.»

Aber die tausend Fragen wurde ich nie los. Sie kreierten nur neue Fragen. Heute würde ich mutig drauflosfragen. Ich bin überzeugt, in so einer verrückten Situation müssen die Ärzte und Krankenschwestern irgendwie Zeit aufbringen können, besorgte Eltern so genau wie möglich zu informieren. Eltern können nie genug Informationen bekommen. Sie sind in solch einer Not, immer in Sorge, und sind für jede Offenheit und jedes bisschen Zeit und Aufklärung unendlich dankbar.

Schwere Wochen

Nach einer Woche Intensivstation – Anna lag nach wie vor hilflos und unansprechbar auf dem Krankenbett – entschieden die Ärzte, Anna in die allgemeine Abteilung zu verlegen. Sie sei nun stabil genug dafür. Sie war aus dem künstlichen Koma aufgewacht. Die vielen Geräte, die Anna kontrolliert hatten, wurden nach und nach abgehängt. Anna musste nicht mehr künstlich beatmet werden. Sie wurde nur noch via Sonde ernährt. Wir verabschiedeten uns von dem ausgesprochen netten Personal der Intensivstation, das uns mittlerweile sehr vertraut war.

In der neuen Abteilung konnten wir kommen und gehen, wann wir wollten. Nirgends blinkten Warnlämpchen, und nirgends heulten Notsignale auf. Kinder und ihre Angehörigen trafen sich ungezwungen in den Räumen dieser offenen Station. Die Betreuung von Anna und den anderen Kindern beschränkte sich je nach Mithilfe der Angehörigen auf kleine alltägliche Handlungen. Unsere Anna brauchte ständig Hilfe, die ich mehr und mehr übernahm.

Anna war aus dem Koma erwacht. Sichtbar magerte unser Mädchen ab. Ihre Muskeln wurden schlaff. Wir mussten Anna mittlerweile wie ein Baby pflegen. Wir stellten fest, dass Annas Augen nicht funktionierten. Sie reagierte weder auf uns noch auf irgendwelche Bewegungen. Wenn wir eine Hand schnell auf Annas Augen zubewegten, blinzelte sie nicht einmal.

Sie konnte kein einziges Wort mehr sprechen. Auch der Speichel rann Anna zeitweise unkontrolliert aus dem Mund. Anna verzog ihr Gesicht zu Fratzen, die niemand zu deuten wusste. Sie jammerte unaufhörlich vor sich hin. Sie weinte, aber man sah keine Tränen. Von selbständigem Gehen konnte keine Rede sein. Anna konnte mit den Händen nichts greifen und verstand gar nicht mehr, was sie mit ihren Beinen und Füßen machen sollte. Wir waren nicht einmal sicher, ob sie unsere Stimmen und unseren Geruch noch wahrnahm.

Mit der Zeit veränderte sich Anna dahingehend, dass ihre Bewegungen spastisch wurden. Unkontrolliert zuckte sie mit den Armen und Beinen in der Gegend herum. Anna aus dem Bett zu nehmen, kostete Zeit. Anna auf den Arm zu nehmen oder sie auf unsere Knie zu setzen, wurde gefährlich. Sie bewegte sich dabei zeitweise so heftig und unkoordiniert, dass wir aufpassen mussten, sie nicht aus der Umklammerung zu verlieren. Leicht hätte sie auf den Boden fallen können.

Mit einer Hand versuchte Anna manchmal, das störende Röhrchen der Magensonde, die durch ein Nasenloch geführt wurde, wegzureißen. So mussten wir Anna ständig im Auge behalten. Eigentlich wurde die Pflege von Anna für eine einzelne Person zu schwierig. Auch wenn sie abmagerte, blieb Anna ein großes Mädchen, aber mit dem Verhalten eines Neugeborenen.

Ich besuchte Anna täglich und genoss jede Minute mit ihr. In ihrer Nähe hielt ich die Not besser aus. Ich fühlte mich nützlich und tat mein Bestes, ihr den Aufenthalt im Krankenhaus so angenehm wie möglich zu gestalten. Zuerst hatten wir uns deutlich wohler gefühlt, als Anna die Intensivstation verlassen durfte. Für uns bedeutete das ein Aufstieg aus dem Tal des Schreckens. Dann erkannten wir aber schnell, dass die Ärzte in der allgemeinen Abteilung sich viel weniger Zeit nahmen, um uns über Annas Zustand zu informieren. Ich besuchte Anna also von morgens bis abends, täglich, ohne Unterbrechung. Hansuli spielte Anna jeden Abend auf der Gitarre ihre Lieblingslieder vor und sang dazu. Auch der Patenonkel Oliver half manchmal mit.

Für uns blieb Anna unser allerwichtigstes Anliegen, dem wir uns täglich aufopfernd widmeten. Freunde und Bekannte kamen und gingen. Sie standen uns bei, so gut sie das konnten. Manche lösten uns ab, damit wir uns wenigstens wieder einmal Zeit zum Essen nehmen konnten. Wir vernachlässigten uns, weil wir uns so sehr um Anna sorgten.

Eine Woche verging in der allgemeinen Abteilung, ohne dass Anna irgendwie besonders betreut wurde. Die Pflegefachleute sorgten sich liebevoll um Anna, waren aber dankbar für unseren Einsatz. Denn ihnen hätte die Zeit gefehlt, sich umfassend um Anna zu kümmern. Täglich kamen neue Betreuungsaufgaben dazu, die ich übernahm. Der Arzt, ein hübscher junger Mann, glänzte vorwiegend mit Abwesenheit. Sein Engagement schien sich im Hintergrund abzuspielen. Er zeigte wenig Interesse am Krankheitsverlauf. Auf meine gestellten Fragen gab er mir meistens eher beiläufig Antwort. Ich fühlte mich nicht gut betreut, nicht ernst genommen und, was die ärztliche Betreuung betraf, alleingelassen.

Hansuli bekam abends den Arzt gar nicht zu Gesicht. Anna machte unserer Ansicht nach nicht wirklich Fortschritte. Unser Alltag, unser Leben gestaltete sich frustrierend, belastend und elend. Einmal beglückte mich eine Krankenschwester mit der Aussage, dass Anna sich sichtlich beruhige, wenn ich am Morgen jeweils aufkreuzte. Das freute mich und heiterte mein trübes Gemüt etwas auf.

Anna genoss auch die Gegenwart von Hansuli sehr. Sie liebte seine Nähe und Zuwendung. Er verbrachte allabendlich so viel Zeit mit Anna, dass ihm neben der Arbeit kein Freiraum für sich blieb. Nie hat er darüber gejammert oder sich beklagt. Anna sollte erleben, dass wir ihr in der größten Not beistehen.

Eines Tages bat mich die Krankenschwester, ihr zu helfen, Anna zu baden. Und wie gerne ich da mithalf! Das Badewasser wurde eingelassen. Die Schwester dachte wohl an ein Vollbad. Das ängstigte mich. Zu frisch waren die Eindrücke über das Geschehene in meiner Erinnerung. Ich bat die Schwester, die Wanne nicht ganz zu füllen.

Wir versuchten Anna auszuziehen. Sie machte sich ganz steif, verkrampfte sich und jammerte kläglich bei unserem Vorhaben, sie von den Kleidern zu befreien. Sie konnte dabei nicht mithelfen. Jetzt zeigte mir die Schwester, wie ich Anna halten sollte, damit sie nicht unter Wasser tauchen würde mit dem Kopf. Anna konnte absolut nicht mithelfen, ihren Körper still zu halten. Sie ließ alles einfach kraft- und tatenlos mit sich geschehen. Hätte ich Anna den Kopf nicht gehalten, wäre er einfach nach hinten gekippt.

Unser großes Baby zu halten bereitete mir erhebliche Mühe. Auch die Angst, Anna könnte mir entgleiten, musste ich überwinden. Frisch gewaschen, mit duftenden Haaren und neuen Kleidern, fühlte sich Anna wieder etwas wohler, hofften wir.

Die aufwändige Pflege von Anna lenkte mich ab. Ich fühlte mich nicht nutzlos. So übernahm ich zusehends alle Pflegeaufgaben von Anna. Die Wochen vergingen allerdings nicht wie im Fluge. Uns schien es eine Ewigkeit her, seit wir ein normales Leben gelebt hatten.

Alleingelassen

Ich wurde gebeten, am Vormittag immer erst nach der Arztvisite bei Anna zu erscheinen. Mir wurde versprochen, danach über das weitere Vorgehen informiert zu werden. Genau auf diese Information wartete ich dann Stunde um Stunde. Der junge, schöne Arzt hatte wohl sehr viel Arbeit. Wenn er einmal vorbeihuschte, blieben mir die Fragen im Hals stecken. Ich spürte sein Desinteresse, sich ausführlich mit mir zu unterhalten und Auskunft zu geben.

Manchmal überwand ich mich zu einem zögerlichen Versuch, die Krankenschwester um eine «Audienz» bei diesem Arzt zu bitten. Immer wieder hörte ich dieselbe Antwort: «Frau Gujer, ich werde ihm Ihr Anliegen mitteilen.» Es geschah aber nichts. Vielleicht war seine Zeit wirklich knapp. Trotzdem wären offene Informationen seinerseits für uns eminent wichtig gewesen. Wir fragten uns so langsam, worauf wir eigentlich in diesem Krankenhaus warten sollten?

Anna bekam etwas Physiotherapie. Aber sonst tat sich sehr wenig. Ab und zu wurden Untersuchungen durchgeführt. Diese drehten sich meistens um die Epilepsie, die die Ärzte in den Griff bekommen wollten. Uns bezogen sie kaum in die Entscheidungen ein. Die Berichte des behandelnden Mediziners wurden uns schnell und oberflächlich mitgeteilt. Wir spürten, dass der Arzt keine Zeit für Fragen hatte.

Anna sollte von der Magensonde befreit werden. So versuchte ich, ihr Joghurt und püriertes Essen einzulöffeln. Wir würden dabei feststellen, ob Annas Schluckreflex wieder intakt war. Überwältigend war die Freude, als ich feststellte, dass Anna normal schlucken konnte. Sie aß schon bald allerlei Dinge, die ich ihr in gut kaubare Portionen zerkleinerte. Wieder hatten wir einen Teilsieg erzielt! Die Magensonde konnte entfernt werden.

Es war an der Zeit, dass ich den jungen Abteilungsarzt um eine Aussprache bat. Ich wollte einfach endlich Klarheit bekommen, wie die weitere Zukunft für uns aussehen könnte. Außerdem fragte ich mich, ob ich Anna nicht genauso gut zu

Hause pflegen könnte. Mittlerweile verrichtete ich alle Arbeiten um Anna alleine, ohne Hilfe und ohne Anleitung der Pflegefachkräfte.

Der Arzt tat sich schwer, mir einen Termin für ein Gespräch zu verschaffen. Ich kam mir vor wie eine lästige Fliege, die den emsigen Arbeiter bei seinem Tun stört. Dieses Gefühl bremste und belastete mich. Manchmal fragte ich mich: «Ob der Mann auch Kinder zu Hause hat? Kann er sich vorstellen, wie es leidenden Eltern ergeht, wenn ihr Kind hilflos im Krankenhaus liegt? Oder benehme ich mich daneben? Verhalte ich mich zu ängstlich? Soll ich meinem Kummer weniger Ausdruck verleihen? Übertreibe ich es mit meinem Wunsch nach mehr Informationen? Soll ich vielleicht einfach blind vertrauen? Ist das richtig, dass ich mein Leben wortlos am Bett von Anna verbringen soll?»

Nach etwa zwei bis drei Tagen kam mein erbetener Gesprächstermin endlich zustande. Sorgfältig hatte ich mir all meine Fragen auf einem kleinen Zettel aufgeschrieben. Wir trafen uns im sehr kleinen Arbeitszimmer des Mediziners. Alles war vollgestellt, alles wirkte eng und ungemütlich. «Wenn nur Hansuli dabei wäre!», wünschte ich mir.

Der Arzt setzte sich mir gegenüber. Ich hatte den Eindruck, dass er sich seiner Sache sehr sicher, allzu sicher war. Ich stellte fest, dass er mir nichts Neues erzählte.

Er ließ mir kaum Zeit, eine Gegenfrage zu stellen. Es war mir so unglaublich unwohl in diesem engen Raum, wo zu wenig Platz für mich und meine Sorgen war. Was nützte mir das gute Aussehen und die Selbstsicherheit dieses Mannes? Hatte er eine Ahnung, wie es mir erging? Interessierte ihn das überhaupt?

Am Schluss fragte er, mehr der Ordnung halber, ob ich noch eine Frage hätte. Dabei stellte er die vorher übereinander gekreuzten Beine, die noch so etwas wie einen Hauch von Gemütlichkeit ausgestrahlt hatten, bereits zum Aufstehen nebeneinander. Das Signal war gegeben: «Auf geht's! Die Arbeit ruft!» Ich hatte einfach keine Frage mehr zu stellen …

Ein Lichtblick

Kurz nach diesem ergebnislosen Gespräch bekam ich die Nachricht, Doktor K. sei im Haus. Er wolle Anna sehen und beurteilen. Dr. K. leitet eine Reha-Klinik für Kinder. Er würde beurteilen, ob Anna zur Rehabilitation in sein Krankenhaus verlegt oder ob sie nach Hause entlassen würde.

Ich brachte Anna zur abgemachten Zeit in einen Raum im Untergeschoss der Kinderklinik. Wir mussten nicht lange warten, da erschien ein freundlicher älterer Herr mit grauen Haaren und einem auffallend fröhlichen, offenen Gesicht. Seine Freude an Kindern war unübersehbar. Ohne Umschweife stellte er sich vor:

«Ich bin Dr. K. und werde mich nun um Anna kümmern. Wir wollen doch einmal schauen, wie es dem Fräulein so geht!», sagte er lustig und aufmunternd. Er schüttelte mir die Hand fest und entschlossen. Sein Interesse an Anna begeisterte und erleichterte mich. Ich erlebte so etwas wie Freude! War das eine Wohltat. Wunderbar!

«Mein Gott, ich danke dir für diese Begegnung!», schickte ich ein Stoßgebet in den Himmel.

«Ja», stellte Dr. K. nachdenklich fest. Sein liebevolles Lächeln blieb immer auf seinem Gesicht. Väterlich und unerschrocken tastete er Anna ab, versuchte Reflexe auszulösen, beobachtete ihre Bewegungen.

Anna genoss die Zusammenarbeit mit dem lieben Doktor. Nochmals kam ein anerkennendes Ja von seiner Seite her. Geduldig, aber gespannt wartete ich auf seine Beurteilung vom Genesungszustand unserer Anna.

«Frau Gujer, Anna geht es erstaunlich gut. Sie hat sich sehr gut und schnell erholt nach diesem tragischen Unfall.» Dr. K. schaute mich dabei fest und offen an. Ich spürte, er würde mir die Zeit widmen, die ich brauchte. Er zeigte keinerlei Verhalten, das mir andeuten würde, dass seine kostbare Zeit eng bemessen war. Nein, ich durfte Fragen haben, so viele ich wollte. Großartig!

«Könnten Sie mir vielleicht noch genauer erklären, wie Sie

das meinen, dass es Anna sehr gut geht? Ich sehe ehrlich gesagt kaum Fortschritte seit der Intensivstation», fragte ich noch etwas zögerlich.

«Anna wird nicht, wie Sie sich das vielleicht wünschen, in großen Schritten Progress machen. Das Gehirn braucht viel Zeit, um sich vom Sauerstoffmangel zu erholen. Ich bin aber sehr erstaunt über die Fortschritte, die Anna ohne viel Therapie schon machen durfte. Schauen Sie, Frau Gujer, Anna zeigt erste Reflexe in den Beinen. Sie will sie gebrauchen. Wer weiß, vielleicht wird Anna die Beine bald wieder richtig einsetzen können? Warten wir ab. Anna muss sich nicht unbedingt der Reihe nach entwickeln, wie das bei einem Neugeborenen ist. Gewisse Bewegungen und Funktionen werden sich schneller entwickeln, während andere mehr Zeit brauchen. Sie hat einen starken Willen und hilft mit, wieder ins Leben zurückzukehren.»

Genau diese Aussage bedeutete mir so viel. Er sagte nicht, dass sich gewisse Funktionen nie mehr entwickeln würden. Er benutzte kaum negative Festlegungen. Dr. K. fand genug ermutigende Fortschritte, die sich zu erwähnen lohnten. Er nahm mir nicht die Kraft für meine verrückte Aufgabe, indem er all die Defizite bei Anna aufzählte, sondern die kleinen Erfolge, das Lobenswerte, erschienen ihm nennenswert. Dr. K. konnte kleine Fortschritte so fröhlich schildern, dass sich eine erfrischende Begeisterung in mir breitmachte.

Dann bemerkte Dr. K. noch abschließend: «Sie machen Ihre Arbeit als Mutter wunderbar. Ohne Ihre Hilfe, Ihre Hingabe und Liebe wäre Anna nicht da, wo sie jetzt ist. Darum schlage ich vor, dass Anna nicht zu uns ins Rehabilitationszentrum kommt. Für sie wäre es sicherlich hart, Sie als treu sorgende Eltern nicht täglich zu sehen. Und für Sie ist der Aufwand, jeden Tag von Ihrem Wohnort zu uns zu reisen, auf die Dauer zu groß. Sie würden Ihre Kräfte maßlos überstrapazieren. Ich werde veranlassen, dass Sie Anna in den nächsten Tagen mit nach Hause nehmen dürfen.»

Anna schien die Begegnung mir Dr. K. genauso zu genießen wie ich. Das war seit langem die beglückendste und wohltuendste Antwort, die wir bekommen hatten. Dr. K. hatte es mit wenigen Sätzen geschafft, mich reichlich zu beschenken. Seine Anerkennung unserer Hingabe, seine frische, fröhliche und aufrichtige Art, konnte mir in Windeseile einen Haufen Sorgen wegblasen. Er erhellte mit seiner Wertschätzung mein trübes Gemüt und tat mir richtig wohl. Die Zuwendung, die er Anna entgegenbrachte, ließ mich für einen kurzen Moment Normalität erleben.

Mit der guten Nachricht, dass er unseren Austritt aus der Kinderklinik sofort veranlassen würde, trug ich meine Anna fröhlich in ihre Abteilung zurück. Mein Herz hüpfte! Endlich sahen wir einen Silberstreif am Horizont. Und wie schön der leuchtete! Diese Begegnung war für uns wie ein erfrischendes, kühlendes Bad im heißen Sommer. Wir wussten nur zu genau, dass die Hitze bestehen bleiben würde. Vorerst wollten wir uns aber der seelischen Kühlung und Erfrischung hingeben!

Hansuli und ich entschieden, uns vor Annas Entlassung die Kinder-Rehabilitationsklinik anzuschauen. Wir wollten überzeugt mitentscheiden können. Ich hätte die Strapazen auf mich genommen, Anna täglich zu besuchen, wenn sich dies als der bessere Weg für sie herausgestellt hätte. Dr. K. zeigte uns seine Klinik mit großer Begeisterung. Sein Lebenswerk zeugte von Herzblut und großem persönlichen Engagement. Wir waren echt beglückt.

Dr. K. versicherte uns, Anna würde sich unter unserer Obhut weiterhin erfreulich entwickeln, ohne sich festzulegen, wie die Entwicklung im Detail zu erwarten sei. Tief beeindruckt von der Arbeit von Dr. K. verabschiedeten wir uns. Wir würden ihm ein Leben lang dankbar sein für seine kompetente und ermutigende Beratung.

Endlich nach Hause

Nach fast einem Monat Klinikaufenthalt, der uns vorkam wie Jahre, durften wir uns verabschieden und Anna mit nach Hause nehmen. Anna würde viel Hilfe benötigen. Was das für uns bedeuten würde, konnten wir gar nicht abschätzen. Trotzdem spürten wir eine riesige Erleichterung. Wir sehnten uns einfach nach ein wenig Normalität. Den Tag wieder zu Hause verbringen dürfen, für uns kochen, den Haushalt in Ordnung halten und Spaziergänge machen, das waren die Dinge, nach denen wir uns sehnten. Endlich würden wir wieder fast alleine als Familie unseren Alltag bestimmen dürfen. Wir würden uns nicht mehr nach den Regeln der Klinik richten müssen. Wir würden essen dürfen, was und wann wir wollten. Hansuli und ich würden wieder so etwas wie einen Feierabend genießen können.

Bescheidene Träume von einem ganz normalen Leben erfüllten uns. Gespannt, was uns der neue Lebensabschnitt bringen würde, richteten wir uns als kleine, verletzte und unendlich müde Familie zu Hause ein.

Mitte November 1992 kam unsere schwerstbehinderte Anna mit nach Hause. Hansuli brachte sie liebevoll und mit großer Sorgfalt in unser Auto. Mühselig versuchten wir, sie im Kindersitz anzuschnallen. Sie konnte ja nicht mehr wie früher dabei mithelfen. Ich setzte mich auf den Rücksitz neben Anna. Wir behandelten sie, als würden wir ein rohes Ei transportieren. Mit zittrigen Händen und einem Herzen voll Dankbarkeit traten wir den Heimweg an.

Diese Fahrt war eine erste Lektion, wie herausfordernd unser Alltag mit Anna sich gestalten würde. Anna konnte ihren Kopf nämlich nicht selbständig aufrecht halten. Als Hansuli bremsen musste, fiel Annas Kopf einfach vornüber. Ich erschrak! Nun hielt ich Annas Kopf mit einer Hand. Ich wollte um alles in der Welt verhindern, dass Anna etwas zustieß. Dabei hatte ich alle Hände voll zu tun, denn auch jede Kurve ließ Anna hilflos hin und her wackeln. So nahm ich die andere Hand und hielt sie Anna auf die Brust, um sie gut zu schützen.

Auf Anna schienen die neuen Eindrücke außerhalb des Krankenhauses keine beruhigende Wirkung zu haben. Sie jammerte unaufhörlich vor sich hin.

Eine in verschiedener Hinsicht große Herausforderung würde auf uns warten.

Kapitel 4: Amtsvormundschaft und Kriminalpolizei

Gesetzlich bleibt in der Schweiz ein Adoptivkind die ersten zwei Jahre bei der Adoptivfamilie in einem Pflegeverhältnis. Dieses Pflegeverhältnis kann während besagter zwei Jahre von der Adoptivfamilie sowie der Amtsvormundschaft gekündigt werden. Natürlich geht das nicht ohne genaue Abklärungen und viele Gespräche.

Zum Zeitpunkt des Unfalls wohnte Anna erst ungefähr neun Monate bei uns. Anna war zu der Zeit eigentlich staatenlos. Das rumänische Bürgerrecht verlor sie, als sie aus Rumänien adoptiert wurde. Das schweizerische Bürgerrecht würde Anna erst mit der gesetzlich geregelten Adoption in der Schweiz erlangen. Die ersten Monate bei den zwei Familien, die Anna vor uns betreuten, zählten nicht mit. Annas Pflegeverhältnis bei uns würde also mindestens zwei Jahre dauern, ungeachtet dessen, wie lange Anna vorher in der Schweiz gewesen war.

Mir war sofort nach dem Unfall klar, dass ich mich mit Annas gesetzlichem Vertreter, dem Vormund, in Verbindung setzen musste. Was dabei auf mich zukommen würde, war mir nicht bewusst. Wir waren ja auch nicht erfahren in solchen Dingen!

«Ich muss Ihnen etwas Schreckliches mitteilen», versuchte ich dem Vormund zu erklären.

«Grüezi, Frau Gujer. Was ist denn passiert?» Die Frage des Vormundes kam verhalten. In Bezug auf Anna verwunderte ihn wohl nichts mehr. «Anna hatte einen Unfall. Sie ist beinahe in der Badewanne ertrunken und liegt jetzt schwerbehindert in der Kinderklinik in Zürich.» Ich brachte diese Worte nur mit Mühe über die Lippen.

«Nein!», kam es erschrocken durch den Telefonhörer zu mir herüber.

«Doch. Ich dachte, ich sollte diese schlimme Nachricht an Sie weiterleiten.»

«Sie haben gut daran getan, sich bei mir zu melden. Ich muss bezüglich Anna über alles informiert werden!» Streng und entsetzt redete der Vormund mit mir. Ich wusste, dass er sehr vernünftig und fürsorglich seine Aufgabe versah. Ein mulmiges Gefühl beschlich mich. Hatte ich einen Fehler gemacht? Würde eine Strafe auf mich warten? Was würde jetzt auf mich zukommen?

«Hat sich die Kriminalpolizei schon bei Ihnen gemeldet?»

Oh Schreck! Nicht das auch noch, dachte ich. Ich verlor fast den Boden unter den Füßen bei dieser Frage. *Hätte ich diesen Telefonanruf nicht besser gelassen?*, schoss es mir durch den Kopf. *Aber nein, wir müssen da durch!*, lautete mein nächster Gedanke.

«Nein, mit dieser Frage wurden wir bis jetzt noch nicht konfrontiert. Wie soll das gehen? Müssen wir uns dort melden? Oder ist das jetzt Ihre Aufgabe?», gab ich zur Antwort.

«Ich werde mich diesbezüglich bei Ihnen melden. Erzählen Sie mir jetzt, wie es Anna geht. Wie ist der Unfall geschehen? Ich will alles ganz genau wissen. Und geben Sie mir die Telefonnummer des Arztes. Ich will mich mit ihm in Verbindung setzen», war die strenge Erwiderung des Vormundes.

So erzählte ich von all dem, was unser Leben total auf den Kopf gestellt hatte. Aufmerksam hörte er mir zu.

«Frau Gujer, wollen Sie Anna in dem Zustand behalten?»

Mein Herz erlitt fast einen Infarkt! Was stellte der gute Mann mir da für eine verrückte Frage? Nie, nicht einen Hauch von einer Sekunde lang, kam uns der Gedanke, Anna abzugeben. Wohin hätten wir sie schicken sollen? Man gibt doch ein Kind nicht einfach ab, weil es einem nicht mehr passt! Wie konnte er so eine schlimme Frage stellen?

«Nein, um Himmels willen! Nein! Niemals würden wir Anna hergeben! Warum fragen Sie mich das?» Verzweiflung machte sich in mir breit. Ich hielt mich zurück, um nicht laut zu werden, obwohl ich es am liebsten getan hätte.

«Wissen Sie, Frau Gujer, es gibt einige Adoptiveltern, die nur schöne, gescheite und liebe Kinder bei sich aufnehmen und behalten wollen. Anna war schon vor dem Unfall schwierig.

Das war unübersehbar. Nun ist sie noch behindert. Sie ist also nicht mehr gescheit, schön und unproblematisch. Auch wenn ich die Entscheidung fast nicht ertragen könnte, wenn Sie Anna abweisen würden, es wäre nicht ungewöhnlich. Glauben Sie mir das!»

«Also, damit kann ich jetzt nur sehr schlecht umgehen. Anna ist doch längst unser Kind. Es spielt keine Rolle, ob sie ein leibliches oder ein angenommenes Kind ist. Wir lieben sie! Unsere Herzen sind unzertrennlich verknüpft miteinander. Wir werden sie niemals freiwillig hergeben. Niemals!»

Irgendwie glaubte ich, für sie kämpfen zu müssen. Die Aussagen des Vormundes verletzten mich. Auch wenn er sicherlich genug schlimme Erfahrungen mit adoptierten Kindern aus dem Ausland gemacht hatte – warum konfrontierte er *uns* damit? Hatte er denn noch nicht erkannt, dass unser Ja zu Anna feststand, egal, was auf uns zukommen sollte?

«Ich bin froh und dankbar, wenn Sie ganz und gar zu Anna stehen. Sie sind sich aber bestimmt nicht wirklich bewusst, was noch auf Sie zukommen wird. Denken Sie nochmals sorgfältig und genau über meine Frage nach. Ich will jetzt keine Antwort. Rufen Sie mich in ein paar Tagen wieder an.»

Wir verabschiedeten uns am Telefon. Alleingelassen mit einer weiteren Angst, nämlich der, dass die Kriminalpolizei aufkreuzen würde, saß ich wie gelähmt in unserem Wohnzimmer. Was sollte ich jetzt tun? Zweifelte der Vormund daran, dass ich meine Sorgfaltspflicht erfüllt hatte? Glaubte er, ich hätte Anna nicht genug beaufsichtigt? War ich doch schuldig?

Schuldig, schuldig, schuldig ... Dieses Wort hämmerte in meinem Kopf. Mein Körper, abgemagert und ausgemergelt von der ständigen Sorge um Anna, konnte dieser Herausforderung kaum mehr standhalten. Nicht einmal weinen konnte ich noch. Erschlagen, erschrocken und verzweifelt wartete ich einige Zeit ab. Wie lange ich so dagesessen habe, weiß ich nicht mehr. Mir kam die Zeit vor wie eine Ewigkeit. Wie ich den angebrochenen Tag überstand, ist aus meinem Gedächtnis gestrichen.

Hansuli, in seiner ruhigen Art, erschütterte dieser neue Aspekt der Geschichte nicht sonderlich. Er meinte: «Es ist doch gut und richtig, dass der Vormund uns so direkt mit den rechtlichen Fragen konfrontiert. Glaub mir, er wird herausfinden, dass du keinen Fehler gemacht hast. Du hast ihm immer schon ausführlich aus unserem Leben mit Anna erzählt. Er wird sich auf unsere Seite stellen, ganz sicher!», ermutigte mich mein Mann.

Wie gut, dass er in schwierigen Situationen die Ruhe selbst bleibt!

Wir mussten uns definitiv nicht lange um die Entscheidung drücken, ob wir Anna nun behalten wollten oder nicht. Unser Entschluss stand fest: Anna war unsere Anna und sollte das auch bleiben! Genau das meldete ich nach einigen Tagen dem Vormund.

«Eigentlich habe ich nichts anderes von Ihnen erwartet, Frau Gujer. Aber ich musste Ihnen diese Frage trotzdem stellen. Schön, dass Sie sich entschlossen haben, weiter das Leben mit Anna zu verbringen!»

Er klang doch schon versöhnlicher. «Ich habe mich erkundigt und alles genau abgeklärt bezüglich der Kriminalpolizei. Frau Gujer, Sie haben Ihre Sorgfaltspflicht nicht verletzt. Sie sind entlastet und dürfen sich diesbezüglich getrost der schweren Aufgabe mit Anna widmen. Ich bin froh, dass ich Ihnen diese gute Nachricht überbringen darf.»

Mit dieser wahrlich guten, befreienden Nachricht widmete ich mich mutig mit ganzem Elan der täglichen Herausforderung mit Anna. Wir hatten wieder eine Hürde genommen!

Während der folgenden zwei Jahre begleitete uns der Vormund liebevoll, unterstützend, ehrlich und fürsorglich. Er besuchte uns mehr, als er das hätte tun müssen. Sein Interesse an Annas Entwicklung und Wohlergehen beeindruckte uns sehr. Oft erlebte ich diese Besuche so, wie wenn der Vormund mir Frische in meine «Miniwelt» bringen würde. Einmal trug er uns sogar eine Kiste mit wirklich leckeren frischen Äpfeln ins Haus. Die sollten Anna gut bekommen, meinte er und lachte dabei schelmisch.

Meine Welt zu Hause wurde zuweilen so unglaublich klein, dass ich nach Möglichkeiten suchte, sie zu vergrößern. Ich konnte nicht einfach fortgehen, Einkäufe tätigen, Leute besuchen oder sonstige Anregungen holen. Hansuli arbeitete viel. Er konnte mich nur selten ablösen. In Briefen und Tagebüchern schrieb ich mir meine Sorgen von der Seele. Auch dem Vormund teilte ich gerne und ausführlich fast jede Veränderung bei Anna schriftlich mit. Nie fühlte ich mich dazu genötigt, ihm, dem gesetzlichen Vertreter von Anna, die kleinen Fortschritte oder auch meine Sorgen mitzuteilen. Wie gesagt, ich erlebte es als befreiend, mein Herz jemandem, der wirkliches Interesse am Wohlergehen von Anna zeigte, ausschütten zu können.

Am 18. Mai 1993 schrieb mir der Vormund.

Sehr geehrte Familie Gujer,

für Ihren erfreulichen Bericht über die Entwicklung von Anna möchte ich mich herzlich bedanken. Ich teile von fern diese Freude mit Ihnen, weil sie angesichts Ihrer immensen Bemühungen um das Wohl und die Genesung des Kindes Bestätigung Ihrer Zuneigung zum Kinde sind.

Gerne hoffe ich, dass Sie diese Entwicklung weiterhin so liebevoll begleiten können und von Mal zu Mal neue Fortschritte registrieren werden.

Ihnen allen wünsche ich viel Freudiges, und ich grüße Sie freundlich,

U. E.

Amtsvormund

Adoption

Als wir Anna nach knapp drei Jahren endlich adoptieren durften, platzte uns das Herz fast vor Freude. Von jetzt an würde Anna alle Rechte haben, die ein leibliches Kind in einer Familie hat. Sie wurde nun auch vor dem Gesetz unser Kind, bekam unseren Nachnamen und das schweizerische Bürgerrecht.

Anna war nicht mehr staatenlos! Sie hatte auch rechtlich eine irdische Heimat gefunden. Wir waren endlich auch vor dem Staat eine richtige Familie. Anna, unsere geliebte Anna, würde nun immer zu uns gehören! Wie herrlich!

Dieses Ereignis feierten wir mit unseren lieben Nachbarn, die immer wieder wie allzeit bereite Großeltern für unsere Anna sorgten. Unser Glück war trotz des allgegenwärtigen Kummers um Anna gewaltig. Wir dankten unserem großen Gott, der uns bis dahin durch alles hindurchbegleitet hatte, von Herzen. Wie eine friedliche Insel im tobenden Meer kam uns diese Adoption vor.

Kapitel 5: Wieder zu Hause

Kaum daheim angekommen mit unserer kostbaren Anna, klingelte es. Eine Sekretärin von der Elektrofirma in unserer unmittelbaren Nachbarschaft stand etwas unbeholfen und hilflos vor der Haustür. Im Arm hielt sie einen großen weißen Plüschbären.

«Ich habe gesehen, dass Sie mit Anna nach Hause gekommen sind. Wir von der Firma möchten Anna diesen Bären schenken. Darf ich Anna kurz besuchen?»

«Sicher, kommen Sie nur herein», erwiderten wir überrascht.

Was für uns schon fast zur Gewohnheit geworden war, war für diese Frau fast ein Schockerlebnis. Anna lag zerbrechlich, bis auf die Knochen abgemagert und kreideweiß, auf einer Decke auf dem Wohnzimmerboden. Ihre Augen, die nichts sahen, schauten leer irgendwohin. Anna biss sich den einen Arm wund. Sie jammerte traurig vor sich hin.

Frau A. schaute fassungslos auf dieses Bündel Elend am Boden. Sie kniete sich nieder, berührte Anna vorsichtig und begann zu weinen. Frau A. war uns immer aufgefallen, weil sie die rot gefärbten Haare auffällig hoch toupiert hatte, immer perfekt geschminkt und modisch gekleidet daherkam. Und nun kniete diese herausgeputzte Frau vor Anna und ließ die Tränen über ihre gepuderten Wangen laufen.

«Nein, wie schrecklich!», sagte Frau A., völlig aus dem Konzept geworfen. Sie kannte Anna als kleine, pfiffige, freche Göre, die laut schreiend mit ihrem Zweirad in der Gegend herumsauste. Anna hatte noch vor wenigen Wochen immer gerufen:

«Achtung! Auf die Seite bitte! Ich komme!», und schon sauste sie knapp an den Beinen der Leute vorbei. Frau A., die gerne mit weißen Hosen und flippigen Schuhen durch die Gegend lief, zeigte immer eine ungeahnte Unkompliziertheit mit

Anna. Aber manchmal, das hörte ich von der Küche aus, wurde ihr Annas Benehmen doch zu viel.

Immerhin ging Anna damals davon aus, dass sie der Nabel der Welt sei. Nicht sie hatte den Leuten auszuweichen. Nein, die Leute mussten ihr ausweichen! Was war das doch schön, diese Lebendigkeit, die Anna in die Gegend brachte!

Nun aber lag sie wie gelähmt und ohne jede innere Kraft da. Frau A. konnte das nicht fassen. Ihre Tränen, die so viel Herzlichkeit und Anteilnahme zeigten, lösten auch in mir die Tränen, die ich in den Wochen zuvor kaum mehr weinen konnte. Wir lagen uns kurz in den Armen. Jede von uns beiden war wohl froh um die Unterstützung der anderen.

Frau A. verabschiedete sich nach einer Weile von uns, tief, tief betroffen, in leicht gebückter Haltung.

Ein mitfühlender Besuch

Helga hatte eine Zeitlang im selben Haus wie wir gewohnt. Dann hatte sie Martin geheiratet und war ausgezogen. Helga und Martin wollten Anna jetzt auch einen Krankenbesuch abstatten. Helga ist keine zimperliche Frau. Ihr Auftreten ist klar und dezidiert. Sie hat viel Gefühl und ist aufrichtig interessiert an ihren Mitmenschen.

Die sonst so gradlinige Helga erschien mir an diesem Tag zögerlich. Sie hatte Angst vor der Begegnung mit Anna. Martin zeigte seine Gefühle nicht so deutlich. Wir baten sie in Annas Zimmer.

Anna lag in ihrem Bett. Nach wie vor konnte sie nichts sehen. Sie jammerte leise vor sich hin, wie sie es häufig tat. Dabei liefen ihr kaum einmal Tränen aus den Augen. Die Töne, die sie von sich gab, wirkten kläglich und glichen dem eines kleinen Babykätzchens, das nach der Mutter miaut. Irgendein Leiden musste sie plagen. Mit schmerzverzerrtem Gesicht lag sie da.

Martin und Helga näherten sich respektvoll dem Bettchen. Tief betroffen schauten sie zu Anna hinunter. Ich wusste nicht, was ich sagen sollte. Ich war den Tränen nahe, und ein undefinierbares Etwas würgte mich im Hals. Helga und Martin nahmen mir die Entscheidung ab, was ich tun sollte. Keine Frage, Weinen war angesagt. So saßen wir schluchzend vor Annas Bett, streichelten ihre Hand und trauerten gemeinsam über das schreckliche Schicksal, das uns alle ereilt hatte.

Dieses Mitgefühl war unglaublich wohltuend! Worte waren überflüssig. Ein Händedruck und viel, viel Schweigen taten so unendlich gut.

Veränderung

Täglich fragten wir Gott, warum er dieses Unglück zugelassen hatte. Nie kam eine Antwort. Wir beteten, lasen in der Bibel und redeten mit Menschen, die uns unserer Meinung nach hätten weiterhelfen sollen. Aber diese Menschen fühlten sich zunächst überfordert. Eine verzweifelte Suche nach einer Antwort nahm ihren Lauf.

Anna lag meistens auf dem Boden oder im Bett. Sie schlief erschreckend wenig. Das bedeutete für mich, dass ich fast keine Zeit zur Verfügung hatte, die nur mir allein gehörte. Immer beobachtete ich Anna und suchte nach Veränderungen, die Fortschritte bedeuteten.

Wir stellten fest, dass Anna mit ihren Ohren gut hinhörte. Es schien, als würde das Gehör die Quelle sein, die wir zur Förderung anzapfen konnten. Mit verschiedenen Gegenständen, Spielzeug und Musik versuchten wir Anna herauszufordern. Kinderlieder schienen Anna schon sehr früh zu beruhigen. Wenn Anna jammerte oder unruhig um sich schlug, hielt sie sofort inne, wenn ich für sie Kinderlieder abspielte. Bald schon hörte sie genauso ruhig hin, wenn ich Kindergeschichten vom Band abspielte. Das erstaunte uns. Eine Regung, eine Veränderung war in Sicht! Es tat sich etwas in Annas Gehirn. Wir stellten Lernbereitschaft und Lernfähigkeit fest. Welch ein Erfolg!

Um an Annas Gehör zu arbeiten und ihr dadurch Informationen für ihr Gehirn zu geben, häkelte ich kleine, dehnbare

Armbänder. Mit starkem Garn nähte ich allerlei kleinere und größere Glöcklein dran. Diese «Musikinstrumente» legten wir Anna um die Hand- oder Fußgelenke. So konnte Anna Töne und Geräusche erzeugen. Ich redete mit Anna und sagte ihr, dass sie jetzt mithelfe, Musik zu machen. Hansuli nahm, wenn immer möglich, seine Gitarre und spielte für Anna die Lieder, die ihr geläufig und wohlbekannt waren. Wir sangen dazu, und manchmal nahm ich Anna nahe zu mir und wiegte sie langsam zur Musik.

Es war für niemanden ersichtlich, wie viel Anna von diesem Geschehen verstand und begriff. Nachts, wenn ich nicht schlafen konnte, fragte ich mich schon manchmal, ob ich verrückt wäre und unserem Schicksal einfach nicht realistisch in die Augen schauen wollte. Aber nein, ich wollte Anna auf keinen Fall aufgeben. Wir würden es schaffen! Der ganzen Welt wollten wir beweisen, dass Aufgeben sich nicht lohnt!

Ernüchterung

Bei den vielen Untersuchungen in der Klinik, beim Hausarzt und bei den Therapeuten, die uns empfohlen wurden, fielen immer wieder Worte wie: «Anna müsste eigentlich auf diese Stimulation reagieren.» Oder jemand sagte beiläufig: «Vielleicht wird Anna ihre Augen nie mehr gebrauchen können.»

Hinter so einem Satz kam kein Ausrufezeichen und schon gar kein Fragezeichen. Es waren schmerzende nüchterne Feststellungen. Wie sehr wünschte ich mir manchmal, die Fachleute würden diese Sätze nur denken. All die Unsicherheiten und die vielen Wenn und Aber auszuhalten raubte viele wertvolle Kräfte. Letztendlich stellten wir fest, dass man den Heilungsverlauf einer Hirnschädigung nur sehr vage und unsicher beurteilen kann. Manchmal dachte ich, es sei doch bestimmt besser, einer sinnlosen und nicht belegbaren Hoffnung nachzueifern, als jetzt aufzugeben.

Heute sehe ich klarer. Wir wollten und konnten uns damals der Realität nicht stellen. Es würde Zeit, viel Zeit beanspruchen, bis wir uns mit Annas Behinderung abfinden konnten. Bis dahin blendeten wir alles aus, was Anna zum geistig behinderten Menschen machen würde. Das Wort Behinderung – noch schlimmer: geistige Behinderung – brachten wir kaum über unsere Lippen. Wir konnten es nicht akzeptieren, dass Anna von Fachleuten als behindert eingestuft wurde.

Für uns war der Umgang mit Menschen, die Anna zu beurteilen hatten, schwer. Für die Fachleute war der Umgang mit uns genauso schwer. Sie betraten ein Minenfeld, wenn sie offen mit uns sprechen wollten. Es war eine unglaublich anstrengende Zeit.

Wir als Ehepaar spielten unsere Lebensrolle perfekt weiter. Hansuli arbeitete viel und blieb deswegen oft tagelang von unserem Elend weg. Er musste ins Ausland, erlebte bei der Filmarbeit viel Neues, Spannendes und Erfüllendes. Er stand in einer anderen Zerreißprobe als ich. Er konnte oft weder mir noch seinem Chef richtig genügen. Und Hansuli konnte berufsbedingt nur sehr selten Anna und mich zu einer Untersuchung nach Zürich begleiten.

Viel zu oft spielte ich das «Meisterstück meines Lebens» alleine: Ich war stark und konnte alles schaffen. Wenn ich nur wollte. Und für Anna wollte ich alles. Rücksichtslos verpulverte ich meine Kräfte. Mit einem Lächeln auf dem Gesicht ließ ich die Mitmenschen in unser Familiendrama schauen. Ich spielte nach außen hin Normalität, die wir in Wirklichkeit nicht hatten.

Die Tatsachen voll zu akzeptieren hätte für mich damals bedeutet, mich auch in die Trauer und Verzweiflung fallen zu lassen. Bestimmt hätte ich offene Arme und warme Herzen gefunden, die mich aufgenommen hätten, um mir die Verantwortung für einen Augenblick abzunehmen. Warum nur musste, ja wollte ich immer so stark sein? Jemand hat mich sogar auf mein Verhalten aufmerksam gemacht und mir damit direkte Hilfe angeboten. Ich war aber leider noch nicht bereit, mich für einen Moment gehen zu lassen. Dass mein perfekt inszeniertes Gefühlstheater durchschaut wurde, bedeutete für mich in erster Linie Stress. Wenn unsere Besucher allerdings weinten ob der Trauer, die sie beim Anblick von Anna überkam, berührte mich das jeweils sehr. Nur selten konnte ich allerdings mitweinen und in den Tränen eine gewisse Befreiung erleben.

Annas Pflege beanspruchte mich voll. Sie musste gewickelt, gefüttert und gebadet werden wie ein Baby. Körperlich hatte sie das Babystadium aber längstens überschritten. Wollte ich Anna von einem Zimmer ins nächste bewegen, musste ich sie aufheben und tragen. Dabei mussten Annas Rücken und der Kopf gestützt werden. Sie wäre sonst einfach nach hinten gekippt. Bei einem Baby ist das leicht gemacht. Bei einem Mädchen wie Anna, das mit seinen inzwischen fast fünf Jahren schon recht groß war, forderte das körperlich alle meine Kräfte.

Sichtbare Fortschritte

Wenige Wochen nachdem Anna nach Hause kam, stellten wir fest, dass Annas Kraft in den Beinen zunahm. In wenigen Tagen lernte Anna, sich vom Rücken auf den Bauch zu drehen. Und wieder in sehr kurzer Zeit lernte sie, sich kniend auf die Beine zu setzen. Anna lernte langsam, wieder aufrecht zu sitzen und konnte schnell den Kopf wieder selber halten. An Weihnachten 1992 tat Anna ihre ersten, wenn auch sehr unsicheren Schritte. Wir jubelten!

Nun stellten wir ein neues Problem fest: Anna begriff ihr Umfeld nicht. Sie konnte mit ihren schlaksigen Armen wieder vieles erreichen. So stand sie an Hansulis Pult und begann, die sorgfältig sortierten Akten auf den Boden zu werfen. Sie genoss die Geräusche, die sie dabei verursachte. Anna hatte zu dem Zeitpunkt ihr normales Sehvermögen noch nicht zurückerhalten. Oder war es vielleicht eher so, dass sie das, was sie sah, nicht interpretieren konnte? Wie auch immer, für Anna hatten die sortierten Papiere keine Bedeutung. Sie hatte sie ganz einfach erwischt und in hohem Bogen auf den Boden geworfen. Nun musste ich Anna also stets auf den Fersen bleiben und sie davon abhalten, das Büchergestell, das Pult oder sonst etwas Wertvolles abzuräumen.

Alles lief genauso wie bei einem kleinen Kind, das die Welt entdeckt. Eigentlich wollte ich Anna die Welt ja entdecken lassen. Nur war das angesichts ihrer Körpergröße und ihrer Kraft nicht ganz einfach. Trotz der überschwänglichen Freude über die deutlichen Fortschritte gestaltete sich unser Leben mit jedem dieser Fortschritte auch schwieriger. Denn die Entwicklung von Annas geistigen Fähigkeiten würde noch viel Zeit beanspruchen, bevor ein einigermaßen gefahrloses Leben zu gewährleisten war.

Um Anna nicht immer schimpfend hinterherzurennen, versuchte ich sie für Spiele und für ihr angepasste spannende Betätigungen zu gewinnen. Ich nähte ihr farbige Bälle aus verschiedenen Stoffen. So konnte ich Anna mittels ihres Tastsinnes Anregungen verschaffen. Die Farben der Stoffe nahm sie noch nicht wahr. Bei ihr wanderte alles, was sie zu greifen bekam, in den Mund. Sie lernte, indem sie alles mit dem Mund erkundete.

Während ich nähend, häkelnd oder strickend neben Anna arbeitete, redete ich viel mit ihr. Ich kommentierte ihr Tun und ihre Gegenstände und wollte sie lehren, dass alles um sie herum eine Bedeutung und eine Funktion hat. Anna nahm aufmerksam wahr, was ich ihr mitteilte.

Wir kauften Anna Babyspielzeug zum Drehen, Schrauben, Drücken etc. Eine Zeitlang führten wir Annas Hand und animierten sie beim Spielen. Sie verstand nichts von diesen Funktionen. Es war frustrierend, ihr zuzuschauen, wie alles einfach scheinbar sinnlos in den Mund wanderte. Nun, das Angebot war da. Anna würde schon noch begreifen. Das war unsere Devise.

Der violette Fahrradhelm

Als Anna wieder selbständig sitzen konnte, mussten wir ihren Kopf mit einem Fahrradhelm schützen. Das sah sehr ulkig aus. Anna stieß ihren Kopf überall an, weil sie ihre Umgebung nicht verstand. Ein Tischbein hatte für sie keine Bedeutung. Manchmal ließ sie sich einfach aus dem Nichts heraus nach hinten fallen.

Bei einem Baby ist so etwas nicht so schlimm. Es fällt weniger tief. Die große Anna musste mit weichen Decken und Polsterkissen geschützt werden. Ihren Kopf wollten wir vor weiteren Verletzungen und Schlägen schützen. Kaum lernte Anna, sich auf die Knie und Hände gestützt in Kriechposition zu begeben, wurde der Helm noch wichtiger. Denn Anna schlug nun noch öfter ihren Kopf an. Damit ich nicht im Dauerstress um sie bangen musste, gehörte dieser Fahrradhelm zu Annas täglicher Ausrüstung.

Annas Augen

Bis dahin erkannten wir wenig Veränderung, was Annas Augenfunktionen betraf. Die Ärzte haben uns mit der Tatsache konfrontiert, dass Annas Augen wohl nur grau, verschwommen und wie durch einen Nebel sehen konnten. Sie war sozusagen blind und reagierte weder auf Licht noch auf schnelle Bewegungen. Wenn wir das Zimmer verdunkelten und mit einer Taschenlampe auf Anna zugingen, um herauszufinden, ob sie darauf reagierte, wurden wir enttäuscht. Anna wendete sich nicht dem Licht zu. Wir konnten ihr direkt ins Gesicht leuchten. Keine Reaktion war erkennbar.

Eines Tages sahen wir, wie Anna sich geradezu gierig dem Licht einer brennenden Glühbirne näherte. Mittlerweile konnte sie wieder neben Gegenständen stehen und sich sogar auf den Beinen halten. Wie gewohnt versuchte sie die heiße, brennende Glühbirne mit dem Mund zu erkunden. Das forderte fast ein wenig akrobatisches Können von ihr. Sie riss die Stehlampe, die so faszinierte, energisch zu sich hin. Ich wollte schreien:

«Halt, Anna, das ist heiß!»

«Lass sie doch. Ich bin da und greife ein», widersprach mir Hansuli. Er wollte sie die Erfahrung machen lassen, dass die

Lampe, das Licht, heiß war. Ich traute ihm nicht. Er würde Anna bestimmt nicht rechtzeitig von der Gefahr abhalten, sich zu verbrennen.

«Das muss Anna sicher nicht lernen, indem sie sich die Zunge verbrennt! Siehst du nicht, dass sie keine Ahnung von der Lampe und der Hitze hat?» Ich wurde unruhig.

Hansuli, der Geduldige, ließ Anna gewähren. Sie näherte sich der Lampe, wollte sie greifen, suchte mit dem Mund die Glühbirne und starrte in das gleißende Licht. Sie zwinkerte nach wie vor nicht. Es schien sie nicht zu blenden. Doch wir stellten fest, dass Anna diesmal anders, bewusster auf das Licht zuging. Sie hielt inne, als ob ihr Gehirn eine Information speichern müsste. Staunend angesichts der neuen Entwicklung, konnte Hansuli sie sanft von der Hitze wegführen.

Von da an durften wir täglich Fortschritte im Bereich der Augen erleben. Anna ging bewusst, gemächlich und lernwillig auf die Dinge zu. Wir entdeckten, dass Anna gezielter und sorgfältiger nach Gegenständen griff. Ihr Gehirn schien die Informationen, die die Augen aufnahmen, zu verarbeiten. So gaben wir allen Dingen, die sie mit den Augen fixierte, einen Namen.

Allerdings erkannte sie nicht, ob ein Gegenstand für sie gefährlich war oder nicht. Eine Zimmerpflanze in sattem Grün zog Anna förmlich an. Sie griff danach, und schon wanderte das ergriffene Blatt in den Mund. Bekanntlich kann es gefährlich sein, Zimmerpflanzen zu verspeisen.

Wir mussten uns überlegen, was wir wegstellen sollten, um Anna nicht unnötig einer Gefahr auszusetzen. Andererseits freuten wir uns, dass sie ihre Umwelt so eifrig entdecken wollte. Wir wollten sie Erfahrungen machen lassen. Wir redeten viel mit Anna, erklärten ihr das Umfeld, in dem sie sich aufhielt. Ich war ständig auf der Hut, weil überall Gefahren drohten. Ein herumliegendes Messer war für Anna einfach nur glänzend und darum interessant. Es wanderte wie alles andere gleich in den Mund. Kein gefährlicher Gegenstand durfte in ihrer Reichweite herumliegen.

Farbstifte griff Anna zielsicher auf, steckte sie sich sofort in den Mund und machte gleich Jagd auf das nächste spannende Objekt. Sie schien die Dinge nur so lange wahrzunehmen, wie sie in ihrem Mund waren oder direkt vor ihren Augen lagen. Aus den Augenwinkeln konnte Anna nichts registrieren. Wir dachten manchmal: «Ob Anna vielleicht ein eingeschränktes Sichtfeld hat?»

Wenn wir Anna aufforderten, den Stoffbären in die Hand zu nehmen, funktionierte das noch lange nicht. Ob es daran lag, dass Anna schon genug zu tun hatte, um das Wort Stoffbär zu verstehen? Oder lernte sie zunächst autonom? Konnte sie ihre eigene kleine Welt überhaupt mit unseren Anordnungen, Befehlen und Fragen zusammenbringen? Wir konnten es nicht wirklich einschätzen. Unaufhörlich redeten wir mit Anna, führten anleitend ihre Hand so oft wie möglich mit unserer Hand. Wir benannten alles, was für Annas Welt sinnvoll und nötig war. Wir hofften dabei, dass sie eines Tages unsere Handführung und die stetige Begleitung nicht mehr benötigen würde.

Mit verschiedenem Licht – mit Kerzen, hellen und dunklen Lampen, Tag und Nacht, Sonne und Mond und noch vielem mehr – stimulierten wir Annas Sensibilität bezüglich Wahrnehmung durch die Augen. Anna begann zeitweise, unserem Finger nachzuschauen, wenn wir ihr im Garten etwas zeigen wollten, was wohl aber eher zufällig geschah. Dabei verstand sie sehr, sehr wenig. Ihre Welt war nach wie vor winzig klein. Sie musste alles von Grund auf neu begreifen lernen. Unsere erklärte Absicht war, unsere gesamte Zeit dafür aufzuwenden, Anna ihre Welt begreiflich zu machen! Die Tatsache, dass Anna wieder sehen konnte, beflügelte uns.

Nachts träumte ich oft, dass Anna einer dieser vielen Gefahren im Haushalt zum Opfer fallen würde. So jagte mich der Gedanke, Anna würde einen Farbstift mit der Spitze voran in den Hals stecken. Den Rest kann sich jeder Leser selber denken … Schweißgebadet wachte ich dann auf, ohne die Erholung einer gut und tief durchschlafenen Nacht noch erfahren zu können.

Rund ums Essen

Das Essen mussten wir Anna in kleinen Portionen in den Mund löffeln. Sie musste wieder kräftiger werden und zunehmen. Sie konnte inzwischen schon gut selber kauen. Doch sie verschluckte sich immer wieder, wenn wir ihr zu große Portionen gaben. Entweder musste Hansuli Anna füttern und kam dabei selber nicht zum Essen. Oder ich verzichtete zugunsten von ihr auf das Essen.

Weil Anna mit der Zeit die Augen gebrauchen lernte, erkannte sie den Teller auf dem Tisch, den sie mit Essbarem in Verbindung brachte. In unserer kleinen, engen Küche reichten ihre langen Arme überall hin. Sie mit kleinen Portionen zu füttern und gleichzeitig alles in ihrem Umfeld so zu stellen, dass es vor ihr sicher war, beanspruchte unsere volle Aufmerksamkeit.

Ein einigermaßen sinnvolles Gespräch unter uns Eheleuten zu führen, konnten wir vergessen. Aber Anna aß gerne und ausreichend. Und in erster Linie zählte nur das! Anna nahm an Gewicht zu und wurde sichtbar kräftiger. Sie zappelte vermehrt und heftiger mit den Beinen und trainierte so ihre Muskeln. Zum Glück aß sie sozusagen alles, was wir ihr vorsetzten. Außer den Medikamenten, die sie dringend regelmäßig einnehmen musste!

Anna merkte sofort, wenn ihre Epilepsiemedikamente nicht gut genug versteckt im Joghurt lagen. Dann spuckte sie die ungeliebte Zutat in hohem Bogen aus dem Mund! Dreimal täglich forderte Anna uns bei der Eingabe von diesen wichtigen Medikamenten heraus. Oft fütterten wir sie mit einem halben Becher Joghurt, bis die Medikamente endlich im Hals verschwanden. Anfangs hat uns das Nerven gekostet. Immer diese Prozedur!

Dann erkannten wir, dass Annas Hirn erneut Fortschritte gemacht hatte. Anna konnte mit der Zunge schnell erkennen, wenn wir ihr die Medikamente ins Essen schmuggelten. Sie konnte sogar die Medikamente aus dem Joghurt aussortieren. Den Joghurt schluckte sie genüsslich hinunter, während sie das Medikament «entsorgte», also ausspuckte. Anna konnte tatsächlich im Mund die Dinge, die sie mochte und nicht mochte, voneinander unterscheiden. Sie konnte differenzieren. Wunderbar!

Anna wollte nie genug trinken. Ein endlos scheinender Kampf war da angesagt. Manchmal schlug sie uns den gefüllten Becher aus der Hand. Immer mussten wir auf der Hut sein. Schafften wir es, Anna etwas Tee mit einer Schnabeltasse einzuflößen, ließ sie diesen einfach nachher aus den Mundwinkeln fließen. Wir konnten nicht nachvollziehen, warum sie sich so sehr weigerte, Flüssigkeit zu sich zu nehmen.

Bei allen ärztlichen Kontrollen war dieser Flüssigkeitsmangel ein Dauerthema. Nur: Wie sollten wir dem Problem beikommen?

Hansuli, der selten um eine Idee verlegen ist, wenn ein Problem auszuufern droht, schnappte sich eine Einwegspritze, natürlich ohne Nadel. Diese füllte er mit Tee, der ziemlich abgekühlt war. Anna hasste heiße Getränke. Hansuli nahm Anna wie ein Baby in den Arm. Mit der freien Hand spritzte er in kleinen Portionen den Tee so in ihren Mund, dass er gleich den Hals hinunterrann.

Auch ich schloss mich dieser Art von Flüssigkeitszufuhr an. Wenn wir Anna schön langsam die gewünschte Menge Tee, Wasser oder Sirupgetränk «einspritzten», funktionierte unser Unterfangen recht gut. Nur, es dauerte unendlich lange.

Vorübergehend genoss ich diese Zeit, die nur uns gehörte, sehr. Vor allem, wenn wir den Tag alleine verbrachten, erlebten wir diese Momente in stiller Andacht. Ich schaute Anna fest in die Augen, streichelte sie dazu und ließ all meine Liebe gleichzeitig mit dem Trinken fließen.

Weitere Entwicklungsschritte

Die Freude an den Fortschritten, die wir täglich beobachten konnten, gaben uns Mut und Kraft. Zunehmend wurde uns bewusst, wie viel im Gehirn zusammenarbeiten muss, damit man sagen kann, eine Funktion sei normal. Annas Augen und ihr Verstand lernten erst nach und nach, das Gesehene zu interpretieren.

Um die erkannten Dinge greifen zu können, brauchte es nochmals Entwicklungsschritte. Mit diesen Dingen das Richtige zu tun, zum Beispiel zu spielen, bedingte wieder weitere Fortschritte des Gehirns. Vieles musste also zusammenspielen, damit wir eine Tätigkeit von Anna als «normal» bezeichnen konnten. Doch vom Normalen waren wir damals noch weit entfernt.

«Zeig mir eine Rassel! Wo ist der Ball? Gib mir einen Löffel!»

Solche Fragen und Befehle blieben viele Monate lang ohne Ergebnis. Anna spielte zwar mit den Gegenständen, entdeckte und erprobte sie. Weitergeben, mit mir spielen, auf mich reagieren, eben dieses tägliche Geben und Nehmen im Wechsel, fand nicht statt. Trotz der immer wieder erkennbaren Fortschritte blieb noch so manches auf der Strecke. Mit den gewaltigen Defiziten bei Anna klarzukommen, das zermürbte mich.

Sobald wie möglich wollten wir mit ihr die Welt «draußen» entdecken. Doch Spaziergänge verwirrten Anna. Sie hatte sichtlich Mühe mit den vielen neuen Geräuschen, den Bewegungen und der Schnelligkeit, zum Beispiel von Autos. Anna jammerte unaufhörlich. Wir mussten sie sehr gut festbinden in dem kleinen Rollstuhlbuggy, den uns das Materialdepot der Invalidenversicherung[1] zur Verfügung stellte. Anna sperrte sich gegen das Angebundensein. Bis sie ihre Beine wieder trugen, mussten wir sie ausfahren. Weit kamen wir dabei aber nie. Ihr Gejammer und Geschrei war so anstrengend und zermürbend, dass wir unsere Absicht, Anna die Welt draußen zu zeigen, bald aufgaben. Zumindest für

[1] Die Invalidenversicherung (IV) ist eine staatliche und obligatorische Versicherung in der Schweiz. Ihr Ziel ist es, den Versicherten, die invalide werden/sind, mit Eingliederungsmaßnahmen oder Geldleistungen die Existenzgrundlage zu sichern (Quelle: de.wikipedia.org).

dieses Mal. Doch immer wieder rafften wir uns auf zu neuen Versuchen.

Kaum lernte Anna selbständig zu gehen, machten wir uns, gut ausgerüstet mit Stiefeln, die Anna an den Beinen Halt gaben, auf Entdeckungstour. Schon nach dem Gartentor begann Anna zu jammern. Sie schien sich vor der Herausforderung zu fürchten. Irgendetwas Undefinierbares trieb sie dazu, ständig und jämmerlich zu klagen. Manchmal ließ sie sich auf den Boden fallen wie ein trotzendes Kleinkind. Auf all die Zuschauer bei diesen Szenen hätte ich gerne verzichtet. Doch wir stellten uns mutig der Herausforderung, Annas Erlebniswelt zu erweitern. Damit erhöhten sich aber die Gefahren, die ihre Sicherheit bedrohten.

Anna wand sich jeweils erstaunlich geschickt aus unserer Umklammerung. Dann steuerte sie oft mit ungeahnter Geschwindigkeit direkt auf die stark befahrene Straße zu. Oder sie ließ sich jederzeit und überall unmotiviert zu Boden fallen. Wir kamen kaum vorwärts. Unser Ziel musste es sein, überhaupt einige Zeit an der frischen Luft zu verbringen. Wir lernten schnell, dass wir uns erst gar keine großen Ausflüge vorzunehmen brauchten.

Hansuli und ich wurden beide hundertprozentig in die Betreuung von Anna eingebunden. Nur ein kleiner Augenblick von Unaufmerksamkeit konnte bedeuten, dass Anna auf einem Waldweg eine Handvoll Kies in den Mund steckte und darauf herumkauen wollte. Oder sie bediente sich bei den Pflanzen oder Beeren am Waldrand, die sie selbstverständlich sofort verspeiste.

Waren wir in Uster unterwegs, mussten wir Anna fast gewaltsam am Handgelenk festhalten. Zu gerne rannte sie vom Bürgersteig, der für sie ohnehin keine Bedeutung hatte, auf die Straße. Damals, im Gegensatz zu heute, wehrte sich Anna immer heftig dagegen, gehalten zu werden. Heute will sie immer unsere Hand halten, obwohl sie die möglichen Gefahren der Straße längst kennt. Inzwischen liebt sie die Nähe. Damals reagierte Anna wütend, schreiend, kratzend, wenn wir sie mit festem Griff am Handgelenk packten. Sie erkannte unsere

Sorge um sie und um ihre Sicherheit nicht. So wurde jeder noch so kleine Versuch, aus unserer Miniwelt auszubrechen, zu einem Kräfte raubenden Kampf.

Trotzdem: Ein weiterer Fortschritt zeichnete sich ab. Anna konnte wieder selbständig gehen. Den Rollstuhlbuggy konnten wir nach drei Monaten wieder zurückbringen. Die Frau bei der Materialausgabestelle der Invalidenversicherung freute sich mit uns, dass wir den Buggy nicht mehr benötigten. Selten habe sie erlebt, dass jemand ein solches Hilfsgerät, kaum abgeholt, schon wieder zurückbrachte. Solche Momente des Staunens waren für uns wie Kraftspritzen. Neu motiviert machten wir uns auf den weiteren Weg der Fortschritte mit Anna.

Ermutigender Arztbesuch

Ich glaube, es war kurz nach der Jahreswende 1992/93. Wir wurden von der Kinderklinik aufgefordert, Anna in der Abteilung für Wachstum und Entwicklung zu zeigen. Hansuli begleitete uns. Ich war froh, nicht alleine zu sein mit meiner Angst.

«Guten Tag!», war die freundliche Begrüßung des Arztes, der uns bei diesen Untersuchungen begleiten würde. Dieser nette, zugängliche Mann brach das Eis. Mein Herz spürte sein Interesse an Anna. Meine Seele entspannte sich.

«Wir werden mit Anna in einem Therapieraum einige Versuche machen. Wir möchten feststellen, welche Fortschritte sie bereits gemacht hat. Kommen Sie mit?» Freundlich lud er uns ein, die Untersuchung mit zu beobachten. Er schloss uns nicht aus, sondern mit ein. Dieser Respekt vor unserer Arbeit mit Anna und vor unserer Meinung beeindruckte mich.

Bis dahin hatten wir viel zu oft gespürt, dass wir mit unserer Hoffnung auf Annas Genesung nicht so ernst genommen wurden. Irgendwie ist das ja auch verständlich. Denn eine völlige Heilung von Anna, wie wir sie uns damals erträumten und erkämpfen wollten, war tatsächlich aus medizinischer Sicht ein Fantasiegebilde. Dass jener Arzt so viel psychologisches Geschick zeigte, uns trotz unserer unrealistischen Wünsche ernst zu nehmen, rechne ich ihm hoch an!

«Kommen Sie, da hinten ist das Zimmer. Es ist nicht so groß. Setzen Sie sich etwas auf die Seite, damit Anna genug Platz hat. Versuchen Sie, erst einmal nur zuzuschauen», waren seine klaren Anweisungen. Seine uns zugewandte Körperhaltung, der Ausdruck in seinem Gesicht, der seinen Respekt vor uns dokumentierte, und seine sorgfältig gewählten Worte vermittelten uns Vertrauen. Das war eine gute Ausgangslage für diese Untersuchungen.

«Der Chefarzt, Dr. L., wird bei der Untersuchung ebenfalls anwesend sein, weil er viel Erfahrung mit hirnverletzten Kindern hat.» Erstaunt, dass dieser berühmte Kinderarzt sich für uns und unsere Anna interessierte, harrten wir der Dinge, die da kommen würden.

Dr. L., ein freundlicher Mann mit einem verschmitzten Lächeln auf dem Gesicht, betrat das Zimmer. Seine Gegenwart beruhigte uns sogleich. In seiner väterlichen Art gewann er Anna sofort für sich. Sie wurde gebeten, eine kleine Treppe zu besteigen. Der Arzt forderte sie zu verschiedenen Aktivitäten auf. Anna konnte die Befehle nicht umsetzen. Sie verstand zu wenig von dem, was er sagte. Er begleitete sie, führte sie und beobachtete sie ganz genau. Dann schüttelte er immer wieder den Kopf, immer von diesem liebevollen und Vertrauen erweckenden Lächeln begleitet. Die Spannung stieg bei uns Eltern. Wie würde seine Beurteilung sein?

Dann wandte er sich uns zu. Dr. L. verschränkte die Arme über der Brust, setzte einen Fuß bequem etwas vor. Er stand entspannt da, ließ Anna gewähren. Sie genoss es, die Treppenstufen auszuprobieren. Wir hielten den Atem an.

«Ich kann nur sagen, ich staune doch sehr, wie gut sich Anna nach so einem schweren Unfall bereits erholt hat.»

Wow!

«Seien Sie zuversichtlich. Anna wird noch viel lernen. Sie ist kräftig. Ihr Lerneifer ist unübersehbar. Sie sollte unterstützt werden mit der richtigen Therapie. Anna und Sie machen das sehr gut miteinander.»

Dr. L. erlöste uns von unserer schier nicht mehr aushaltbaren Spannung und beschenkte uns dann auch noch mit dieser wunderbaren Nachricht. Anna würde es schaffen! Wir wollten glauben, dass Anna ihre Behinderung überwinden würde.

Dr. L. machte uns zwar Mut, mit Anna dranzubleiben. Aber er sagte kein Wort von totaler Genesung. Das weiß ich noch ganz genau. Wir jedoch spannen unsere Gedanken und Hoffnungen weiter und dankten still unserem Gott, der alles zum Guten wenden würde.

Nachdem wir uns von Dr. L. verabschiedet hatten, übernahm Dr. S. wieder unsere Betreuung. Er freute sich mit uns über die gute Nachricht. Seine Freude kam so ehrlich daher. Unsere Herzen barsten fast vor Glück! Dr. S. begleitete uns zum Ausgang, wo wir noch einige Gedanken austauschten.

«Wissen Sie, wir glauben an einen großen Gott. Der wird unsere Anna ganz heilen. Wir sind da absolut sicher!», posaunten wir laut und mutig hinaus. Wir fühlten uns so stark in dem Moment. Sicherlich teilte er realistischerweise unsere Meinung der vollständigen Genesung von Anna nicht mit uns. Er schaffte es aber, seine Ansicht zurückzuhalten. Er teilte unsere Freude von hier und jetzt, ohne seine sachliche und fachliche Beurteilung einzubringen.

«Vielleicht schreiben Sie einmal ein Buch darüber? Da wären Sie nicht die Ersten. Schon einige Leute haben ihre spezielle Geschichte in Buchform festgehalten», sagte Dr. S. gleich danach. Er freute sich tatsächlich richtig mit! Er traute uns dreien noch viel zu.

Dass ich die Geschichte mit Anna tatsächlich aufschreiben würde, glaubte ich damals nicht. Aber Dr. S. sollte Recht behalten: Unsere Geschichte ist speziell, auch wenn Anna nach wie vor geistig behindert ist. Wir lernten im Laufe der Jahre, damit zu leben und sogar glücklich zu sein. Damals aber waren wir noch im Glauben gefangen, dass Anna die ganze Hirnschädigung überwinden würde.

Während der folgenden Monate durften wir uns über vielerlei Fortschritte freuen. Anna lernte fleißig dazu, nahm immer mehr am Leben teil und beschäftigte sich zunehmend selber. Sie blieb aber sehr aufwändig in der Pflege. Bis sie selbständig mit dem Löffel essen konnte, bediente sie sich vorwiegend mit den bloßen Händen. Es dauerte Monate, bis Anna nicht mehr von einer anderen Person gefüttert werden musste.

Spielte Anna im Sandkasten des Gartens, streute sie sich meistens den Sand über die Haare oder warf ihn rückwärts in die Wiese. Sie klopfte lange Zeit am liebsten mit der offenen Handfläche auf den kleinen Blechtisch hinter dem Haus. So konnte sie Lärm erzeugen und sich spüren. Sonst bewegte sie sich im Garten hin und her und nahm alles Greifbare in den Mund.

Manchmal fixierte sie plötzlich irgendetwas mit den Augen und atmete nur wenig dabei. Wir wussten nicht, was das zu bedeuten hatte. Könnte es ein durch die Epilepsie verursachter Aussetzer sein? Sie hatte immer wieder kleine Aussetzer, die sich unterschiedlich äußerten. Sie begann sich, zum Beispiel, plötzlich im Kreise zu drehen. Das konnte einige Sekunden dauern. An manchen Tagen kam so etwas in der Art fünfmal vor. An anderen stellten wir nichts fest. So plötzlich, wie diese Momente kamen, waren sie wieder vorbei. Wir konnten erkennen, dass Anna während solcher Momente manchmal ansprechbar war. Dann vermuteten wir, dass wohl eher ihr Hirn etwas wahrnahm und festmachte. Wenn sie nicht ansprechbar war, dachten wir eher an einen Epilepsieanfall.

Nach und nach fiel uns auf, wie konzentriert Anna den Geschichten lauschte, die aus dem Kassettengerät kamen. Sie setzte sich dabei nahe an das Gerät und hielt inne. Sie betätigte sich nicht mehr. Ihre ganze Aufmerksamkeit gehörte der Geschichte. Ich achtete darauf, kurze, leicht verständliche Geschichten abzuspielen. Anna lachte an den richtigen Stellen und sagte erstaunt: «Oh!», wenn sich etwas Trauriges zutrug.

Anna merkte sich offensichtlich allerlei Geräusche, Wörter und Klänge und wusste bald, nach welchen Szenen diese folgten. Sie schien die Geschichte irgendwie zu begreifen. Wie viel sie davon verstand, konnten wir nicht beurteilen. Wir wussten nur, sie war definitiv nicht teilnahmslos oder ohne Interesse bei der Sache. Im Gegenteil, Anna liebte diese Geschichten.

Hansuli erzählte ihr fast jeden Abend, wenn er zu Hause war, einige Geschichten aus ihren Kinderbibeln. Angekuschelt an den Papi und geborgen lauschte Anna seinen Erzählungen. Wir stellten schon nach einigen Monaten fest, dass sie die gemalten Bilder mit den passenden Geschichten in Verbindung brachte. Annas frühere Intelligenz schien sich manchmal wieder einen Weg zu bahnen.

Nur bei der Sprache tat sich scheinbar nichts. Sie entwickelte sich inwendig, also nicht in Form von gesprochenen Wörtern. Diese Behinderung setzte sich durch. Anna konnte ihren Mund nicht auf Anweisung so formen, dass sich auch nur ein einziger Buchstabe gebildet hätte. Es fiel uns schwer zu akzeptieren, dass unsere Quasseltante Anna die vielen Wörter nicht mehr sagen konnte, die sich früher geradezu aus ihrem Munde ergossen hatten.

Anna hatte viele Wutausbrüche, die wir oft als Terror empfanden. Sie beschäftigten uns sehr. Was nur verleitete sie zu so schlimmen Schreikrämpfen, Tobsuchtsanfällen und unbremsbaren Zornesäußerungen? Konnte das mit ihrer Geschichte zu tun haben? Litt Anna eventuell so sehr unter dem Stress in ihrem Gehirn? Wurde dieses schlimme Verhalten durch die Epilepsie verursacht? Hatte sie Schmerzen?

Viele solche Fragen quälten uns ununterbrochen. Meine Nerven litten unter Dauerstress. Bis dahin hatte ich bei allen mir anvertrauten Kindern einen Weg gefunden, sie einigermaßen zu bändigen. Anna ließ sich nicht bändigen. Sie brachte mich zur Verzweiflung. Wo immer wir uns hinbegaben, Anna terrorisierte uns mit ihrer Wut und der unverständlichen Aggression. Je mehr Anna zu begreifen schien von ihrem Umfeld, desto mehr nahmen die Wutanfälle zu an Heftigkeit und Häufigkeit.

Unsere Zukunft schien schlimm zu werden, kaum aushaltbar. Wir freuten uns zwar über all die schönen geistigen und körperlichen Fortschritte. Die innere Anspannung wegen unserer zunehmend extrem aggressiven Anna nahm dabei jedoch zu. Die Freude über die Fortschritte wurde verdrängt von der Angst um eine Zukunft mit einem schwererziehbaren geistig behinderten Kind.

Da blieb uns nur noch eine Hoffnung: Gott. Wir beknieten ihn, *er* möge uns übernatürlich befreien aus unserem Elend.

Kapitel 6: Schwierige Momente

Im Leben mit Anna gab es viele schwierige Momente; Situationen, die wir Eltern irgendwie bewältigen mussten. Hier ein paar davon:

Reaktionen in der Öffentlichkeit

Lange Zeit reagierte Anna in der Öffentlichkeit sehr aggressiv. Die schwierigen Verhaltensmuster, die sie über viele Jahre mehr oder weniger exzessiv an den Tag legte, waren darum so schmerzlich, weil Anna kein Kleinkind mehr war. Wenn ein Kind langsam in die Pubertät kommt und sich äußerlich zur erwachsenen Person entwickelt, sich dabei aber verhält wie ein Kleinkind, dann ist das für die Mitmenschen nicht so einfach einzuordnen. Manchmal wirkte ihr Verhalten so, als wenn sie ganz extrem trotzen würde. Sie stampfte, tobte, spuckte, schlug. Sie zappelte teilweise auch heftig mit den Beinen und schrie sich die Wut aus dem Leibe. Ganz klar, das ist kein normales Verhalten. Da fällt man als Familie auf!

Unsere behinderte Anna schrie nicht unbedingt nur aus Trotz. Sie schrie, weil sie sich ihrer Grenzen bewusst wurde oder weil die Medikamente Nebenwirkungen hatten, die Schmerzen verursachten. Oder Anna begriff die Welt um sich herum nicht und gab ihrer Verwirrung Ausdruck, indem sie ihre Angst herausschrie. All das wussten nur wir Eltern. Die Leute um uns herum, die zum Beispiel mit uns in einem Einkaufszentrum standen, sahen das schreiende Kind – und nicht die Behinderung.

«Diese Göre sollte man einmal tüchtig durchklopfen!», krächzte mir ein alter Mann hinterher. «Den Hintern sollte man ihr versohlen!», meinte eine andere Person, die sich dabei etwas im Ton vergriff. «Haben Sie das Kind nicht unter Kontrolle?», fragte mich eine andere Frau einmal und meinte damit, dass ich den Lärm abstellen solle.

Meine Seele litt. Sicher, ich hätte sie nur zu gerne abgestellt, meine Anna. Aber so einfach war das nicht! Ja, wäre das Problem derart einfach zu lösen gewesen, hätte ich ohne weiteres sofort durchgegriffen. Aber bei Anna lief damals alles anders ab. Sie war überfordert. Sie konnte die vielen neuen Eindrücke im unbekannten Umfeld eines Einkaufszentrums nicht verarbeiten. Und doch wollte ich sie langsam an die Welt außerhalb der vertrauten vier Wände gewöhnen.

Außenseiter auf dem Präsentierteller

Die fragenden oder gar strafenden Blicke wegen des ungebührlichen Verhaltens unserer behinderten Tochter haben uns sehr getroffen. Für Anna wünschten wir nur das Beste. Das Beste für sie gut umzusetzen war aber ein Kunststück, das uns nur leidlich gelang. Heute weiß ich, dass wir heillos überfordert waren. Wir hätten es nicht besser machen können. Unsere Leistung war die, dass wir Anna nicht in unserem Haus isolierten. Wir setzten uns den bösen Blicken aus, damit Anna lernen konnte, sich in der Gesellschaft angemessen zu verhalten.

Solche Situationen gehören der Vergangenheit an. Anna gewöhnte sich tatsächlich an die Geräusche und Eindrücke draußen. Heute veranlasst Anna die Mitmenschen oft dazu, über ihren Humor und ihre Lebensfreude zu schmunzeln. Das ist schön für uns alle. Aber ich will nie vergessen, wie es ist, wegen des behinderten Kindes Außenseiter zu sein und sich immer wieder mal wie auf dem Präsentierteller vorzukommen.

Einladungen

Einmal sprach ich mit einer anderen Mutter eines geistig behinderten Kindes. Es ging um das Thema Geburtstagsparty für unsere Kinder. Gegenseitig schütteten wir uns die leidvollen Herzen aus:

«Es ist schon traurig und tut tief im Herzen weh, dass unsere Kinder nie zu einer Kinderparty eingeladen werden, wenn wir Mütter uns nicht für unsere Kinder einsetzen. Wir wollen doch zusammenhalten, nicht wahr?»

«Ja, auch ich leide an der Ausgrenzung von Anna. Sie ist unbestritten keine einfache Zeitgenossin. Aber dass sie deshalb einfach übergangen wird, tut unglaublich weh», erwiderte ich.

«Oder müssten wir vielleicht doch Verständnis zeigen für die Mitmenschen, die unsere auffälligen Kinder ausgrenzen?», sinnierte die andere Mutter.

«Vielleicht schon. Aber müssen wir uns nicht immer und überall anpassen, dankbar sein für jede Zuwendung? Gibt es denn wirklich niemanden, der unsere behinderten Kinder zu sich einladen will?», hakte ich nach.

So diskutierten wir und hielten mit Mühe unsere Tränen zurück. Drinnen, hinter der Eingangstür, hörten wir fröhliches Lachen. Die extra für die behinderten Kinder organisierte Party erheiterte uns und zeigte uns auf, dass wir uns tatsächlich selber helfen mussten. Wir kamen überein, zukünftig gezielt schöne, unvergessliche Geburtstagsfeste für unsere Kinder zu gestalten.

So versuchten wir Eltern unseren Kindern etwas Normalität zu verschaffen. Hatten unsere Kinder Geburtstag, veranstalteten wir kleine Feiern. Der Aufwand für zwei Stunden Party war riesig, zumindest am Anfang. Wir sorgten für Helferinnen oder griffen einander unterstützend unter die Arme. Denn eine erwachsene Person konnte nicht alleine die große Arbeit und die Betreuung der Kinder bewältigen. Jede Mutter, die sich so ins Zeug legte, um den behinderten Kindern einen unvergesslichen Geburtstag zu ermöglichen, gestaltete das Fest auf ihre eigene Weise.

Einmal, Anna hatte wieder Geburtstag, wollten wir die Party zusammen mit Elvira, Annas Schulfreundin, die fast zur gleichen Zeit Geburtstag hat, gestalten. Elvira lud einige Kinder ein. Anna ihrerseits wählte auch einige Kinder aus. Lis, die Mutter von Elvira, und ich setzten uns zusammen und planten. Diesmal wollten wir in den Wald spazieren und dort spielend und bastelnd den Nachmittag verbringen. Lis organisierte das Kulinarische, und ich plante die Spiele. Die 15-jährige Nina wohnte für einige Ferientage bei uns. Fantasievoll und interessiert griff sie allen helfend unter die Arme.

Wir ermutigten die Kinder, Zwergenhäuser zu bauen. Fleißig, erfinderisch, die Zeit vergessend, hockten alle, ganz in ihre Arbeit vertieft, in den Büschen und zwischen dem üppig wachsenden Farn. Wir gaben uns gegenseitig Ideen weiter, wie wir Figuren aus Naturmaterial herstellen konnten. Die einen halfen vorwiegend, Material zu sammeln. Andere waren geschickt genug, aufwändige Bauarbeiten auszuführen. Und immer halfen Lis, Nina und ich bei Bedarf mit. Ninas Fantasie schien endlos. Kein Problem mit dem Naturmaterial war unlösbar. Eine kleine Fantasiewelt entstand, an der alle irgendwie mitgestalten konnten.

Bald war es Zeit für Kuchen und Tee. Alle versammelten sich um ein Feuerchen und genossen die Köstlichkeiten, die Lis für uns vorbereitet hatte. Wir sangen noch einige Lieder zusammen und schlossen zufrieden, glücklich und müde die Geburtstagsparty ab.

Bis heute tut es weh, wenn unsere behinderten Kinder nicht eingeladen werden zu einem Fest von gleichaltrigen nicht behinderten Mitmenschen. Mit dieser Tatsache müssen wir uns wohl abfinden, denke ich.

Vielleicht ist es aber einfach so, dass vielen Leuten unwohl wäre, wenn sie behinderte Menschen einladen würden. Die ungehemmte Art von geistig Behinderten ist vielleicht manchmal peinlich.

Anstrengende Motivation

Wieder einmal verbrachten wir unsere Sommerferien in Dänemark. Das Wetter war unfreundlich, kühl und regnerisch. Der breite weiße Sandstrand war nur wenig bevölkert, weil es zu kalt und zu nass für ein Sonnenbad war. Hansuli und Anna warfen sich täglich trotz Kälte und Nässe in die großen Wellen, die unaufhörlich an den Strand spülten. Aber zum Faulenzen am Strand war es definitiv zu unfreundlich. Also dachten wir uns eine andere Beschäftigung an der frischen Luft aus.

Auf dem Weg vom Ferienhaus zum Strand entdeckten wir einen romantischen Wald. Die Bäume neigten sich lieblich über die mit Moos bewachsenen Steine. Farne und kleine Heidelbeerbüsche dekorierten den Waldboden. Dazwischen schlängelte sich ein bezauberndes Bächlein den Hügel hinunter. Das Wasser des lauschigen Baches sprudelte frisch und fröhlich über Steine und bildete Miniwasserfälle und kleine Seen.

Mich regte dieses Bild zum Dichten von Zwergengeschichten an. Das war auch nötig. Denn ein weiteres Problem war in Sicht. Anna weigerte sich, mit uns durch das Wäldchen zu spazieren. Hansuli fand, Anna solle sich zusammennehmen und mitkommen, basta! Ich wollte aufgeben. Nur schon die Aussicht auf einen mühevollen Spaziergang mit einem Kind, das sich nur mit viel Aufwand Meter für Meter zum Weitergehen motivieren ließ, stahl mir die Freude. Auch fehlte mir die Kraft dazu. Denn wir hatten doch schon so viele anstrengende Jahre hinter uns. Und ich wusste aus Erfahrung, dass Anna nicht nachgeben würde. Es musste uns gelingen, sie mit viel Fantasie für den Spaziergang zu motivieren. Hansuli regte sich über das Theater auf.

«Es muss doch eine Möglichkeit geben, gemeinsam einen Spaziergang zu machen, ohne dass er als Drama endet», sinnierte ich in mich hinein. Anna setzte sich protestierend auf den Boden und verweigerte jegliche Zusammenarbeit mit uns. Wir steckten in einer ermüdenden und ausweglosen Situation.

Bis mir die Idee mit den Zwergen kam. Anna liebte Geschichten. Sie konnte leicht begeistert werden für fantasievolle Erzählungen.

«Anna, siehst du dort den Zwerg?» Damit wollte ich sie für unseren Spaziergang gewinnen. Anna schaute schnell meinem ausgestreckten Finger nach. Ihr Blick zeigte, dass sie mich nicht verstand. Sie sah wirklich keinen Zwerg.

«Da!», rief ich begeistert. «Anna, jetzt ist er gerade davongerannt. Siehst du, er geht den Hügel hinauf?»

Ich merkte, dass ich Annas Interesse geweckt hatte. Sie stand auf, vergaß ihre Absicht, den Spaziergang zu verweigern, und wollte den Zwerg suchen.

«Gott sei Dank!» Ich atmete durch und begann, einer kleinen Freude in meinem Herzen Raum zu geben.

So machten wir uns auf die Suche nach dem Zwerg. Leider verschwand er andauernd. Er war sehr flink und konnte fast unerkannt vor uns hergehen. Manchmal sah ich gerade noch die rote Zipfelmütze. Aber auch die verschwand komischerweise immer, wenn Anna mir nachkam. Jetzt war sie hoch motiviert, den Zwerg endlich zu finden. Ich dichtete allerlei zusammen, dass der Zwerg sicher seine Zwergenfamilie auf dem Berg suchen wolle. So brachte ich Anna auf den kleinen Hügel, ohne dass wir den Zwerg oder seine Familie zu Gesicht bekamen. Weil ich immer Neues über die Zwergenfamilie zusammenfantasierte, brach bei Anna das Interesse am Suchen nie ab. Als wir direkt am Bächlein vorbeikamen, sah ich den Zwerg auf einer Rinde hinuntersegeln. Anna sah den Zwerg und das Schiffchen nicht. Schade! Wir mussten unbedingt weitersuchen. Vielleicht musste der Zwerg noch Beeren sammeln? Ja, das könnte doch wahrhaftig möglich sein!

Wir überlegten, was die Zwerge wohl alles essen. Das Geschirr der Zwerge musste sicher sehr klein sein. Dazu fanden wir leere Eichelhülsen oder sonstige Naturmaterialien. Wie wohl das Besteck der Zwerge aussehen mag, fragten wir uns. Oder essen die eventuell mit den Händen? Und die Badewanne musste auch sehr klein sein, fanden wir. Oder vielleicht badeten sie ganz einfach im sauberen Bach? Die Wäscheleine der Zwergenfrau könnte möglicherweise der Faden einer Spinne sein?

Anna fand diese Erzählungen äußerst spannend und vergaß ihren anfänglichen Protest gänzlich. Zum Glück liebe ich dieses Fantasieren sehr. Trotzdem konnten wir diesen Spaziergang nur glücklich erleben, weil ich mich völlig auf Anna einstellte und mich und meine Bedürfnisse total ausblendete.

Irgendwie wollte ich die Zwerge für Anna doch noch sichtbar machen. Also setzte ich mich in dem Ferienhaus nach dem Abendbrot an den Tisch und zeichnete Anna die erzählten Geschichten vor. Anna durfte sie dann ausmalen, was damals noch nicht ganz ohne meine Hilfe möglich war.

Der Aufwand für einen geglückten kleinen Ausflug mit Anna war damals mit einem riesigen Einsatz verbunden. Auch wenn die Erinnerung an diese Geschichte keine schlechte ist, kann ich doch nicht vergessen, wie sehr ich mich verausgaben musste, um Anna ins normale Leben einzugliedern.

Sehr müde sanken wir nach einem solchen Tag ins Bett und wünschten uns nur noch etwas: endlich keine motivierenden Geschichten mehr erzählen zu müssen – wenigstens bis zum anderen Morgen!

Heute können wir mit Anna die Spaziergänge auch ohne solche Geschichten fröhlich erleben. Inzwischen fantasieren wir sozusagen aus Gewohnheit. Wir sehen überall Miniwelten, die für uns irgendwie real werden. Mooslandschaften sind besonders spannend.

Mit der Zwergengeschichte möchte ich zeigen, wie viel Energie und Kraft es uns Eltern von behinderten Kindern kosten kann, ihnen einen inneren Reichtum zugänglich zu machen. Sie in die Gesellschaft oder einfach in die Welt der «Normalen» einzugliedern, kann sehr viel schwieriger sein als bei Nichtbehinderten. Das geistig behinderte Kind muss auf der Stufe der Entwicklung abgeholt werden, auf der es sich gerade befindet.

Es erzeugte Frustration und Ängste, Auflehnung und Aggressionen, wenn wir unsere Anna überforderten. Wir konnten sie nicht immer zurechtweisen, einschränken, herausfordern. Wir mussten sie regelrecht gewinnen für die Anliegen und für ein Verhalten, das wir für ihren Fortschritt als wichtig erachteten. Wir mussten ihr sicht- und erlebbar die Köstlichkeiten des Lebens präsentieren und sie erfahren lassen, wie sie das alles in ihr eigenes Leben integrieren konnte.

Anna nahm unsere Angebote an. Aber wir mussten lernen, dass Anna ihr ureigenes Lerntempo und ihre für uns nicht immer nachvollziehbare Lernweise hatte. All die schwierigen Momente durchlebten wir x-mal, bis wir deutlich erkennbare Veränderungen bemerken konnten.

Schwimmbadbesuch

«Anna, willst du ins Schwimmbad gehen?», fragte Hansuli. Jubelnd flog Anna auf ihn zu, weil er ihr doch so ein schönes Angebot gemacht hatte. Schnell packten sie alles zusammen, was sie für den Schwimmbadbesuch brauchten, und machten sich auf den Weg. Seit dem Unfall von Anna kann ich es kaum ertragen, sie im Wasser zu sehen. Deshalb gehe ich nicht so gerne mit ins Schwimmbad oder an einen See. Diese Ausflüge überlasse ich daher lieber Hansuli.

Ein kleines Problem gab es zu bedenken. Anna konnte sich noch nicht alleine die Kleider anziehen. Ausziehen hatte sie schon recht früh nach dem Unfall wieder gelernt. Aber jetzt war Anna kein Kleinkind mehr, sondern ein heranwachsendes Teenagermädchen, das sich sichtbar zur Frau entwickelte. Im Schwimmbad angekommen, wäre Anna am liebsten schon ins Wasser gesprungen, bevor sie ihren Badeanzug angezogen hatte.

Hansuli konnte Anna dazu überreden, zuerst die Umkleidekabine aufzusuchen. Ja, aber welche sollte er nehmen? Die Frauen hätten ganz komisch aus der Wäsche geguckt, wenn Hansuli mit Anna in die Frauenumkleideräume eingedrungen wäre. Er hätte wohl glatt eine Anzeige wegen Belästigung provoziert! Also entschied er sich für die Männergarderobe. Aber die war wiederum für Anna nicht das Richtige. Hansuli musste sich von den anwesenden Jungen sagen lassen, dass sie dieses Mädchen nicht in der Umkleidekabine für Männer wollten. Als die Jungen dann noch herausbekamen, dass Anna behindert ist, konnten sie erst recht kein Verständnis mehr aufbringen. Hansuli sorgte dafür, dass Anna wenigstens hinter einem Vorhang das Umkleiden vornahm. Sie hatte nämlich keinerlei Hemmungen und hätte sich wohl überall nackt ausgezogen.

Hansuli konnte glücklicherweise relativ locker mit der ziemlich brisanten Situation umgehen.

Anna vergnügte sich danach lautstark im Wasser und verpasste keine Sekunde des Badespaßes. Wenn Hansuli zum Aufbruch rief, musste er sich schon etwas Adäquates einfallen lassen, das Anna mit dem Badevergnügen zu tauschen bereit war. Wurde ihr eine Wurst in Aussicht gestellt, verließ sie das amüsante Spiel im Wasser relativ bald. Nur schon den nassen Badeanzug auszuziehen, war aber nicht so einfach. Das konnte und wollte Hansuli nicht in der Öffentlichkeit machen. Es blieb ihm keine andere Wahl, als mit Anna wieder in der Herrengarderobe zu verschwinden. Dabei konnte er erneut nur hoffen, dass nicht zu viele Jungs und Männer anwesend sein würden.

Anna und Hansuli verzogen sich wieder in eine der Kabinen, die mit einem Vorhang geschlossen werden konnte. Die Geräusche, die Anna von sich gab, verrieten jedoch, dass da ein Mädchen hinter dem Vorhang sitzen musste. Es war und ist ein echtes Problem, dass keine Extra-Umkleideräume für solche Situationen zur Verfügung gestellt werden. Mittlerweile zieht Anna den Badeanzug zu Hause an und kleidet sich darüber sommerlich leicht, so dass sie mit wenig Aufwand dem Badevergnügen frönen kann. Hansuli nimmt sie nicht mehr in die Männerkabine.

Es wäre schön, wenn auch in diesem Fall die lieben Mitmenschen nicht nur schauen, beobachten und sich irgendetwas zusammenreimen würden. Dabei gäbe es eine ganz einfache Lösung: Wenn eine Frau Anna ihre Hilfe angeboten hätte, wäre unser Problem sofort viel kleiner gewesen.

Vater und Tochter auf Reisen

Wenn Hansuli und Anna allein mit dem Zug auf eine Reise gingen, standen sie auf Bahnhöfen wiederholt vor dem Problem, dass Anna eine volle Blase hatte. Sie konnte den Gang auf die Toilette nicht alleine bewerkstelligen. Mami war nicht dabei. In welche Toilette sollte Hansuli dann mit Anna gehen? In die Damen- oder Herrentoilette? Er entschied sich meist, die Männertoilette aufzusuchen. Anna kümmerte sich keinen Deut um die Meinung der lieben anwesenden Herren. Für Hansuli sah die Geschichte allerdings etwas anders aus. Er musste sich stets strafende Blicke gefallen lassen.

Für uns blieben solche Momente lange Zeit unangenehm und schwierig. Und doch fanden wir für uns keine bessere Lösung als die, die Hansuli wählte.

Faszination Eisenbahn

Über längere Zeit hinweg lebte Anna ihre Leidenschaft für die Bahn so sehr aus, dass wir es nicht wagen konnten, in die Nähe eines Bahnhofes oder eines Zuges zu gehen. Denn die Faszination, die die Eisenbahn auf Anna ausübte, war fast magisch.

Einmal brachten wir meine Mutter zum Bahnhof, wo diese den Zug bestieg. Anna durfte nicht mitfahren. Der Zug rollte aus dem Bahnhof hinaus. Annas Gesichtsausdruck veränderte sich. Sie setzte zum Geschrei an.

«Wie komme ich jetzt glimpflich aus dieser Situation heraus?», fragte ich mich und fing an zu schwitzen. Ich wusste genau, was folgen würde: Ich wollte mit Anna den Heimweg antreten, aber sie wollte um jeden Preis dableiben. Ihre Augen schauten ganz sorgenvoll und unglücklich aus dem hübschen Gesicht. Dann verzog Anna die Mundwinkel, und schon hörte ich die erste Reklamation.

Anna lebte ganz und gar in ihrer Welt, die jetzt gerade einzig und allein mit dem Zug zu tun hatte. Gut zureden nützte nichts. Ich schickte stille Stoßgebete zum Himmel und versuchte sachlich zu überlegen, was jetzt zu tun sei. «Wie kann ich Anna ablenken?», war meine Sorge.

«Anna, schau, da vorne gibt's noch einen anderen Zug!», versuchte ich sie aufzumuntern. Es musste doch sicher für sie eine tolle Nachricht sein, noch einen Zug zu sehen. Leider fuhr zu dem Zeitpunkt kein weiterer Zug mehr ein. Der Zug, den ich ihr zeigen wollte, war auf einer großen Plakatwand zu sehen. Anna drehte den Kopf und schaute Richtung Plakat. Da fuhr uns doch gerade ein großes gelbes Postauto entgegen. Juhu! Ich versuchte Anna mit vielen «Schau da, schau dort» aus dem Bahnhof zu lotsen und hoffte insgeheim, dass wir es ohne Gezappel und Geschrei schaffen würden. Hie und da klappte es ohne Zetermordio. Wenn mir das gelang, blieb es mir erspart, alle Blicke auf uns gerichtet zu sehen.

Wenn Anna aber doch losschreien musste, wurden meine Nerven arg strapaziert. Ich wusste ganz genau, dass Annas Geschichte es nicht zulassen würde, sie öffentlich in die Schranken zu weisen. Bis heute reagiert Anna sehr verletzt darauf, wenn wir sie vor anderen Menschen zurechtweisen. Damals kam noch das allgemeine Unverständnis dazu, das Kopfschütteln der Leute. Wir konnten sie aber auch nicht stehen lassen und uns sozusagen ignorierend auf den Weg machen. Das geht bei kleinen Kindern. Anna hingegen wäre sofort auf die Straße gerannt, schlimmstenfalls direkt vor ein Auto. Oder sie hätte die nächste Bahn bestiegen … Ich will mir nicht ausdenken, was dabei hätte geschehen können!

Die Blicke der Menschen um uns herum, die unsere persönliche Not ja nicht kannten, waren erniedrigend. In solchen Momenten fühlt man sich als Mutter und Vater sehr alleine. Man könnte glatt verzweifeln, wenn man nicht wüsste, dass diese Szenen vorübergehen.

Es ist nicht einfach, vernünftig zu bleiben. Allzu leicht ließ auch ich mich dazu verleiten, Anna zu sagen, was Sache ist. Und dabei ging es mir nicht darum, für Anna etwas Nützliches zu tun, sondern meine schwierige Situation einigermaßen unbeschadet zu überstehen.

Einmal packte Hansuli Anna ins Auto und machte sich blauäugig auf den Weg Richtung Glarnerland. Er wollte mich etwas entlasten und Anna etwas bieten. Ob er mir wohl nie richtig zugehört hatte, wenn ich ihm die Zuggeschichten erzählte? Jedenfalls parkte er das Auto arglos an einem Bahnhof und packte die glückliche Anna aus dem Auto aus.

Sie erkannte sofort, dass sie an ihrem Lieblingsplatz angekommen waren! Der geduldige Hansuli schlenderte mit Anna den Bahnsteig auf und ab, beobachtete mit ihr ein- und ausfahrende Züge. Anna war selig. Sie schwebte im Glück! Es genügte ihr offenbar, dass sie nur zuschauen, nicht aber einsteigen konnte.

Nach einer längeren Zeit entschied sich Hansuli für die Heimfahrt. Oh weh! Anna verzog ihr Gesicht und die Mundwinkel bedrohlich und wollte sich von Hansulis Hand losreißen. Anna konnte nämlich erstaunlich geschickt ihre Hände aus unserer Umklammerung winden. Und dann rannte sie wiederum unerwartet schnell davon, meistens in die Richtung, aus der Gefahr drohte.

So geschah es auch diesmal. Hansuli musste schleunigst reagieren. Er packte Anna, die mittlerweile lauthals schreiend ihrer Wut Ausdruck verlieh, legte die heftig zappelnde Tochter über die eine Schulter und schritt zielsicher zum Auto. Er versuchte, die sich heftig wehrende und schreiende Anna in den Kindersitz zu klemmen. Sie schrie so heftig, wütend, fast verzweifelt, dass die umstehenden Leute schon eine Entführung vermuteten.

Hansuli und Anna kamen erschöpft nach Hause. Ich sah ihnen gleich an, dass zumindest ein Teil ihres Ausfluges nicht so erfolgreich gewesen war.

Besuch von Kindern

Schwierige Momente gab es, wenn unsere Besucherkinder sich mit Annas Spielsachen verbarrikadierten und sie aus dem Spiel ausschlossen. Anna machte ihrer Meinung nach alles kaputt. Oder sie benahm sich zu komisch, als dass sie Anna hätten dabeihaben wollen bei ihrem Spiel. Es tat mir in der Seele weh, wenn Anna so ganz isoliert in ihrer kleinen Welt auf dem Zimmerboden saß und völlig ausgeschlossen wurde vom Geschehen – und das in unserem eigenen Haus.

Anna konnte sich nicht zur Wehr setzen. Und wenn sie es dann doch einmal tat, war ihr Zupacken nicht das eines Kleinkindes, sondern das eines kräftigen Mädchens. Dann brüllten die Besucherkinder, beschimpften Anna, dass sie ihnen wehgetan hatte, und schlossen sie erst recht aus. Wenn in dem Fall die Mutter der Kinder Erbarmen mit ihrem Nachwuchs hatte und ihn noch sorgenvoll tröstete, stempelten sie Anna damit sozusagen zum gefährlichen Biest ab.

In solchen Situationen hätte ich mir oft ein aufklärendes Gespräch gewünscht. Ich bin sicher, dass man sehr viel Verständnis bei Kindern erarbeiten kann, wenn man offen und transparent mit ihnen spricht. Eine Mutter kann ihrem nicht behinderten Nachwuchs ganz gut erklären, dass das behinderte Kind nicht böswillig ist, auch wenn es vielleicht einmal etwas unverhältnismäßig zugreift.

Manchmal erlebten wir, wie die Kinder, die wir besuchten, alle ihre Spielsachen wegen Anna wegräumten. Sie gingen offensichtlich davon aus, dass Anna sonst ihre Sachen zerstören würde. Wir mussten mehr als einmal das Gespräch mit Freunden und Bekannten suchen, weil wir uns einfach für eine gerechte Behandlung von Anna einsetzen wollten.

Es gab auch gute Beispiele, die zeigen, wie viel einfacher und schöner es ist, wenn Kinder fähig sind, ein behindertes Kind einzubeziehen. Eine Familie in unserer Kirchengemeinde, die vier lebendige Kinder hat, lud uns einmal zum Kaffee mit Kuchen ein. Die Kinder von Andrea und Stefan sind wirklich sehr, sehr lebendig. Sie haben wenige Hemmungen, beteiligen sich zum Beispiel seit jeher offensiv am Sonntagsschul-Unterricht und müssen eher gebremst als geschubst werden. Dass ausgerechnet diese vier Kinder so ungewöhnlich sozial sind, haben wir bei unserem Besuch erfahren.

Die drei Jungen und das Mädchen wollten alle unbedingt mit Anna spielen. Sie wussten, dass Anna große Freude an Playmobilfiguren hatte. Darum legten sie ihr alles zurecht, verboten ihr nichts, bezogen sie automatisch liebevoll mit ins Rollenspiel ein und fühlten sich offensichtlich pudelwohl mit ihr.

Während des Spiels der Kinder konnten wir Eltern uns ausnahmsweise einmal richtiggehend sorglos dem spannenden Gespräch unter Erwachsenen zuwenden. Nicht eine einzige Sekunde machte ich mir Gedanken um Anna. Wir hörten so nebenbei, wie ausgelassen die Kinder miteinander spielten. Sie genossen das Zusammensein und teilten dies auch lautstark mit. Anna konnte zum Beispiel ausnehmend lustig lachen über die wilden Turnübungen der vier. Und die fanden es toll, von Annas Lachen unterstützt zu werden. Sie konnten sicher sein, dass Anna jeden Blödsinn mit viel Gelächter und Begeisterung quittieren würde, was für sie sehr anregend war. Und Anna fand es «mega cool», dass die vier extra für sie ein Spektakel vorführten.

Das wäre der Umgang, den ich mir für Kinder mit einer Behinderung wünsche ...

Andere Mütter sagten mir mehrmals: «Weißt du, meine Kinder haben etwas Angst vor Anna.» Es war deutlich sichtbar, dass diese Kinder nicht mit ihrer Angst umgehen konnten. Der Abstand zu Anna blieb so lange erhalten, bis ich mich erklärend und helfend einmischte. Mir tat es in der Seele weh, zusehen zu müssen, wie meine Anna in ihren Augen zum Monster mutierte. Meine Anna war absolut *kein* Monster. Sie war nur viel zu groß für die kleinen Kinder, mit denen sie spielte. Andere Mädchen mit Annas Körpergröße waren längst unterwegs mit ihren Freundinnen und spielten nur dann noch mit kleinen Kindern, wenn sie diese hüten durften. Ich konnte verstehen, dass da eindeutig Erklärungsbedarf vorhanden war.

Manchmal wünschte ich mir, diese Mütter hätten ihre Offenheit etwas weiter gesponnen und wären nicht stehen geblieben bei der Feststellung, dass ihre kleineren Kinder Angst vor Anna hatten. Es geht um offene, ehrliche Kommunikation. Bei Kindern ist dies weniger ein Problem. Sie fragen ungeniert, offen und direkt. Und das tut gut und löst Fesseln.

Ich möchte Eltern ermutigen, die Angst zwar ernst zu nehmen, dann aber im Gespräch mit den Kindern zu erklären, warum das behinderte Kind so anders reagiert. Wie im oben beschriebenen Beispiel mit den vier Kindern, die Anna liebevoll und interessiert integrierten, kann dann ein Zusammenspiel für alle sehr Gewinn bringend sein. Da können beide Seiten viel voneinander profitieren.

Es kam auch vor, dass Kinder Anna nachäfften und sich über sie lustig machten. Das war und ist die härteste Form von Ausgrenzung. Die kann ich nicht akzeptieren. Mit dieser lieblosen Behandlung wurde Anna Gott sei Dank nur selten konfrontiert. Wenn Eltern dieses Verhalten ihrer Kinder nicht stoppen, dann habe ich größte Mühe. Behinderte Menschen haben so viele Hürden im Leben zu nehmen. Man darf sich nicht über ihre Defizite lächerlich machen. Ich weiß, dass Kinder brutal sein können im Umgang miteinander. Jedes Kind, egal, ob es behindert oder nicht behindert ist, leidet unter Ausgrenzung. Deshalb sollten Eltern sich ernstlich darum bemühen, damit sich ihre Kinder den behinderten Menschen gegenüber anständig verhalten lernen. Es braucht Aufklärung, Offenheit, Transparenz.

Auch in der Schule kann es vorkommen, dass die nicht behinderten Kinder die behinderten Kinder auf dem Pausenhof auslachen, zum Narren halten, sie an der Nase herumführen, ihre Leichtgläubigkeit ausnutzen. Lehrer und Lehrerinnen haben da die wichtige Aufgabe, Aufklärungsarbeit zu leisten.

Sicher, unsere Kinder müssen nicht gänzlich verschont werden von den Widerlichkeiten des Lebens. Sie wollen ja integriert werden, was auch bedeutet, dass wir ihnen leidvolle Erfahrungen genauso zumuten sollen wie die schönen Seiten des Lebens. Aber es gibt einen Punkt, wo Lehrerinnen und Lehrer, Eltern und sonstige Betreuende eingreifen müssen. Wir haben immer wieder erlebt, wie Aufklärung Schleusen öffnet zu guten, gemeinsamen Erlebnissen und Erfahrungen.

Ich konnte selbst beobachten, wie nicht behinderte Kinder behinderte Kinder an der Bushaltestelle attackierten. Sie fühlten sich dabei richtig stark und gut. Sie traten im Rudel auf und nutzten ihre geistige und körperliche Überlegenheit aus. Wenn erwachsene Menschen so eine Situation mitbekommen, sollten sie den Mut aufbringen, sich korrigierend in das unschöne Geschehen einzumischen.

Ich hatte immer Angst um Anna, wenn sie allein in Uster unterwegs war. Sie ist zwar körperlich wie mental stark. Aber sie kann auch leicht eingeschüchtert werden. Es kommt mir so vor, als wüsste Anna um ihre Schwächen. Wenn sie zu lange auf dem Heimweg unterwegs war, wurde ich stets unruhig und sah die Bilder von der Bushaltestelle vor mir. Ich konnte mich dann nur schwer oder gar nicht davor zurückhalten, Anna zu suchen. Die Erleichterung war jeweils riesig, wenn ich sie friedlich vor sich hinsinnend auf dem Heimweg antraf!

Hauskreis

Anna und ihr ebenfalls behinderter Freund David (von dem später noch die Rede sein wird) gingen einige Zeit zusammen in einen Hauskreis unserer Kirche. Peter, der Leiter des Hauskreises, hatte seine Leute sozusagen überrumpelt mit dem Beschluss, dass zwei geistig behinderte Menschen zu ihnen kommen würden. Seine spontane Zusage für die beiden erfreute und überraschte uns. Es stellte sich erst später heraus, dass es besser gewesen wäre, wenn Peter die Hauskreisteilnehmer vorher um ihr Einverständnis gebeten hätte.

David und Anna haben zwei grundverschiedene Behinderungen. Während David sprechen kann, kommuniziert Anna mit einem Sprachcomputer. Wie viel David und Anna vom Hauskreis mitbekommen, war den Leuten nicht klar. Es kam der Tag, an dem Peter mich telefonisch bat, ob ich nicht vielleicht einmal im Hauskreis Fragen über Anna und David beantworten könnte. Er eröffnete mir, dass es nicht für alle so leicht sei, sich auf die beiden behinderten jungen Menschen einzulassen.

Ich sagte der Fragestunde zu. In einer sehr ehrlichen, offenen und respektvollen Art und Weise konnten wir alle Themen ausdiskutieren. Es hat mich erstaunt, dass die Hauskreisleute sich sorgten, ob Anna und David denn überhaupt auf ihre Rechnung kommen würden in dem gegebenen Rahmen. Ich konnte ganz einfach erläutern, dass David und Anna es schätzen, wenn die nicht behinderten Mitglieder ehrlich und direkt mit ihnen umgehen. Wenn Anna und David spüren, dass sie angenommen und geliebt sind, dann sind sie glücklich.

Jemand fragte: «Wir können mit David und Anna gar nicht so richtig reden, wie wir es könnten, wenn sie nicht behindert wären. Genügt ihnen denn eine kleine Zuwendung? Ich habe den Eindruck, dass sie zu kurz kommen.»

«David und Anna sind euch sehr dankbar, wenn ihr euch ehrlich und aufrichtig mit ihnen unterhaltet. Es ist nicht wichtig, dass die Unterhaltung lang ist. Viel bedeutender ist für sie, zu spüren, dass ihr sie kennen lernen möchtet. Wenn ihr euch ihnen *richtig* zuwendet, also mit der entsprechenden Körperhaltung und voller Aufmerksamkeit, hat das für sie eine größere Bedeutung, als wenn ihr eine lange, erzwungene Unterhaltung führt», erklärte ich dazu. «Und weiter ist es wichtig, dass ihr euch Zeit nehmt und auch Zeit lasst, sie kennen zu lernen. Im Übrigen, vielleicht könnt ihr den beiden auch von euch etwas erzählen? Anna müsste sowieso lernen, sich ihrem Gegenüber zuzuwenden, auch wenn es nicht um ihr Thema geht. David kann gut zuhören und ist sehr interessiert an seinen Mitmenschen.»

Nach diesem erhellenden Gespräch war die Angst, mit Anna und David nicht richtig umzugehen, bei den Hauskreismitgliedern weitestgehend verschwunden. Daraufhin wurde der Dienstagabend für David und Anna zu einem wichtigen Fixpunkt in der Woche.

Auch hier hat sich deutlich gezeigt, dass ein offenes Gespräch Mauern einstürzen lässt und Türen zu den Menschenherzen öffnen kann. Mit der Zeit wurde es dann aber doch zu viel für Anna und David, regelmäßig an einem Hauskreis teilzunehmen.

Kapitel 7: Ehe und Partnerschaft

Die Freude über das Geschenk eines Kindes hat uns fast überrollt. Als wir uns entschieden, Anna bei uns aufzunehmen, beflügelte uns dies sehr. Wir hatten doch so sehnsüchtig auf ein Kind gewartet, das wir als Eltern durchs Leben begleiten durften! Endlich Eltern sein zu dürfen, hat in uns ungeahnte Kräfte freigesetzt. Wir wussten tief in uns drin, zusammen werden wir Berge versetzen!

Was Annas unbändiges Wesen letztlich für jeden von uns und für unsere Ehegemeinschaft bedeuten würde, konnten wir unmöglich abschätzen. Für Anna war und ist es wichtig, zwei so verschiedene Elternteile zu haben.

Hansuli und ich haben ganz unterschiedliche Begabungen und Charaktere. Geduldig, ausdauernd und langmütig widmete sich Hansuli Anna in gemeinsamen sportlichen Aktivitäten. Kein Aufwand war ihm zu groß, um sie in ihrem Drang nach Bewegung zu unterstützen. Bei ihrem Tun konnten die beiden die Zeit glatt vergessen. Hansuli merkte dabei wenig von Annas Wutausbrüchen. Er hatte zusammen mit ihr den Sport im Visier. Dadurch kam Anna voll auf ihre Kosten in ihrem unbändigen Bedürfnis nach Bewegung.

Meiner Meinung nach sollte Anna einfach ankommen und sich bei uns in unseren vier Wänden richtig zu Hause fühlen können. Ich versuchte, Anna mehr darin zu fördern, ihr seelisches Durcheinander zu ordnen. Das geschah zu Hause in unserer kleinen Wohnung, die Anna Geborgenheit und Sicherheit vermitteln sollte. Zudem verzichtete ich anfänglich auf zu viel Kontakt mit anderen Müttern und deren Kindern. Anna sollte mich vorerst nicht teilen müssen. Dieser Verzicht bedeutete für mich kein Opfer.

Unweit unseres Wohnhauses befindet sich ein Fußballplatz mit rundherum geteerten Straßen. Mit einem kleinen Fahrrad, das Anna geschenkt bekommen hatte, begaben sich Hansuli und Anna dorthin. Anfangs stützte Hansuli Anna, so dass sie nicht vom Rad kippte. Sehr schnell begriff sie, wie sie die Balance auf dem rollenden Gerät behalten konnte. Hansuli musste sie nur noch anschubsen. Sie lernte schnell und sehr verbissen. Hansuli kamen seine große Geduld und Ausdauer zugute. Die beiden verbrachten auf diese Weise etliche Stunden, so dass ich oft nach ihnen Ausschau hielt, weil ich sie vermisste.

Was bei dieser schönen Beschreibung fehlt, sind Annas unkontrollierte Wutausbrüche, wenn ihre Lernversuche misslangen. Sie stampfte dann schnaubend auf den Boden, drohte Hansuli und dem Fahrrad mit bösen Worten und trat mit den Füßen gegen beide. Hansuli reagierte gelassen, ließ sie gewähren, bis sie sich beruhigt hatte.

Gut, dass ich da nicht dabei war. Solche Wutausbrüche von Anna beschäftigten mich. Ich wollte ergründen, warum sie denn so überreagierte bei den kleinsten Ungereimtheiten. Hansuli jedoch ging über Annas Verhalten hinweg und zollte dem wenig Beachtung.

Kaum waren sie zu Hause, wollte ich meine Neugier über ihren Ausflug gestillt haben. Hansuli konzentrierte sich dabei vor allem auf die praktischen Lernprozesse, die Anna gemacht hatte, und erzählte irgendwo nebenbei auch von ihren Wutausbrüchen. Ich mit meiner Art von Wahrnehmung sorgte mich vor allem wegen dieser Anfälle, die sie so häufig hatte. Ich analysierte in meinem Kopf alles, suchte nach Wegen, Anna zu helfen, weniger auszuflippen.

Als Ehepaar konnten wir uns damals nur ungenügend gemeinsam über die verschiedenen Denkansätze unterhalten.

Eine Geschichte verdeutlicht unsere unterschiedlichen Betrachtungsweisen, mit dem Leben umzugehen. Es geschah noch vor dem Unfall. An jenem Tag war Hansuli verantwortlich fürs Anziehen. Anna besaß pinkfarbene Strumpfhosen. Sie war sehr darauf aus, sich selbständig anzuziehen. So zog Anna die Strumpfhose verkehrt an. Die Geschwindigkeit beim Anziehen der Strumpfhose war ihr wichtiger als die Richtigkeit. Dabei hüpfte sie im Zimmer herum und hopste sozusagen in die Strumpfhose hinein. Hansuli und Anna plauderten friedlich zusammen und störten sich keineswegs an der verkehrt herum angezogenen Strumpfhose.

Da kam ich ins Zimmer und sah sofort, dass die Beine der Strumpfhose ganz verdreht waren. «Anna, zieh die Strumpfhose richtig an! Das ist doch nicht bequem, wenn die Beine so verdreht sind», meinte ich mahnend.

Anna stampfte ganz empört mit den Füßen auf den Boden und fand: «Gell, Papi, ich muss die Hose nicht andersrum anziehen? Das ist schon gut so. Gell, Papi?!»

Und damit war klar, dass mein Ordnungssinn hier nicht gefragt war. Der Papi hat sich nur ganz dürftig zu dem Problem geäußert. Es kam ihm spanisch vor, dass ich mich über so eine Bagatelle aufregen konnte.

Mir bereitete es Freude, Anna zu begleiten, damit ihre Seele ein Zuhause finden konnte. Mit unserer Unterschiedlichkeit bekam sie von Anfang an viele Möglichkeiten, sich zu entwickeln. Selbstverständlich versuchte sie auch, uns gegenseitig auszuspielen. Unsere große Begeisterung über das Geschenk Anna ließ uns das aber locker aushalten.

Genau nach neun Monaten des gemeinsamen Familienlebens stellte der Ertrinkungsunfall unser sich langsam stabilisierendes Leben auf die Probe. Eigentlich begann erst jetzt die große Herausforderung für unsere Familie und unsere Ehe.

Hansuli ist ein Mensch, der durch fast nichts aus der Ruhe zu bringen ist. Er fährt meistens mit öffentlichen Verkehrsmitteln zur Arbeit. Dafür berechnet er seine Zeit eher knapp. Ich fühle mich mit seiner Zeiteinteilung gestresst. Hansuli verpasst jedoch seit Jahren keinen Zug oder Bus. Er ist keineswegs nervös, wenn ich ihm morgens in seiner knapp kalkulierten Zeit noch etwas erzählen muss. Seine Geduld ist fast grenzenlos. Hansuli reagiert im Stress besonnen, ruhig, logisch. Ist jemand in Not, überlegt er nicht lange und hilft gleich. Er lässt sich vom Stress anderer nicht mitreißen. Seine Belastbarkeit ist fast unendlich groß.

Für ihn, der damals als Assistant Producer in der Werbefilmproduktion beschäftigt war, war die Arbeit immer wichtig. Oft arbeitete er bis in die Nacht hinein. Als Morgenmensch saß er regelmäßig nach sieben Uhr wieder an seinem Arbeitsplatz. Er war auf der ganzen Welt unterwegs, manchmal zwei bis drei Wochen am Stück. Er liebte die Reisen, die Arbeit, die Abwechslung, die Länder, neue Eindrücke und die Begegnung mit vielen verschiedenen Menschen.

Musik war immer eine Leidenschaft von Hansuli. Er spielt Gitarre, und er spielt gut. Seit wir in Uster wohnen, spielt er in einer Musikgruppe. Früher half er auch in unserer Kirche bei verschiedenen Aktivitäten mit. Dadurch bekam er Anerkennung und Befriedigung.

Wir beide sind gerne mit Leuten zusammen. Wir brauchen den Umgang mit Menschen, wenn auch auf unterschiedliche Art und Weise. Auch am Gemeindeleben in unserer Kirche nahmen wir gerne teil. Wir konnten stundenlang mit Freunden über Gott, die Welt und das Leben diskutieren und philosophieren. Wir träumten von tollen Ideen und hatten große Ziele.

Vom Typ her bin ich eher ungeduldig und tendiere dazu, mir viel zuzumuten. Und weil ich verantwortungsbewusst bin, ja fast überverantwortlich, habe ich mich oft überfordert. Als Kindergärtnerin wollte ich meine Arbeit gut machen, wobei ich großen Wert auf Mitmenschlichkeit, Konfliktbereitschaft etc. legte. Von ganzem Herzen wollte ich Menschen, die nicht auf der Sonnenseite des Lebens standen, zu etwas Glück verhelfen. In unserer Kirche arbeitete ich von Anfang an in verschiedenen Teams mit. Ich unterrichtete die Kinder in der Sonntagsschule, half in der Frauenarbeit mit, dekorierte bei Festen und sonstigen Anlässen und putzte mit anderen Leuten das geräumige Gebäude. Überall, wo Hilfe nötig war, setzten wir uns tatkräftig ein.

Wir reagierten aber sehr unterschiedlich, wenn es darum ging, uns von unseren vielen Aktivitäten zu erholen.

Hansuli zog sich innerlich zurück. Er hörte und sah nichts mehr, konnte mitten im Lärm und Stress völlig relaxt dasitzen, und nichts konnte ihn aus der Ruhe bringen. So bekam er sehr oft nicht mit, unter welch großem Stress ich litt in unserem mittlerweile sehr chaotischen Familienleben. Das muss man sich einmal vorstellen!

Wir genossen die ersten Monate des Familienlebens mit Anna. Niemand von uns kam auf die Idee, dass wir schon damals viel Energie brauchten, um mit Anna zusammenzuwachsen. Wir erkannten die Last der Erziehung dieses verstörten Kindes nicht wirklich. Und doch standen wir schon zu der Zeit fast ständig unter Druck. Denn außerhalb unserer kleinen Wohnung verhielt sich Anna alles andere als angepasst. Ohne dass wir es bemerkten, verpufften wir unsere Kräfte.

Nach Annas Unfall stand in unserem «Familienhaus» kein Stein mehr auf dem rechten Platz. Das Damoklesschwert kreiste über uns. Unser «Familienhaus» drohte zusammenzustürzen. Der Friede und die Freude an unserem noch jungen Familienleben schienen total aus den Fugen zu geraten. Zwischen unserem gegensätzlichen Konfliktverhalten stand die verstörte, geistig verwirrte Anna in ihrem schreienden Elend. Weder Hansuli noch ich konnten einen Schritt aufeinander zumachen. Wir waren wie gelähmt und fixierten uns auf unsere unfassbare Not, die uns einander fremd und fremder werden ließ.

Langsam, Woche für Woche, Monat für Monat, Jahr für Jahr, schlitterten wir, jeder für sich, in eine tiefe seelische Einsamkeit, die wir mit niemandem teilen konnten. Wir waren nicht mehr fähig, die Vorzüge unserer Unterschiedlichkeit zu sehen und zu nutzen.

Heute weiß ich, das Schlimmste an allem war, dass wir glaubten, unser Elend dürfe nicht sein.

Am 27. Februar 2004 schrieb ich einige Gedanken über uns auf.

Ehestress

Es ist unbestritten eine enorme Herausforderung für eine Ehe, was wir erlebt haben. Trotzdem ist es mir wichtig, festzuhalten, dass unsere Ehe nicht nur wegen all der Herausforderungen mit

Anna in Schieflage geriet. Hansuli und ich sind zwei grundverschiedene Persönlichkeiten mit sehr unterschiedlichen Herkunftsfamilien. Wir gingen das Leben mit seinen Herausforderungen bisher ganz verschieden an.

Weil mir die nötige Entspannung und Ruhe fehlte, geriet ich sozusagen außer Rand und Band.

Wohlgemerkt: Das war mein innerer Zustand. Äußerlich wirkte ich auf die meisten Menschen gefasst; zu gefasst, wie mir ab und zu mitgeteilt wurde. Man merkte mir kaum an, welche Kriege ich innerlich führte.

Hansulis Arbeit kam immer vor der Familie. Wenn er dann einmal zu Hause war, gab er sich sehr liebevoll und umsichtig mit Anna ab. Am Anfang gelang es mir noch besser, die zwei ihrem eigenen Miteinander zu überlassen. Doch das bedeutete immer, dass ich zum Beispiel nach einer Hansuli-und-Anna-Morgentoilette-Aktion das Badezimmer gründlich putzen musste. Die Lust am Spiel geht ihnen noch heute über die Ordnung. Und mir ist die Ordnung oft wichtiger als das Spiel.

Mit der Zeit sah ich nur noch all die Arbeit, die unser Zusammenleben verursachte. Durch Hansulis häufige Abwesenheit empfand ich ihn als Eindringling in meine wohlorganisierte kleine Welt mit Anna. Er brachte immer wieder alles durcheinander mit seiner leichten Art. Für ihn war es schwer zu verstehen, dass er in seinem eigenen Zuhause auf so viel Widerstand stieß. Der Stress, der fast rund um die Uhr in allen möglichen Formen unser Leben bestimmte, nagte an jedem einzelnen Familienmitglied. Hansuli wurde ruhiger, zog sich in seine Welt zurück und arbeitete viel, übernahm verschiedene Dienste in der Kirche und widmete sich zu Hause vorwiegend dem Computer.

Hansuli, der nie so stressanfällig war wie ich, legte Wert darauf, dass wir noch ein Leben gemeinsam mit anderen Menschen haben. So luden wir immer wieder Leute zum Essen ein. Ich bewirtete also die Gäste und versuchte, Anna nebenher zu betreuen.

Ich wollte eine gute Gastgeberin sein, wollte Anna einbezie-

hen (was fast unmöglich war) und auch den Besucherkindern etwas bieten.

Wie es Hansulis Natur entsprach, genoss er den Besuch. Er sah die Arbeit nicht mehr, die getan werden musste, wenn man Gäste hat. Für eine sinnvolle Teilnahme am Gespräch der Erwachsenen blieb da für mich kaum mehr Kraft übrig. Es beschäftigte mich, dass Anna immer beobachtet und dass über sie gesprochen wurde. So war sie immer und überall ein Thema und für mich ein Stressfaktor.

Ich versuchte, völlig versessen, Annas kleine Welt zu vergrößern, sie zu fördern, den Haushalt ordentlich zu pflegen, meine Dienste in der Kirche zu erfüllen und eine gute Gastgeberin zu sein. Es gab Menschen, die mich warnten. Auch Hansuli machte ab und zu einen Versuch, mich auf mein übertriebenes Engagement hinzuweisen. Das machte mich aber unglaublich wütend. Je weniger Kräfte ich hatte, desto unbarmherziger ging ich mit mir selber um. Ich wollte lieber anderen Trost spenden, als selber getröstet zu werden. Mein Seelentank entleerte sich.

Unweigerlich folgte Stress in der Ehe. Wir verstanden uns gegenseitig je länger je weniger. Hansuli befand sich mehr denn je in seiner eigenen Welt. Und ich lebte mehr und mehr mir bis dahin unbekannte Seiten aus: Ich entwickelte eine ungeahnte Wut, die zuweilen hassähnlich war.

«Warum lässt Gott dieses Elend zu?» Diese Frage begleitete mich auf Schritt und Tritt. Hansuli fragte nicht so. Sein unerschütterliches Gottvertrauen war auch ein Grund für meine Wut.

«Wo ist dein persönliches Engagement?», fragte ich meinen Mann immer wieder. Aber gleichzeitig erwartete ich nichts mehr von ihm. Es ist wohl unschwer zu erkennen, wie sehr wir uns voneinander entfernten. Unsere eigentlichen Stärken nützten uns nichts mehr. Für mich war Verzicht die Selbstverständlichkeit des Lebens. Alles, was ich tat, plante ich so ein, dass es für die anderen Anwesenden keine Nachteile brachte!

Es kam so weit, dass wir einander fast nur noch feindlich gesinnt waren. Kaum jemand hat das bemerkt. Hansuli und ich versanken jeder auf seine Art in einer persönlichen Ein-

samkeit. Wir spielten das «Ehespiel» gegen außen brav weiter. Aber in unseren vier Wänden litten wir unsäglich aneinander.

Wenn wir Anna einmal für einige Tage oder sogar Wochen in fremde Hände geben durften, erlebten wir unsere Unterschiedlichkeiten als Ergänzung und nicht als Bedrohung. Trotzdem erkannten wir lange Zeit nicht, wie dringend notwendig Hilfe von außen war.

So viel aus den Aufzeichnungen vom 27. Februar 2004.

Wie diese Differenzen zwischen uns ganz praktisch zustande kamen, möchte ich offen beschreiben.

Hansuli und ich stritten auch bei den Mahlzeiten. Anna konnte lange Zeit nicht selber essen. Mit der Zeit lernte sie wieder, den Löffel zu benutzen. Sie konnte mit unserer Hilfe etwas Essbares auf den Löffel laden. Dann wusste sie aber nichts damit anzufangen. Die Bewegung, den Löffel an den Mund zu führen, mussten wir zusammen mit ihr ausführen. Dabei musste einer von uns selbst aufs Essen verzichten und sich ganz Anna widmen. Denn bei der kleinsten Unaufmerksamkeit schwang Anna den Löffel mitsamt Inhalt herum und ließ das Essen durch die ganze Küche fliegen.

Wenn ich Anna fütterte, konzentrierte ich mich ganz auf meine Aufgabe und konnte meine Bedürfnisse total zurückstellen. Nur auf diese Art gab es weniger Missgeschicke.

Hansuli hingegen war nicht so aufmerksam bei der Sache. Er fand es im Übrigen auch noch ganz lustig, wenn Anna sich nicht ordentlich aufführte. Er dachte nicht an die Arbeit, die nach so einem «lustigen» Essen auf mich wartete.

Anna lernte, auf das Lachen von Hansuli zu reagieren und ebenfalls Lust zu empfinden. Sie gluckste manchmal ganz glücklich mit, auch wenn sie ganz sicher nicht verstand, warum sie lachte. An sich war diese Stimmung sehr erheiternd und wohltuend. Und unter normalen Umständen hätte ich mich mitgefreut. Aber meine strapazierten Nerven reagierten sozusagen nur auf die bevorstehende Arbeit. Ich sah, dass ich die herumgespritzten Essensreste wegputzen musste.

Meine Kräfte schwanden. Jede zusätzliche Arbeit war für mich eine fast unüberwindliche Hürde. Ich hatte einfach keine Reserven mehr.

Ich konnte je länger, je weniger Lust am Leben mit all seinen Facetten empfinden. Es gab keine Mitte, die uns etwas Entspannung gebracht hätte.

Es gab noch einen weiteren Stresspunkt in unserem «Ehekrieg». Wenn wir den Gottesdienst besuchten, wurde Anna inmitten der vielen Leute sehr unruhig. Sie konnte all die vielen fremden Geräusche, Bewegungen und Menschen nicht einordnen. Wie immer, wenn Anna sich nicht wohlfühlte, wurde sie extrem hibbelig. Nur bei den Liedern konnte Anna schön stillhalten (wir hatten den Eindruck, dass sie schon früh nach dem Unfall gut auf Musik reagierte). Als ordnungsliebender Mensch zwang ich Anna, möglichst auf meinen Knien zu sitzen und die Zeit abzuwarten, bis sie in die Kinderbetreuung gebracht wurde. Das dauerte so ungefähr eine halbe Stunde, was für unsere Anna eine totale Überforderung darstellte.

Hansuli und ich haben viel miteinander gestritten, ob diese Gottesdienstbesuche Anna (und nebenbei auch mir) zuzumuten waren. Wieder trafen unterschiedliche Meinungen aufeinander: Nur zu gerne wäre ich dem Stress eines Gottesdienstbesuches ausgewichen und einfach zu Hause geblieben. Hansuli dagegen fand, es sei wichtig, dass wir uns von diesem Wochenereignis nicht auch noch zurückziehen. Und da er häufig in irgendeiner Weise an der Gestaltung des Gottesdienstes beteiligt war, hing die Aufgabe, Anna zu betreuen, allein an mir.

Nach dem Gottesdienst konnte Hansuli seelenruhig mit jemandem in ein Gespräch vertieft verweilen, während Anna direkt auf die befahrene Straße zusteuerte. Ständig in Alarmbereitschaft, gab es für mich keine Zeit und Ruhe für ein halbwegs normales Gespräch. Genau genommen überwachte ich Anna und manchmal auch Hansuli, dem ich (aus meiner

Sicht) die Verantwortung für Anna nicht sorgenfrei überlassen konnte. Dass so ein Sonntagsgottesdienst bei mir keine geistlichen Spuren hinterließ, ist wohl nicht schwer zu erraten. Ob ich überhaupt etwas vom Gesagten mitbekommen habe, ist schnell beantwortet: Nein! Also war Sonntag für Sonntag Stress angesagt. Ich war oft nach dem Gottesdienstbesuch so erschöpft, dass ich zu Hause nur noch weinte.

Hansuli begriff nicht, was in mir abging. Er versuchte immer wieder, mich zu trösten. Das ärgerte mich dann aber wieder. Meiner Meinung nach wäre die effektivste Hilfe die gewesen, dass Hansuli mir mehr unter die Arme gegriffen hätte. «Du lässt mich ja nicht helfen!», sagte er mir dann oft. Doch diese Aussage kam bei mir nicht an. Ich wollte mich nicht auch noch damit auseinandersetzen, ob ich es ihm nun recht mache oder nicht. Es stimmte jedoch, dass ich Hansuli keine Verantwortung zutraute. Im Dauerstress unseres mittlerweile aus den Fugen geratenen Familienlebens forderte ich von mir und meinem Umfeld einen außergewöhnlichen und unbarmherzigen Einsatz.

Es kam vor, dass Hansuli sich in solch einer ausweglosen Situation nur noch so zu helfen wusste, dass er sich wieder zurückzog, innerlich wie äußerlich. Ich wurde dann immer lauter und sagte Dinge, für die ich mich heute schäme und für die ich mich entschuldigen musste. Ich war richtig verzweifelt und wusste keinen Ausweg mehr.

Die Spannung zwischen uns war fühlbar. Nichts war mehr übriggeblieben von den anfänglichen Glücksgefühlen füreinander. Gleichzeitig wuchs die Distanz zwischen uns unaufhaltsam.

Damals wusste ich noch nicht, dass Hansuli oft in seiner still ausgetragenen Not das Leben satthatte. Er wurde oft von einer Todessehnsucht heimgesucht …

Ich ging mit meiner problematischen kleinen Welt ganz anders um. Mein Bestreben war es, alles superperfekt zu machen. Je weniger Kraft ich hatte, desto mehr flatterte meine Seele. Ich weinte oft in meiner Verzweiflung.

Ferien ohne Anna

Im August 1994 überwand ich mich, Anna ganze drei Wochen für einen Ferienaufenthalt einer Familie im Emmental anzuvertrauen. Anna fühlte sich dort sehr wohl. Dieser Schritt kostete mich alles.

Als es so weit war, Anna abzugeben, hätte ich am liebsten die ganzen Ferien abgesagt und Anna mit nach Hause genommen. Für Hansuli waren diese Gedanken nicht nachvollziehbar. Er fand, dass Anna etwas Distanz zu uns sehr guttun könnte. Ich fand ihn herzlos und wenig einfühlsam.

Irgendwie brachte ich es dann doch fertig, mich von Anna zu lösen. Die Reise nach Lörrach, wo wir den Autonachtzug nach Hamburg bestiegen, brachte mich schon langsam etwas zur Besinnung. Es war mir allerdings fast unmöglich, die unglaubliche Anspannung zu lösen, in der ich mich pausenlos befand. Hansuli spürte unterbewusst, wie wichtig dieser Abstand für mich und für uns als Ehepaar war.

Es stellte sich heraus, dass diese drei Ferienwochen in Dänemark für uns heilsam, belebend und erfrischend waren. Endlich konnten wir uns wieder so richtig ungestört aufeinander einlassen und die Zweisamkeit auskosten. Ich genoss die Spaziergänge an den unendlich langen, einsamen Sandstränden und konnte dabei wieder auftanken. Wir telefonierten regelmäßig mit Annas Gastfamilie und erfuhren, dass es Anna rundherum gutging. Wir ließen die Seele baumeln, hielten uns an keine geregelten Zeiten und planten unsere Ausflüge von Tag zu Tag, wie uns gerade zumute war. Das war reiner Balsam für uns.

Nach diesen wunderbaren Ferien zu zweit holte uns der Alltag ganz schnell wieder ein. Die Batterien waren zwar wieder etwas aufgeladen. Bald litten wir aber wieder unter demselben Druck wie vor unserem Urlaub. Vor allem bei mir war die Anspannung fast nicht mehr auszuhalten.

Ehetherapie

Ich weiß nicht mehr, wann genau die Zeit kam, als wir uns bewusst wurden, dass wir ohne professionelle Hilfe nicht mehr zueinanderfinden konnten. Der Druck, dem wir durch Annas Situation ausgesetzt waren, würde so schnell nicht weniger werden. Das wussten wir. Wenn wir als Eheleute zusammenbleiben wollten, mussten wir uns beraten lassen, wie wir unsere Liebe wiederfinden konnten. Uns war klar, dass wir einen Weg *mit* Anna und *mit* ihrer Behinderung finden mussten. Die andere Variante wäre gewesen, uns aufzugeben. Doch mit einer Trennung hätten wir es nicht wirklich leichter gehabt.

Wir entschieden uns, in eine Eheberatung zu gehen. Im Ehepaar R. fanden wir professionell gute Eheberater. Herr R. legte gleich fest, dass wir anfangs wöchentlich zu den Beratungen erscheinen müssten, wenn wir ein erfreuliches Resultat erzielen wollten. Ich weiß noch, dass der Aufwand für diese Beratungen für uns riesig war. Denn Anna konnten wir nicht mitnehmen und auch nicht allein zu Hause lassen. Wöchentlich jemanden zu organisieren, der an einem Abend gut für Anna sorgte, erwies sich wieder als eigene Herausforderung. Irgendwie gelang uns das Meisterstück. Das Eheberaterpaar kam uns sehr entgegen und besuchte uns auch immer wieder mal bei uns zu Hause.

Als Erstes machte uns Herr R. bewusst, dass wir ganz verschiedene Temperamente haben.

Wir lernten in der Ehetherapie, dass beide Typen gut sind, wenn wir sie nicht gegeneinander ausspielen. Für uns war es ein großes Aha-Erlebnis, zu erkennen, wie jeder von uns eigentlich funktionierte. Schnell wurde uns klar, dass wir uns an sich sehr gut ergänzen würden, wenn wir nur friedlich zusammenarbeiten könnten.

Dieses friedliche Zusammenarbeiten war aber unter unseren Lebensbedingungen einfach unmöglich. Ich reagierte zunächst weiterhin sehr aggressiv darauf, wenn Hansuli im Alltag nicht schnell, lebendig und ein Stück weit emotional handelte. Seine ruhige, manchmal leise Art, seine Geduld und

Standhaftigkeit machten mich weiterhin ganz zappelig. Hansuli litt seinerseits unter meiner emotionalen, gestressten Art. Er fühlte sich oft unter Druck gesetzt von mir. Wenn wir uns nach einer Ehetherapie gestärkt in den Alltag wagten und von bewegenden Veränderungen träumten, holte uns die gewohnte Tretmühle mit Anna immer wieder schnell in die Realität zurück.

Aber Hansuli begann sich über seine Gefühle klarer zu werden. Er lernte, sie mir mitzuteilen. Und ich lernte, diese Gefühle ernst zu nehmen.

Auch wenn das Chaos noch so groß war, wollte ich trotzdem lernen, ruhiger und weniger gefühlsbeladen meine Anliegen an Hansuli weiterzugeben.

Ganz praktisch haben wir gemerkt, dass wir uns vor einem Besuch, egal, ob bei uns oder bei Freunden, über den zeitlichen Rahmen genau absprechen mussten. Der Anfang eines Besuches ist immer mehr oder weniger klar definiert. Aber das Ende so einer Zusammenkunft kann sehr variieren. Hansuli lernte, um mich zu schützen, Besuchszeiten klar abzugrenzen und auch darauf zu bestehen, dass die Abmachung eingehalten wurde.

Wir schafften es zunehmend, mit klaren Vereinbarungen und deutlich deklarierten Grenzen auf die Schwächen des anderen einzugehen. Das entlastete uns ungemein. Tatsächlich kam nur schon mit diesen Strukturen fühlbar mehr Ruhe in unser Leben. Wie wohltuend das war! Wir feierten einen kleinen Teilsieg!

Weitere Themen wie Zeiteinteilung, klare Arbeitsteilung, Engagement außerhalb der Familie, sich bewusst Oasenzeiten gönnen, einander vertrauen lernen, Reduzierung der Aktivitäten in der Kirche etc. wurden unter die Lupe genommen.

Diese Änderungen in unserem Leben sollten letztlich positiv sein. Und so lernten wir langsam, aber stetig. Nicht alle Veränderungen mussten sofort oder in absehbarer Zeit geschehen. Durch die regelmäßigen Gespräche, die wir, wohlgemerkt beide, wollten, blieben wir aber dran an all den Lernprozessen.

Ich gönnte es mir wieder, ein Buch zu lesen, das mich intellektuell herausforderte und mir neue Perspektiven für mein Leben aufzeigte. Den Anspruch, alles supergut machen zu müssen, ließ ich nach und nach fallen. Trotzdem bleibt dieses Loslassen ein lebenslanger Prozess – jedenfalls für mich.

Allmählich lernten wir beide, uns von unseren alten Lebensmustern zu lösen. Gewisse Neigungen werden wir wohl nie ganz los. Aber zu wissen, wo der Hase im Pfeffer liegt, ist schon ziemlich hilfreich.

Durch die Ehegespräche blieben wir über all die schwierigen Jahre dran, uns nicht aus den Augen zu verlieren. Und immer wenn die Not in unserer Ehe durch irgendeine Last zu schwer wurde, sagten wir uns, dass wir doch schon so viele Jahre durchgehalten hatten und nun nicht aufgeben wollten. Unsere Grundeinstellung zur Ehe und zur Überzeugung, dass sie nicht getrennt werden sollte, half uns, allen Fluchtgedanken zu trotzen.

Wieder Zeit füreinander

Als Anna Jahre später bei uns auszog, hatten wir plötzlich viel mehr Zeit füreinander. Wir konnten uns während des Essens ganz um uns und unsere Anliegen kümmern. Die Abende waren auf einmal viel ruhiger. Niemand von uns musste sich um Anna sorgen, ihr die Zähne putzen, Operngeschichten vorzeichnen, beim Duschen helfen, die Haare waschen und was sonst noch so alles in ihr Abendprogramm gehörte.

Da fragten uns einige Leute recht besorgt, wie es uns wohl ergehe. Sie dachten, dass es durchaus möglich sein könnte, dass wir durch das Fehlen der lebendigen Anna nun fast übertrieben viel Stille daheim auszuhalten hätten. Es hätte durchaus sein können, dass wir uns nun nichts mehr zu sagen gehabt hätten. Jetzt merkten wir aber, dass es sich lohnte, all die Jahre über im Gespräch zu bleiben, zu streiten, uns wieder zu versöhnen und einfach aktiv mit unseren Umständen zu leben. Es war gut, dass wir uns mit all unseren Schwächen und

Stärken auseinandergesetzt hatten. Wir sind letztlich aneinander und an unserer Geschichte mit Anna gewachsen und gereift. Wir sind nicht daran zerbrochen. Und nun schauen wir zurück auf eine lebendige, außerordentlich wertvolle Zeit mit Anna und uns selbst.

Wir haben einen unendlich großen inneren Reichtum gewonnen. Unsere Liebe hat jetzt neue Chancen, sich wieder freier zu entwickeln. Jetzt ist auch die Zeit gekommen, wo wir uns wieder ganz gezielt unserer Partnerschaft widmen wollen. Kleine Abendspaziergänge, auswärts essen, entspannte Besuche, einen Filmabend bei Kerzenlicht oder einfach ausreichend Zeit füreinander zu haben – das ist ein Luxus, den wir doppelt genießen. Wir sind unseren Freunden und Eheberatern von Herzen dankbar, dass wir diesen Weg mit guter Unterstützung gehen durften.

Und Anna dankt uns unseren Einsatz für eine tragfähige Partnerschaft damit, dass sie stark, seelisch gesund und aufrecht ihren Weg geht. Sie musste trotz vieler familieninterner Kämpfe nie wirklich um ein sicheres Zuhause bangen. Ich glaube, weil Anna einige Kämpfe zwischen Hansuli und mir mitbekommen hat (genauso wie das versöhnliche Ende), kann sie es heute aushalten, wenn in irgendeinem Lebensbereich Spannungen auftreten. Ihre Erfahrung ist die, dass Spannungen sich ganz bestimmt einmal lösen werden. Ich hoffe von Herzen, dass diese Familien-Liebesgeschichte eine lange Fortsetzung hat.

Die Last, die wir trugen, war unendlich schwer. Dafür ist nun auch die Befreiung groß.

Kapitel 8: Der Glaube

Damit Sie das folgende Kapitel besser einordnen können, möchte ich einige Hintergrundinformationen geben. Wir lebten in einem Umfeld, in dem man glaubte, alles sei machbar, auch eine Heilung. Rückblickend sehe ich in unserem damaligen Handeln und Glauben Folgendes: Die erlittene Hirnverletzung von Anna hat sie zu einem geistig behinderten Kind gemacht. Diese Tatsache konnten und wollten wir aber lange einfach nicht wahrhaben. Obwohl wir fest glaubten, dass Anna völlig geheilt werden würde, veränderte sich allerdings wenig. Wir lebten an der Realität vorbei und richteten uns auf das aus, was nie sein würde: ein Leben ohne Behinderung.

Unser Gottesverständnis hatte bis dahin nie einer solchen Prüfung standhalten müssen. Gott passte immer schön in unser Leben, das wir weitgehend selber bestimmten. Wir sollten in den folgenden Jahren Gott erst nach und nach auch in der Not kennen lernen. Was mich heute am meisten bewegt, ist die Tatsache, dass wir Gottes Nähe und Zuwendung gar nicht erkannten, weil wir so sehr von unserer eigenen Idee eingenommen waren. Wir fühlten uns wie in einer Sackgasse ohne Ausweg.

Heute habe ich Verständnis für all die Menschen, die in großer Not in erster Linie Gott anklagen. Auch wenn sie sonst nie nach Gott fragen, ist *er* in der Not plötzlich schuld am Leid. Die Sehnsucht, Hilfe zu erlangen, die menschlich gesehen unmöglich ist, kann ich nachvollziehen. Es ist schwer, nicht am Alltag zu zerbrechen.

Falsches Gottesbild

Der Unfall von Anna hatte unser Leben und unseren Glauben in eine tiefe Krise gestürzt. Ich kam definitiv nicht mehr klar mit meiner eigenen kaputten Welt. Ich begann mit Gott zu verhandeln. Viele Fragen quälten mich. Ich wollte Antworten. Die kamen nicht. Tag für Tag musste ich die Tatsache aushalten, dass wir aus unserem schön geplanten Leben gekippt waren.

Innerlich zerriss es mich schier. Ich konnte mich überhaupt nicht abfinden mit unserem Schicksal. Ich haderte mit Gott und wollte nichts anderes als sein übernatürliches Handeln, sein schicksalveränderndes Eingreifen. In meinem Herzen machte ich ihn verantwortlich für unser Unglück. Und darum sollte er uns auch wieder heraushelfen. Nach außen lebte ich eine vertrauensvolle Gottesbeziehung. Innerlich jedoch rebellierte ich gegen einen Gott, der uns so ungerecht behandelte.

Die Existenz Gottes habe ich nie auch nur für eine einzige Sekunde in Frage gestellt. Nur mein Gottesbild und meine persönliche Haltung zum Leben passten so ganz und gar nicht zusammen. Mein inneres Bild von Gott sah folgendermaßen aus: Da saß dieser alte Mann mit einem langen Bart gemütlich auf einem Thron und schaute andächtig zu mir herunter. Er hörte sich alles an, was ich beklagte – ruhig, besonnen und über alles erhaben. Sein liebevolles Lächeln veränderte sich kaum. Dann schickte er mir Bibelverse, die ich nicht begreifen konnte. Er würde mir viel versprechen und nichts davon halten, dachte ich und empfand es auch so.

Bis zu diesem Unglück mit Anna wurde meine Vorstellung vom Umgang mit Gott und dem Leben nie wirklich in Frage gestellt. Ich lebte nach dem Motto: «Wenn ich mich genug anstrenge und fleißig bin, segnet mich Gott. Dann wird mir alles gelingen.» Nun konnte ich mich aber anstrengen, so viel ich wollte, Anna wurde einfach nicht wieder gesund. Und das war das Faktum, das für mich Segen bedeutet hätte. Das Gegenteil trat ein! Unser Zusammenleben wurde nur schlimmer. Unsere Ehe geriet in Schieflage. Hansuli hatte viel Stress bei der Arbeitsstelle. Ich stand verzweifelt da mit meinem einseitigen und unvollständigen Gottesbild. Ich schrieb oft ins Tagebuch, wie sehr ich mich nach wohltuenden Bibelversen und Botschaften von Gott sehnte.

Hansuli ging die Probleme anders an. Er hielt fest an der sicheren Hilfe unseres Gottes. Er zweifelte die «zurechtgestutzten» Bibelverse nicht an. Das sollte für uns in Zukunft noch schwierig werden. Denn wir sollten in den folgenden Jahren viele gut gemeinte Bibelverse bekommen, die wir dann völlig aus dem Zusammenhang der biblischen Geschichten herausrissen und schön an unsere Lebenssituation anpassten.

Gott muss Anna heilen

Wir bemühten uns, Gott zu gefallen, damit er uns aus unserer Not retten würde. Ich verknüpfte meine Wünsche krampfhaft mit verschiedenen Bibelversen. So interpretierte ich in jede biblische Verheißung die Heilung von Anna hinein. So etwas stand allerdings mit keinem Wort da.

Heute fällt es mir schwer, nachzuvollziehen, wie leicht wir die Bibelverse frisierten. Dies ist nur so zu erklären, dass wir uns sozusagen an jedem Strohhalm festhielten, der uns eine gewisse Aussicht auf Erleichterung versprach. Ich kann gut verstehen, dass sich Menschen, die in großer Not sind, auf Übersinnliches einlassen, auch wenn sie unter normalen Umständen nicht dazu neigen.

Gleichzeitig zu meinen Bemühungen, meinem Gott zu gefallen, erlebte ich immer wieder Begegnungen mit Menschen, die mich verletzten. Diese Verletzungen trieben mich wiederum in meine verkrampfte Frömmigkeit. Ich suchte die Nähe Gottes, denn er war meiner Ansicht nach der Einzige, der unser Leid hätte lindern können.

«Eine Mutter hat mich ziemlich ungläubig gefragt, ob Anna denn wieder ganz gesund werde. Mit ihrem Blick verriet sie, dass sie das nicht glauben kann. Den Unterschied zwischen Anna und dem gesunden Kind zu sehen, hat mir sehr wehgetan.» Das schrieb ich im März 1993 in mein Tagebuch, das, wie schon so oft, auch jetzt meine Klagemauer war.

Dieses elende Durcheinander in meinem Leben! Das

Schlimmste war, dass ich nichts tun konnte, um dieses Durcheinander zu ordnen. Ich war machtlos! Hansuli war ebenso machtlos. Niemand konnte uns die Not wegnehmen. Doch! Da wäre Gott, der Allmächtige. Der sollte unser Leid lindern und Anna wieder befreien aus ihrem Gefängnis. Warum tat er das nicht? Warum schaute er so liebevoll lächelnd vom Himmel herab? Das nützte uns so unglaublich wenig!

Wir suchten Hilfe bei unseren gläubigen Mitmenschen. Die waren total überfordert mit unserer verrückten Geschichte. Aber das kam mir meistens gar nicht in den Sinn. Keiner hinterfragte die Heilungswünsche anderer, die zusammengesuchten Bibelverse oder unser eigenes Denken kritisch. Unsere Gedanken waren zu stark auf diesen Machbarkeitswahn der Heilung fixiert.

Verschiedene Pastoren, Gemeindeglieder und geistliche Vorbilder besuchten uns zu Hause, ließen sich von unserem Elend berühren und wollten auf ihre Weise helfen. Sie schauten hin, vergossen zuweilen auch Tränen der Trauer und boten dann an, für Anna und uns zu beten. Nie lehnten wir diese Hilfe ab. Wir glaubten, dass Gebete zu unserem Gott nie falsch sein können.

Ein Mann wollte uns mutig und kräftig unterstützen. Er sagte, wir alle sollten Gott pausenlos in den Ohren liegen, damit er unsere Bitten erhören und Anna bald heilen möge. Das klang hoffnungsvoll. Ich verstand dabei, dass wir Gott sozusagen «weichbeten» sollten. Er *musste* auf die vielen Gebete einfach eingehen und die ersehnte Erlösung schenken. Eine andere Variante der Gebetserhörung kam für uns nicht in Frage. In welch einem belastenden, kraftraubenden, erschöpfenden Desaster wir uns da befanden, erkannten wir erst viel später.

Irrwege des Glaubens

Wir feuerten uns damals zu immer höheren Erwartungen Gott gegenüber an. Gigantisch sollte sein Eingreifen sein. Unsere Fantasie trieb Blüten, würde ich heute sagen. Wir hörten viele

Predigten, die uns dazu anregten, bessere Menschen zu werden. Wir lasen Bücher. In langen Diskussionen suchten wir nach *der* Lösung für uns. Die komplette Befreiung von unserer schweren Last war unser erklärtes Ziel.

Ich glaube, diese Haltung war nicht besonders christlich. Sie ist sehr menschlich. Wer strebt schon ein schweres Leben an? In unserer Wohlfühlgesellschaft sucht jeder und jede nach dem bequemsten Weg. Bei uns war es nicht anders. Wir suchten explizit unser Glück im Wohlgefallen Gottes und hatten dabei unsere eigenen Vorstellungen. Mit Feuereifer suchten wir Gottes Nähe und übersahen dabei, dass er uns immer, sogar ohne unsere Leistung, nahe war und nahe ist. Was vergeudeten wir da an Energie! Und erreichten mit unserem Tun nur wenig.

«Gott, warum hörst du unser Schreien nicht? Warum schweigst du eisern?» Solches und Ähnliches schrieb ich immer wieder in meine Tagebücher. Dabei hielt uns Gott ständig seine Hand hin. Wir sahen sie nicht, weil wir sie an einem falschen Ort zu finden meinten. Wir suchten in der Anbetung, auch in einer übertriebenen Geistlichkeit, die Nähe Gottes und wollten ihn für unseren Heilungsplan für Anna gewinnen. Ein Stück weit glich mein geistliches Leben einer Selbstkasteiung. Ich wollte nichts unversucht lassen.

So steuerten wir zusammen mit unseren Mitmenschen, die nichts anderes wollten, als uns ermutigend zu unterstützen, in eine falsche Richtung.

Eine Frau glaubte einmal, sie wisse ganz genau, dass Anna bald, so etwa in ein paar Wochen, wieder richtig sprechen werde. Schon etwas skeptisch geworden, stellte ich ihre Meinung in Frage. Sie wies mich darauf hin, dass *ich* die Verantwortung tragen würde für die Vollendung von Gottes Plan. Wenn ich nicht glauben würde, könnte Gott sein Wunder nicht tun. Also versuchte ich das zu glauben, was unglaublich war. Wie wir heute wissen, stimmte die Aussage der Frau damals nicht. Oder habe ich die Heilung durch meinen Unglauben verhindert? Ich denke nicht. Biblisch gesprochen war diese Frau eine falsche Prophetin. Ich finde diese Art von Prophezeiung nicht nur gefährlich, sondern eine ziemliche Anmaßung.

Manchmal dachte ich, dass einige Menschen sich mit solchen Aussagen eine gewisse Bedeutung verschaffen wollten. Eine Zeitlang ließ ich solches mit mir geschehen, einfach weil ich mich auf den Versuch einlassen wollte. Tief in meinem Herzen spürte ich aber, dass mein Gott ein gütiger, gnädiger Gott ist. Er verlangt uns nicht Unmögliches ab.

Noch über einige Jahre hielten wir daran fest, dass Gott unsere Anna wundersam heilen sollte. Die Bereitschaft, Annas Behinderung zu akzeptieren, brachten wir noch nicht auf. Ja, wir wollten sie nicht akzeptieren! Für uns kam es nicht in Frage, uns mit so einem Schicksalsschlag abzufinden. Wir fühlten uns gut dabei, «geistlich zu kämpfen». Wir ließen unser Denken von niemandem korrigieren.

Viele unterstützten uns in unserem Willen, Gott die Heilung abzuringen. So richteten wir zusammen mit treuen Betern einen hauseigenen Gebetsabend ein. Gemeinsam beteten wir wöchentlich für unsere Anna. Wir ließen Gott in unseren Bitten gar keine Wahl. Wir gaben ihm vor, was er tun sollte. Wir hielten nicht damit zurück, ihm ein spektakuläres Wunder aufzuschwatzen und abzuverlangen.

Wunderheiler

Jemand aus unserem Umfeld verkündete eines Tages, in einer Schweizer Großstadt finde eine Heilungsveranstaltung mit einem berühmten amerikanischen Heilungsprediger statt. Wir sollten mit Anna da hingehen und für sie beten lassen. Eigentlich bin ich ein ziemlich realistisch denkender Mensch. Ich jage nicht so schnell irgendwelchen Hokuspokusversprechungen nach. Die Verzweiflung trieb mich jedoch geradewegs in die Arme von Menschen, die einem übernatürliche Wunder versprachen.

Ich saß bei meiner Coiffeuse im Salon und ließ mir die Haare aufpeppen. Sie erzählte mir, dass sie auch von der Veranstaltung gehört hatte. «Lass uns da hingehen, Aurelia. Wir sollten Anna diesem Mann vorstellen!» Euphorisch, fast überdreht, begannen wir diesen Trip zu planen.

«Wir sollten nichts unversucht lassen, damit Anna heil wird, findest du nicht auch?», meinte die Coiffeuse. Hansuli, der sonst viel weniger kritisch hinterfragt, reihte sich eher zögerlich in dieses Unterfangen ein. Mit all meiner Überzeugungskraft überredete ich ihn, der in unserer Familie alles Organisatorische plante. Wir meldeten uns sogar für das große Mittagsbankett an. Die Teilnahme war teuer. Keine Anstrengung würde uns abhalten, das Maximum aus diesem Ereignis herauszuholen. Für Anna ließen wir wirklich nichts unversucht.

An besagtem Tag standen wir früh auf und rüsteten uns für das denkwürdige Ereignis. Die Hoffnung, wir würden mit einer völlig gesunden Anna heimkehren, wich immer wieder der Angst vor der Enttäuschung. Wir reisten in unser vermeintliches Glück. In der riesigen Sportarena, wo der Anlass vormittags stattfand, suchten wir im Frontbereich vergeblich nach einem «Logenplatz» für uns und Anna. Viele, viele Menschen saßen bereits erwartungsvoll auf ihren Plätzen. Sie mussten schon lange hier ausgeharrt haben. Denn wir trudelten keineswegs zu spät ein. Auch wir dachten, wir sollten früh genug an Ort und Stelle sein. So suchten und fanden wir auf der erhöhten Tribüne eine Reihe Klappsitze für unsere Gruppe. Da hatten wir auch den vollen Überblick über die Arena und die Menschen darin.

Es trieb mir die Tränen in die Augen, als ich erkannte, wie viele Familien mit behinderten Kindern in der Menge saßen. Alle waren mit der großen Hoffnung gekommen, ihr Kind würde heil den Heimweg antreten. Gebeugt saßen einige junge Menschen in ihren Rollstühlen. Anderen sah man die geistige Behinderung an. Sie brauchten die Hilfe und Unterstützung ihrer Angehörigen. Auch alte und kranke Menschen saßen erwartungsvoll in den Reihen. Was würde uns in den nächsten Stunden erwarten? Würden unsere Hoffnungen erfüllt werden? Immer wieder wollte sich leise ein Zweifel bei mir einschleichen. Ich vertrieb ihn sofort und bestimmt. Ich würde mich dieser Herausforderung stellen und Großes erwarten!

Der Gottesdienst begann mit viel Musik und immer wieder mit Ansagen, an deren Inhalt ich mich nicht mehr erinnern kann. Die Coiffeuse, eine resolute, kräftige Frau, flüsterte mir zu, das sei aber alles etwas langatmig. Wir wollten endlich den Heilungsprediger sehen. Nein, wieder wurde gesungen. Wir standen alle dazu auf, hielten uns an den Händen und hofften auf das Besondere, das die Veranstalter ständig versprachen.

Meine kritischen Gedanken nahmen immer mehr Raum ein. Was war das doch für ein wohlinszeniertes Theater! Ach was, diese Gedanken sollte ich nicht zulassen. Zweifel würden Anna nichts nützen. Vielleicht würden sie ihr sogar schaden. Und dann wäre *ich* schuld, wenn sie nicht heil heimkehren könnte. So verdrängte ich die Stimme meines gesunden Menschenverstandes.

«Einen fröhlichen Geber hat Gott lieb! Gebt, Gott wird es euch reichlich vergelten! Seid großzügig! Dann ist auch Gott großzügig!», das schrie der Vorprediger in die Menge. Brav öffneten viele Menschen ihre Geldbörsen. Auch wir spendeten. Wir wollten auf keinen Fall wegen Geiz auf Gottes Großzügigkeit verzichten müssen. Als ob sich Gott durch Geld bestechen lässt!

Hansuli hatte mit Anna, die extrem unruhig geworden war, längst die endlose Einleitung der Veranstaltung verlassen. Er tigerte mit ihr im Hintergrund der Halle herum und hoffte, dass sie nicht zu sehr störte, wenn sie schrie. Jede Bemühung, Annas Ausbruchsversuche einzuschränken, quittierte sie mit einem lauten Gebrüll. Zum Glück war die Halle so riesengroß, dass Anna kaum gehört wurde.

Hansuli, der eigentlich kaum aus der Ruhe zu bringen ist, stand unter großem Stress. Ein Vorprediger löste den anderen ab. Dazwischen wurde immer wieder gesungen. Ein Wind, der meiner Ansicht nach künstlich erzeugt worden war, wehte durch die riesige Halle. Er sollte die anbetenden Menschen umwerfen. Das sei das Wirken des Heiligen Geistes, wurde uns erklärt. Ich fragte meine Nachbarin, ob das nun bei ihr der Heilige Geist war, der sie umgeworfen hatte. Oder könnte es eventuell sein, dass sie sich selber fallen ließ? Mit einem verschmitzten Lächeln sagte sie: «Ich bin selber auf den Stuhl zurückgefallen!»

Aha, so ging das?! Ich wurde den Eindruck nicht los, dass wir im Kollektiv manipuliert wurden. «Oh nein, nicht schon wieder diese Zweifel!», schimpfte ich sogleich mit mir selber.

Endlich wurde der Hauptredner, der große Heilungsprediger aus Amerika, angekündigt. Wir hielten den Atem an. Was würde nun geschehen? Würde die heilende Hand dieses Mannes unsere Anna berühren? Würde das unser kaputtes Leben verändern? Würde unser Albtraum ein Ende nehmen?

Eine Reihe von Bodyguards stand bereit, um den Gottesmann zu sichern. «Hat der denn solche Angst vor uns?», fragte ich mich. Nein, jetzt nur nicht zweifeln! Aus einem vorbereiteten Tunnel, der extra für den heiligen Mann angefertigt worden war, erhofften wir die Erscheinung des bekanntlich immer weißgekleideten Mannes zu sichten. Er ließ auf sich warten. Die Spannung stieg. Auf der wundervoll hergerichteten Bühne stand das Sicherheits-Empfangskomitee bereit. Sie schauten immer wieder in den Tunnel.

Da, plötzlich erschallte laute Orgelmusik. Von Licht umstrahlt trat der Mann in Weiß aus dem Tunnel und breitete seine Arme weit aus. Er symbolisierte damit die Gnade und Großzügigkeit Gottes, der vielen Menschen aus der Not helfen will. Oder war es eher Größenwahn, den er da zelebrierte?

Halt, da waren wieder meine Zweifel! «Was machen diese Leute eigentlich mit uns? Die nutzen doch unsere verzweifelte Lebenssituation, um sich selber zu verherrlichen», dachte ich trotzdem. Diese immer wieder aufkommenden Fragen stressten mich bald mehr als die unendlich in die Länge gezogene Veranstaltung. Wir hatten immense Erwartungen an diesen Tag, weshalb wir alles mit uns geschehen ließen. Niemals hätte ich mir solches gefallen lassen, wäre da nicht diese unbeschreiblich große Not in unserem Leben gewesen.

«Nun muss er aber endlich seine Versprechungen einlösen

und alle diese kranken Menschen, die voller Erwartungen hierher gekommen sind, heilen», flüsterte mir die langsam etwas nervös gewordene Coiffeuse zu.

«Heute, meine Lieben, ist nicht der Tag der Heilungen. Heute will Gott, dass wir sehen dürfen, wie er bereits geheilt hat!», schrie der Heilungsprediger ins Mikrophon. Wie versteinert saßen wir auf unseren Klappsitzen. Hatten wir uns da eventuell verhört? Ja, ganz sicher! Der meinte vielleicht, dass Anna schon geheilt war?! Ich sah Anna nicht. Hansuli und Anna verbrachten die ganze Zeit im Hintergrund. Vielleicht durfte Hansuli schon die gesunde Anna genießen?

«So, jetzt hole ich Anna und trage sie zu dem Prediger!» Zu allem entschlossen stand die Coiffeuse auf und schritt zackig in den Hintergrund. Mit der völlig überraschten Anna auf dem Arm und dem erschöpften Hansuli im Schlepptau steuerte sie auf uns zu. Mein Herz begann zu klopfen. Ich wusste, die Frau ist zu allem fähig. Mir schien, dass bei ihr die Sicherungen endgültig durchgebrannt waren. Offensichtlich war sie nicht mit viel Geduld gesegnet.

Während der weißgekleidete Prediger von Heilungen erzählte, die sich in Dramatik und Unglaublichkeiten überschlugen, strömten einige Menschen zur Bühne. Ich glaube, diese Menschen wollten vorwiegend von ihren erlebten Wundern erzählen. Von erstaunlich vielen Bodyguards wurden die Leute davon abgehalten, die Bühne zu besteigen. Sie wurden befragt und nur einzeln durchgelassen. Mir schien, dass die Bodyguards genau wussten, wen sie durchlassen durften und wen nicht.

«Jetzt reicht's mir!» Die Coiffeuse war nun nicht mehr zu bremsen. Mit Anna auf dem Arm machte sie sich energisch auf den Weg in Richtung Bühne. Irgendwie trugen mich meine Beine hinter ihr her. Ich hatte nur eines im Kopf: Anna darf bei dem ganzen Theater keinen Schaden erleiden. Ich musste unsere Tochter im Auge behalten.

«Renn nicht so schnell, ich komme nicht nach!», versuchte ich unsere energische Begleiterin zu bremsen. Mittlerweile erreichten wir die Rampe zur Bühne. Die Bodyguards gingen nicht zimperlich um mit den Menschen da unten.

«Lasst mich durch!», befahl die Coiffeuse.

«Wir sind extra von weit hergekommen zu diesem Mann, der jetzt ein Heilungsgebet für Anna sprechen soll! Das hat er schließlich auf dem Veranstaltungsprospekt versprochen!», schrie sie dem Bodyguard zu.

Um Himmels willen, jetzt verlor ich beinahe den Boden unter den Füßen! «Nichts wie raus aus diesem Chaos!», war mein einziger Gedanke. Die Coiffeuse wurde grob zurückgewiesen. Sie konnte die Bühne nicht stürmen. Sie wurde rigoros gestoppt. Nein, heute würde er für niemanden um Heilung beten. Heute dürften nur die Menschen auf die Bühne, die bereits eine Heilung erlebt hätten. Das sei die erklärte Anordnung des Predigers.

Die Coiffeuse gab resigniert auf. Sie musste aufgeben. Sie kam definitiv nicht durch. Wie froh war ich um das Ende dieser Hetzjagd. Nichts wie zurück zu unseren Leuten!

Wir trugen Anna heil aus diesem elenden Chaos, hinauf auf die Tribüne der Arena. Von da aus beobachteten wir noch eine Weile, was unten auf der Bühne passierte. Nach kurzer Zeit verabschiedete sich der Mann in Weiß, von Scheinwerferlicht umflutet, und verschwand in seinem Sicherheitstunnel. Der Spuk war vorbei.

Frustriert, erschöpft und ernüchtert saßen wir da und harrten der Dinge, die da kommen sollten. Die Stimmung der wehrhaften Coiffeuse war auf null gesunken. Als Erste von uns begriff sie den Betrug, den wir da gerade erlebten.

Anschließend an dieses Riesenspektakel wurden die angemeldeten Bankettgäste gebeten, ins Grandhotel zu gehen. Wir ließen das Auto stehen, bestiegen die Straßenbahn. Das Debakel war vorprogrammiert. Anna wollte die Tram nicht mehr verlassen und wehrte sich lauthals schreiend, als wir doch ausstiegen. Wieder mobilisierten wir für diese Szene Kräfte, die irgendwie kaum mehr aufzubringen waren.

Im Bankettsaal wählten wir einen großen runden Tisch am Rande des Saales. Hungrig setzten wir uns an die festlich gedeckte Tafel und warteten, bis die Ankunft des hohen Gastes, des Heilungspredigers, verkündet würde. Anna war mittlerweile so müde und erschöpft, dass sie nur noch wenig Kraft aufbrachte, um sich zu wehren. Da! Der Leiter des Anlasses stand auf und klopfte an sein Weinglas:

«Leider kann der Prediger nicht an diesem Bankett teilnehmen. Er ist sehr müde von seinen Predigten. Er ruht sich in seinem Hotelzimmer aus. Nun, wir werden in Gedanken an ihn dieses Essen genießen.» Er neigte sich zum Dankgebet und wünschte uns allen einen guten Appetit.

Ich überlegte: Der Prediger hatte doch nur einen ganz kleinen Teil des Programmes bestritten. Er hatte sich sicher nicht übernommen mit Heilungsgebeten! Die fanden ja an dem Tag gar nicht statt. Und nun entzog er sich uns noch an dem teuren Bankett!

So langsam wehrte ich mich nicht mehr gegen meine Zweifel. Da war etwas faul, oberfaul!

Irgendwie überstanden wir dieses Bankett. Ich kann mich aber nicht erinnern, dass es den Preis, den wir bezahlen mussten, wert war. Wohin wohl dieses Geld geflossen ist?

Ernüchterung

Der Rückweg zum Auto glich dem Hinweg. Auf dem Parkplatz vor dem großen Stadion trafen wir Bekannte. Die sehr kranke, stark abgemagerte Frau trat fröhlich und voller Hoffnungen auf uns zu. Sie wollte weiter an die Heilung glauben. Sie versicherte uns, Gott werde eines Tages eingreifen. Und noch etwas wollte sie uns mitteilen. In Zürich gebe es segensvolle Heilungsgottesdienste. Wir sollten nicht aufgeben und Anna dorthin bringen. Wir würden bestimmt eines Tages jubeln über die Wunder Gottes! Kurze Zeit nach diesem Ereignis starb die Frau.

Mein Bedarf an solchen Erfahrungen war gedeckt. Für uns schien ein Traum begraben worden zu sein. Wir konnten und wollten uns dieser Reise der vergeblichen Hoffnungen nicht mehr anschließen. Noch lange Zeit beschäftigte uns das Erlebte. Hansuli und ich einigten uns darauf, keinen solchen «Heilungsversuch» mehr zu unternehmen. Vor allem mir fehlten die Kräfte dafür. Wir verstanden Gottes wahre Hilfe nicht, weil wir damals einer falschen Idee, einem irren Wunsch, nacheiferten.

Dann stieß ich eines Tages auf eine Aussage von Hudson Taylor, dem berühmten China-Missionar. Er schrieb:

«Es ist wichtiger, zu lernen, was uns Gott durch die Not zeigen will, als aus ihr herauszukommen.»

Aus christlicher wie aus nichtchristlicher Sicht ergibt diese Aussage einen Sinn. Wenn ich nämlich bereit werde, etwas aus meiner Not zu lernen oder zu profitieren, dann wird die Not nützlich und sinnvoll. In unserem Fall interessierte es uns brennend, was Gott uns durch unsere Not zeigen wollte. In einem Jahre andauernden Prozess lernten wir dazu.

Es fiel uns noch lange Zeit schwer, Annas Behinderung mit dem Willen Gottes zusammenzubringen. Jedes Mal, wenn wir in das Kinderkrankenhaus nach Zürich fuhren für eine weitere Untersuchung oder einen Test oder die EEGs, um Annas Epilepsie zu kontrollieren, kostete uns das enorm viel Kraft. Die vielen langen Wartezeiten zermürbten uns. Später mussten wir mit den sachlich formulierten Fakten von Annas Zustand zurechtkommen. Die zogen mich regelmäßig ins Tal der Enttäuschung. Dieses Wort passt gut. Ich ließ mich täuschen von meinen Wünschen und Hoffnungen. Die Befreiung von dieser Täuschung tat sehr weh. Die Ärzte *ent*-täuschten mich, so dass ich mich wieder mit den nüchternen Tatsachen abfinden musste.

Das Wort Behinderung schlossen wir damals immer noch konsequent aus unserem Vokabular aus. Nach solchen zermürbenden Stunden liefen mir auf der Heimfahrt im Auto oft die Tränen hinunter. Völlig ausgepowert schrie ich innerlich zu Gott:

«Warum lässt du das alles zu, Gott?» Manchmal brach die ganze Verzweiflung dermaßen aus mir heraus, dass ich im Auto laut zu Gott rief: «Wann hat das Elend endlich ein Ende?»

Schiere Verzweiflung überkam mich. Hansuli ging wesentlich sachlicher mit all den niederschmetternden Berichten um. Er war ja nicht rund um die Uhr unserem Leiden zu Hause ausgesetzt.

Fragen wie: «Was haben wir falsch gemacht? Wie könnten wir Gottes Gunst wiedererlangen?», beschäftigten uns. Das Wort Gnade verstanden wir nicht. Betend und fastend wollten wir Gottes Gunst erbitten. Wir richteten uns so vollständig darauf aus, ihm zu gefallen, dass wir nicht erkannten, was er tat und wer er ist. Mit einem Tunnelblick steuerten wir in eine Richtung, die uns alle Kräfte kosten würde.

Zurückschauend stelle ich fest, dass wir sehr stur und verbohrt an unserer Idee festhielten, Gott werde Anna heilen. Gott hat uns damals verwöhnt mit Menschen, die in unterschiedlicher Weise mit uns das Leid teilten. Manche überraschten uns mit einem selber gebackenen Brot oder schickten eine liebe Karte mit gut gemeinten Ermutigungen. Ich habe Frieden geschlossen mit all den Menschen, die mit uns zusammen stur an der Heilung von Anna festhielten und uns sozusagen auf unserem Irrweg unterstützten. Ich sehe heute ihre Zuwendung, ihre Hingabe und Opferbereitschaft. Hätten diese Leute uns nicht zur Seite gestanden, wären wir an unserer Aufgabe zerbrochen. In ihrer eigenen Hilflosigkeit haben sie uns trotzdem begleitet. Das empfinde ich als Händedruck Gottes und als Ermutigung. Manch ein Bibelvers spendete Kraft für die nächsten Stunden, Tage, Wochen, auch wenn ich diese Verse heute anders auslegen würde.

Leben wir nicht in einer Zeit, wo Spektakuläres, Extravagantes und Außergewöhnliches Schlagzeilen macht? Egal, ob wir Christen sind oder sonst einer Religionsgruppe angehören, wir alle sehnen uns doch nach Beachtung. Vielleicht erreichen wir sie durch besondere Taten. Oder wir leisten eine außergewöhnliche Arbeit. Ruhm, Ansehen, Wohlstand und Macht werden hoch gepriesen. Auch wir lieben dieses Wohlfühl- und Wohlstands-Christentum. Es ist leicht, davon zu schwärmen, wenn das Leben geordnet abläuft. Wie gehen wir aber damit um, wenn das Leben aus den Fugen gerät? Wir hatten zuvor nie gelernt, Leid auszuhalten.

Eingreifen Gottes

Nach etwa vier Jahren erlebten wir und die Lehrerin an der heilpädagogischen Schule Anna unglaublich unruhig und aggressiv. Ich hatte Anna schon länger nicht mehr ausgeglichen gesehen. Weil ich vermutete, dass Anna auf ein Epilepsiemedikament sehr schlecht reagierte, meldete ich sie in der Epilepsieklinik in Zürich an. Mittlerweile wurde Anna nicht mehr in der Kinderklinik auf ihre Epilepsie getestet.

Wir baten Gott inbrünstig um sein erbarmendes Eingreifen. So reisten wir wieder einmal nach Zürich in die «Epiklinik», wie diese von allen genannt wird. Wir verbrachten viel Zeit mit Warten, was für Anna und mich jeweils der schlimmste Teil eines Untersuchungsnachmittages war. Im Vorzimmer lag weder etwas Brauchbares zum Spielen noch zur Ablenkung oder zum Lesen herum.

Als wir endlich ins Sprechzimmer des Arztes, der für Anna zuständig war, gerufen wurden, sagte ich zu ihm: «Wir nehmen an, dass Annas Unruhe mit dem neuen Epimedikament zusammenhängt. Kann das sein?»

Der Arzt meinte, das sei eher unwahrscheinlich. Er hatte keine richtig gute Erklärung für Annas Verhalten. Seiner Ansicht nach sei das wohl eher Anna, die einfach ein aufwändiges, anstrengendes Kind sei. Viel ausführlicher wollte er sich nicht zu unserem Fall äußern.

«Sie haben doch eine Abteilung, wo Epipatienten für eine Weile wohnen und zur Schule gehen können?» Hoffnungsvoll, aber auch zögerlich, tastete ich die Möglichkeit ab, Anna für kurze Zeit in andere Hände zu geben. Ich kam mir vor wie eine Rabenmutter, die ihr Kind aus dem Nest stößt. Gleichzeitig merkte ich, dass ich ernstlich in der Gefahr stand, völlig auszubrennen.

Wir vereinbarten, dass Anna für vier Wochen in die Epiklinik kommen dürfe. Die Wochenenden würde sie zu Hause verbringen. In der Zeit sollten die Ärzte bei Anna das besagte Medikament absetzen. Wir wollten herausfinden, ob Anna wegen des Medikaments dieses schwierige Verhalten zeigte oder ob sie ganz einfach schwer erziehbar war.

Schweren Herzens und mit flauem Gefühl im Magen brachten wir Anna zum ausgemachten Termin in die Klinik. Anna bezog ein riesengroßes Zimmer, das sie ganz alleine bewohnen durfte. Mein Herz wurde unendlich schwer. In meinen Gedanken hämmerte es unaufhörlich: «Wir machen einen Riesenfehler, wenn wir Anna hierlassen! Sie wird sich mutterseelenallein fühlen.»

Doch wir zogen unseren Plan durch. Anna sollte von dem Epilepsiemedikament befreit werden. Die Arznei sollte im Umfeld von Ärzten und Krankenschwestern abgebaut werden. Sollte Anna einen Epilepsieanfall bekommen, wäre sie in den rechten Händen und könnte sofort ärztlich behandelt werden.

Nach einer Woche holten wir Anna wie vereinbart fürs Wochenende ab. Wir stellten fest, dass die Ärzte sich nicht an unsere Abmachung gehalten hatten, das Medikament abzusetzen. Wir bekamen die Information, Anna sei wohl von Natur aus so schwierig.

Das tat weh. Wir wussten, wie äußerst anstrengend und schwierig Anna sich verhalten konnte. Aber das, was sie in den letzten Wochen an Fehlverhalten gezeigt hatte, übertraf alles Bisherige. Wir baten die Ärzte nochmals, das Medikament abzusetzen.

Eine weitere Woche verstrich ohne diesen wichtigen Schritt, der viel hätte klären können. Jetzt riss uns der Geduldsfaden. Es kostete mich zusätzlich Energie, dass wir nie informiert wurden über den Stand der Dinge, über Entscheidungen, die gefällt wurden, und eventuelle Veränderungen bei Anna. Unsere Kräfte waren auf dem Nullpunkt. Wir machten den freundlichen Ärzten deutlich, dass wir nun erwarten würden, dass sie ihren Teil der Abmachung einhielten.

Endlich wurde der Versuch in Angriff genommen, das Medikament schön langsam, wie das üblich ist, abzusetzen. Von da an ging es in jeder Hinsicht vorwärts mit Anna. Die EEGs zeigten einen Rückgang der epileptischen Tätigkeiten in Annas Hirn, und ihr Verhalten verbesserte sich zusehends. Nach genau vier Wochen konnten wir Anna mit nach Hause nehmen. Anna kam von da an über einige Jahre ohne Epilepsiemedikamente aus. Die weiteren regelmäßigen Tests ergaben, dass Anna keine aufzeichenbare Epilepsie mehr hatte.

Annas Verhalten verbesserte sich so, dass ihre Wachheit, ihre Aufnahmefähigkeit und ihr Lernwille spürbar zunahmen. Schon nach wenigen Monaten sprach niemand mehr von einem schwererziehbaren Mädchen. Unser Leben nahm eine sensationelle Wende.

Wie auch immer diese Veränderung medizinisch erklärbar ist, für uns war klar: Gott hat eingegriffen. So eine deutliche Wende in unserem Leben mit Anna hatten wir seit ihrem Unfall nie mehr erlebt. Alles wurde nach und nach leichter. Vor allem Annas Wachheit und Klarheit beeindruckte uns nachhaltig. Wir waren Gott unendlich dankbar für diese Änderung.

Endlich ohne Windeln

Es gibt noch ein eindrückliches Beispiel, wie wir Gottes Eingreifen handfest erlebten. Ich weiß nicht mehr, wie viele Monate oder Jahre wir Anna wickeln mussten.

Plötzlich, fast von einem Tag auf den anderen, begriff Anna wieder, wie sie ihre Notdurft auf der Toilette verrichten konnte. Wie und warum sie ausgerechnet jetzt plötzlich diesen Vorgang wieder begriff, konnten wir nicht nachvollziehen. Aber sie tat es!

Wir verstanden diese Erfahrung als Gottes Eingreifen. Und wir nahmen diese Erleichterung äußerst dankbar entgegen.

Versöhnung

Eines Tages schenkte mir meine Freundin Katharina einen wunderhübschen Scherenschnitt. Sie hatte ihn für mich angefertigt und mit schöner Goldschrift mit einem Bibelvers versehen. Weder sie noch ich ahnten damals, dass der Bibelvers in Erfüllung gehen würde.

Du hast mir meine Klage in einen Reigen verwandelt.

Psalm 30,12

Im November 1994, also zwei Jahre nach Annas Unfall, schrieb ich erstmals, dass Anna über zehn Wochen lang keine unkontrollierbaren Wutanfälle mehr an den Tag gelegt hatte. Nachdem wir wirklich gebeutelt worden waren von den ausgesprochen heftigen Wutanfällen, die wir selten bremsen konnten, genossen wir jeden wutfreien Tag.

Wir zählten die Tage sogar! Denn eigentlich kannten wir nur die immer wiederkehrenden Ausbrüche, die uns fast täglich ereilten. Als dann ein Tag nach dem anderen friedlich verlief und daraus mehr als zehn Wochen ohne denkwürdigen Wutanfall wurden, erkannten wir dies als Hilfe Gottes. Unsere Dankbarkeit konnten wir kaum in Worte fassen. Meine Einkaufstouren mit Anna gestalteten sich nicht mehr als Hürdenlauf. Sie interessierte sich zunehmend für ihr Umfeld. Unsere Miniwelt vergrößerte sich. Wie herrlich! Dankbarkeit strömte aus unseren Herzen.

Anna zeigte immer mehr Interesse an Geschichten. Wir nährten ihren Wissensdurst auch entsprechend. Das taten wir, indem wir ihr viele spannende Geschichten erzählten, die mit Bildern ausgeschmückt waren. Annas Innenwelt wurde zunehmend weit und offen für Neues. Darüber freuten wir uns.

Ihre Fähigkeit zu sprechen zeigte hingegen keine positive Veränderung. Aber ihr Wissen, ihr Sprachverständnis, nahm ständig zu. Sie vergaß auch das erworbene Wissen nicht wieder. Wir staunten zunehmend über die vielen kleinen und größeren Veränderungen, die Anna einen Zugang zum normalen Leben ermöglichten. Gott war also doch im Spiel! Sein Interesse an Anna konnten wir nicht mehr übersehen.

Als Jugendliche durfte Anna zu Pfarrer Nägeli (vom kantonalen Pfarramt für Behinderte) in den Biblischen Unterricht gehen. Die zwei Jahre «Unti» würden mit der Konfirmation abgeschlossen werden. Der spezielle «Unti» wurde extra für die geistig behinderten Jugendlichen in der heilpädagogischen Schule abgehalten. Anna liebte es, wie Pfarrer Nägeli die gemeinsame Stunde gestaltete.

Als der Unterrichtsabschluss nahte, vereinbarten wir mit Pfarrer Nägeli, dass Anna ihn in unserer Kirche feiern sollte. Am 27. Juli 2004 gestaltete Pfarrer Nägeli zusammen mit den Sonntagsschullehrern einen wunderschönen Anlass für Anna. Während er über einige Gedanken zu Anna und den vergangenen zwei Jahren predigte, rutschte Anna näher und näher zu ihrem geliebten Pfarrer. Sie wollte von ihm gesegnet werden. Pfarrer Nägeli ging souverän mit der ungewöhnlichen Situation um. Anna würde ihren Segen erhalten!

Diese Geschichte mit dem Biblischen Unterricht bei Pfarrer Nägeli zeigte uns, wie liebevoll Gott für Anna sorgte. Immer wieder begegnete sie Menschen, die mit großer Aufmerksamkeit und Menschenfreundlichkeit auf Anna zugingen und ihr ein ziemlich normales Leben ermöglichten.

Nur eine Woche später ließ Anna sich im See taufen. Sie liebt Jesus über alles.

Mittlerweile hat Anna dreizehn Kinderbibeln. Sie «liest» jeden Abend darin. Am Sonntag nimmt sie eine mit in den Gottesdienst, an dem sie seit dem Unterrichtsabschluss regelmäßig teilnimmt. Vom ersten Sonntag an verblüffte Anna uns mit ihrer Ausdauer und Ernsthaftigkeit, mit der sie den ganzen Gottesdienst mitverfolgte. Wir staunen jedes Mal von neuem, wie sie der Predigt aufmerksam zuhört und die Bibel am richtigen Ort öffnet. Anna geht auch innerlich so sehr mit, dass sie zuweilen dem Prediger lautstark beipflichtet. Erzählt der Prediger einen Witz, lacht Anna sicher am lautesten. Wenn er über eine Sache schimpft, schüttelt Anna den Kopf. Sie begleitete die Lieder eine Zeitlang mit ihrer Mundharmonika.

Unsere Klage in einen Reigen verwandelt

Endlich gestaltete sich unser Leben zunehmend leichter. Wir erkannten, dass Gott uns tatsächlich unsere Klage in einen Reigen verwandelt hatte. Heute freuen wir uns ungezwungen an unserer herzlichen, lebendigen, farbenfrohen Anna, die geistig behindert ist. Wir haben ein volles Ja zu ihr gefunden. Es ist für uns kein Problem mehr, dass sie nicht «ganz heil» (was immer das bedeuten mag) geworden ist. Annas Herz zumindest wurde durch all die Jahre hindurch immer heiler. Die Wutausbrüche von damals gehören schon lange der grauen Vergangenheit an. Anna ist willensstark. Aber sie ist nicht böse. Sie ist unermüdlich dran, das Leben zu entdecken.

Anna ist ein wunderbarer Mensch, von Gott geliebt und umsorgt. Wir vertrauen ihm unsere geliebte Anna täglich an. Wir wissen, dass er immer auf sie aufpassen wird. Er ließ sie leben, als sie beinahe ertrunken war. Und er hat Anna so viele Fortschritte machen lassen, dass auch die Ärzte staunen.

Anna ist ein ganz besonderer Mensch. Gott hat uns letztendlich reich beschenkt mit ihr, so wie sie jetzt ist. Durch sie haben wir einen Zugang zu der Welt der behinderten Menschen bekommen. Diese Welt ist außerordentlich wertvoll, unbezahlbar. Sie ist weit wertvoller als Ruhm und Reichtum. Nicht wir, die geistig «Normalen», sind die Gescheiten dieser Welt. Ich glaube, dass uns die Menschen mit einer Behinderung so vieles lehren können. Ihre Ehrlichkeit und Direktheit sprengt Mauern zwischen Menschen. Die Wärme, die von Behinderten ausgeht, beeindruckt. Ich halte mich so gerne auf bei ihnen. Ihre Freundschaft bedeutet mir sehr viel. Sie ist frei von Berechnung. Ich fühle mich geehrt, dass Gott uns zugetraut hat, diese Aufgabe mit Anna zu meistern und zu größerer innerer Freiheit zu gelangen. Diese innere Freiheit ist so kostbar. Ich will sie sorgsam bewahren.

Nicht in der völligen Heilung von Anna liegt der Segen. Das, was Gott aus Anna gemacht hat, ist Segen. Wir sind freier geworden vom Streben nach Bedeutung, Wohlstand und Wohlgefühl. Das zeigt sich darin, dass wir unser Geld nicht anhäufen wollen, um Wohlstand zu erreichen. Wir genießen schöne, erlebnisreiche Ferien mit Anna, besuchen gerne zusammen Konzerte und unterstützen Menschen, die es nicht so gut haben wie wir. Kurz gesagt, wir wollen hier und jetzt leben, und das im Bewusstsein, dass kein Tag in Gesundheit selbstverständlich ist.

Meiner Ansicht nach können wir hier in der westlichen Wohlstandswelt schlecht mit unausweichlichen Nöten umgehen. Hansuli und ich lernten in frühen Jahren nicht, wie wir Gott in großen Schwierigkeiten verstehen müssen. Der Normalzustand war für uns der, dass alles machbar ist, wenn wir nur genug Willen aufbringen. Es gibt für den außergewöhnlichen Fall Versicherungen, Ärzte, Kliniken, Medikamente, Rechtsberater etc. Vieles kann in unserer westlichen Welt gerichtet und geordnet werden. Wir nannten das «Segen».

Als diese geordnete, verständliche und steuerbare Welt zusammenbrach, stürzte auch gleich unser Gottesbild mit in die Tiefe. So fehlte uns in der Not der Halt im Glauben. Wir stellten also, wie gewohnt aus eigener Kraft, unsere Glaubenswelt zusammen. Keine weltliche Macht konnte unser durcheinandergeratenes Leben in Ordnung bringen. Und nun machten wir noch die Erfahrung, dass unser Gott sich nicht zwingen ließ. Also hatten wir größte Mühe, diesen Gott zu begreifen. Wir klagten ihn an. Für uns war es unbegreiflich, weshalb er sich nicht unserer Meinung anschloss, dass Anna so schnell wie möglich heil werden sollte.

Heute, nach vielen schmerzlichen Jahren, wissen wir mehr. Gott hat uns mit einer bleibenden Behinderung bei Anna nicht bestraft. Er liebt sie und uns über alles. Gott stand uns immer zur Seite. Er ließ Anna trotz allem Unvollkommenen immer wieder wunderbare Fortschritte machen. Niemand konnte die (für uns) phänomenalen Fortschritte erklären. Wir wissen heute ganz genau, dass wir diese Entwicklung bei Anna nicht erarbeiten können. Sie ist geschenkt. Und wir erleben sie als Geschenk Gottes. Miterleben zu dürfen, wie solche sensationellen Fortschritte einfach so, ungebeten, sichtbar werden, ist überwältigend! Es macht sich eine stille, friedliche Freude in unseren Herzen breit.

Unsere Beziehung zu Gott ist heute gelöster, freier, stiller. Vielleicht ist sie in gewisser Weise ehrlicher, transparenter. Sie ist unabhängig von spektakulären Geschehnissen. Es ist eine Liebe in unseren Herzen, die einiges auszuhalten lernte. Ich finde es unglaublich befreiend, zu wissen, dass wir mit der Hilfe Gottes derart viel aushalten konnten. Dass Gott uns in unserer Art ausgehalten hat, ist ebenso zum Staunen. Für uns ist eine Not im Leben nicht mehr gleich so bedrohlich, wie sie das früher war. Was auch immer kommen mag, wir wissen, dass Gott uns durchträgt. Er muss das Leid nicht wegnehmen. Dass er uns durchträgt, das ist wesentlich! Und wir haben genug erlebt, wie er immer wieder eingegriffen hat, wenn uns die Not zu überrollen drohte.

Ich sehe Gottes Liebe heute darin, dass wir Ja sagen konnten zu einer geistig behinderten Anna. In diesem Ja steckt die ganze Begeisterung für ihre Besonderheiten, ihre Grenzen und ihre Möglichkeiten. Anna ist ein ganz spezieller Mensch mit einer ausgesprochen auffälligen Fröhlichkeit. Sie lebt so intensiv, aufmerksam und lernbegierig! Es ist eine Freude, an ihrem Leben teilhaben zu dürfen. Und erst all die Menschen, die wir dank Anna kennen lernen durften! Vielfältig habe ich beschrieben, wie viele Menschen während der vergangenen Jahre in unser Leben traten, gerade *weil* Anna geistig behindert ist. Die hätten wir alle nicht kennen und schätzen gelernt, wäre Anna wieder geistig heil geworden. Was für ein Verlust!

Nicht zuletzt kam uns auch ab und zu der Gedanke, dass Anna vielleicht ohne ihre Behinderung nicht so leicht mit ihrem Leben zurechtgekommen wäre. Sie erlitt während ihrer ersten Lebensjahre so viele seelische Verletzungen, dass diese sich vielleicht in der Pubertät unter normalen Umständen negativ bemerkbar gemacht hätten. Das ist Spekulation. Wir wissen nicht, was ohne den Ertrinkungsunfall und dessen Folgen auf uns zugekommen wäre. Die Annahme, dass Anna dank der Behinderung leichter leben kann mit ihrer Biografie, ist trotzdem nicht von der Hand zu weisen.

So gesehen hat unsere ganze verrückte Geschichte einen Sinn. Und unsere Gottesbeziehung ist heute heiler als damals. Wir wissen uns getragen, geliebt, umsorgt und begleitet, auch in der Unvollkommenheit. Das ist befreiend! Wir haben uns mit unserer Geschichte versöhnt.

Glaube bewährt sich im Sturm –
in den tiefen Tälern wachsen die Früchte.

Ruth Graham

Kapitel 9: Beziehungen

Anna hatte große Beziehungsprobleme. Schon ganz am Anfang, als wir ihr zum ersten Mal begegneten, kam sie wild, ungestüm, «unzähmbar» und mit sehr wachen Augen auf uns zu. Sie beäugte uns, schlich um uns herum, fasste uns an und schien herausfinden zu wollen, ob es sich lohnen würde, sich auf uns einzulassen. Sie schien nach meiner Nähe zu schreien, um mich sogleich wieder von sich zu stoßen.

Der erste Besuch endete damit, dass Anna sich auf meine Knie setzte. Ich durfte sie nur ganz leicht um die Hüfte halten. Mehr Nähe ließ sie nicht zu.

Zaghafte Annäherung

Wir holten Anna am 27. Januar 1992 bei ihrer vorherigen Pflegestelle ab, nachdem sich alles zu unseren Gunsten geregelt hatte. Von da an war es unser erklärtes Ziel, mit Anna eine Freundschaft aufzubauen. Sehr bedacht, unaufdringlich und aufmerksam gingen Hansuli und ich mit ihr um. Wir vermieden jeden Körperkontakt, der nicht klar von ihr initiiert wurde. Anna hatte solche Angst, dass sie zurückgestoßen werden könnte, und zeigte dies mit einer erschreckenden Zurückhaltung oder erzwungener Nähe. In Kleinstarbeit bauten wir das Vertrauen auf.

Ich war mir sicher, dass Annas Innenleben reich an Gefühlen aller Art ist. Ich schaute in ihre rehbraunen Kugelaugen und war motiviert, alles zu fördern, was es zu fördern gab. Ihre Augen sagten mir, dass sie das Leben in seiner Fülle erfahren wollte.

Als kleine Familie kümmerten wir uns darum, dass Anna zu jedem von uns eine verlässliche Beziehung aufbauen konnte. Wir waren ganz sicher, dass ohne diese feste, vertrauensvolle Bindung für sie keine gesunden Beziehungen nach außen möglich sein würden. Unser Ziel war, dass sie wenigstens in ihrem neuen Zuhause zur Ruhe kommen konnte.

Wir träumten davon, dass Anna eines Tages Freundinnen hat, die mit ihr zusammen lachen, kichern und von einem schönen Leben schwärmen. Diese Träume waren der Motor für unsere Bemühungen und halfen uns oft über die Hilflosigkeit hinweg.

Kurz vor Annas Unfall spürten wir, dass Anna endlich angekommen war. Sie wurde ruhiger, friedlicher, lachte gerne und konnte plötzlich konzentriert bei einem Spiel verweilen. Sie malte schöne Bilder und benutzte dabei viele helle, fröhliche Farben. Der Ausdruck ihrer Augen veränderte sich auffällig: Sie bekamen eine Weichheit und Freundlichkeit, wie sie zuvor nie zu erkennen gewesen war. Unsere kleine Anna war nicht mehr die Gejagte!

Brücke zum Du

Mit dem Unfall veränderte sich alles grundlegend. Nun mussten wir Anna wie ein Baby betreuen. Damit wurden Berührungen und Fürsorglichkeit möglich, wie das zuvor nie der Fall gewesen war. Jetzt kamen wir uns wirklich nahe.

Die Krankenschwestern in der Kinderklinik in Zürich freuten sich sehr, wenn ich jeweils am Morgen für den ganzen Tag zu Anna kam. Anna sei wesentlich ruhiger, wenn ich da sei, bezeugten sie uns. Am Abend besuchte Hansuli Anna, sang ihr Lieder vor, begleitet auf der Gitarre, und streichelte sie in den Schlaf. Unsere Tochter bekam extrem viel Zuwendung. Sie musste uns mit niemandem teilen und erlebte täglich, dass wir ganz und gar zu ihr stehen und sie auf keinen Fall loslassen werden. Auch wir genossen es, wenn sie sich an uns kuschelte und uns mit dem Blick ihrer sanft gewordenen Augen ab und zu streifte.

Sehen und das Gesehene interpretieren konnte sie damals noch nicht. Anna hörte uns und spürte unsere ungeteilte Zuwendung. So schrecklich das Geschehene auch war, für Annas

Seele bedeutete der Unfall mit seinen Folgen vorerst, dass sie unendlich viel Nähe, Schutz, Vertrauen, Liebe und Geborgenheit auftanken konnte. Die Brücke zum Du konnte gebaut werden. Wenn auch ihr Geist verwirrt war, eines verstand sie mit Sicherheit: Sie gehörte ganz zu uns!

Wieder zu Hause, wurde uns so nach und nach bewusst, dass Anna nicht mehr am gesellschaftlichen Leben teilnehmen konnte. Sie war in einer anderen Hinsicht Außenseiterin geworden. Nun lebte sie in ihrer winzig kleinen, verwirrten Welt und konnte sich den Menschen nicht mehr mitteilen. Wieder holte das Alleinsein Anna ein. Nur, diesmal fühlte sich das alles ganz anders an. Jetzt hatte Anna Eltern und damit eine Familie, zu der sie gehörte. Zugehörigkeit! Wie wichtig ist das doch für die gesunde Entwicklung der Seele!

Gelegentlich, wenn wir unterwegs waren mit dem Behindertenkinderwagen, trafen wir ehemalige Kindergartenkameraden von Anna. Die schauten dann mitleidig in den Wagen und konnten die Welt nicht mehr verstehen. Anna war irgendwie nicht mehr Anna, oder?! Die begleitenden Mütter wussten auch nicht so recht, wie sie mit uns umgehen sollten. Offene Fragen wären vielleicht leichter zu ertragen gewesen als die mitleidigen Blicke. So oder so wurde mir bei diesen Begegnungen die große Ungerechtigkeit, der wir ausgeliefert waren, bewusst. Anna hatte keine Freundinnen, wie das andere gleichaltrige Mädchen haben. Sie würde das vielleicht auch nie haben. Schrecklich! Also würde das Leiden von Anna nie ein Ende nehmen!

Manchmal beobachtete ich, wie Bekannte die Straßenseite wechselten, wenn sie uns erblickten. Ihnen war die Begegnung mit uns zu unangenehm. Das tat weh. Einsamkeit beschlich mich zuweilen. Ich litt mit Anna.

Ab und zu kamen unsere Nachbarmädchen zu uns, beide ungefähr in Annas Alter. Nina und Kathrin hatten keine Berührungsängste und wälzten sich fröhlich lachend mit Anna auf dem Wohnzimmerboden herum. Oder sie rollten einen quietschenden Gummi-Igel auf Annas Rücken rum. Das war eine Idee der Ergotherapeutin, wie Annas Empfindungen angeregt werden könnten. Anna genoss diese oft viel zu kurzen Stunden sichtlich. Sie lachte mit und gab fröhliche Töne von sich. Auch Kathrin und Nina schienen Freude an den Begegnungen mit Anna zu haben. Da hat sich doch ganz fein und leise so etwas wie eine Beziehung angebahnt?! Waren wir da eventuell ein Schrittchen weitergekommen in unserem Plan, Anna mit Menschen zusammenzubringen?

Kirche

All die vielen Geräusche, Eindrücke und Menschen in unserer Kirche waren für Annas Gehirn wie eine Reizüberflutung. Anna schrie herum, schlug um sich. Die Sonntage dienten in keiner Weise dazu, das Vertrauen und das Wohlwollen der Mitmenschen zu gewinnen. Die Leute hatten unsagbar Mitleid mit uns, was meine Not nur vervielfachte.

Vor allem, wenn die Leute mit entsprechend mitleidigem Blick ihre Anteilnahme bekundeten, fühlte ich mich noch einsamer. Denn mein erklärtes Ziel war, Anna einzugliedern, nicht auszugrenzen. Ich weiß genau, dass es für Außenstehende fast unmöglich ist, in solch überfordernden Situationen richtig zu reagieren. Heute habe ich dafür großes Verständnis. Damals aber wünschte ich mir nur das eine, das Unmögliche, nämlich dass unser Leben endlich wieder so etwas wie «normal» verlaufen könnte.

Da war das Sonntagsschulleiterehepaar, Karin und Roland. Sie ließen mit ihrer unkomplizierten Art Anna schon recht bald wenigstens während der ersten zehn bis fünfzehn Minuten an der Sonntagsschule teilnehmen. Anna begriff dabei nichts. Zumindest vermittelte sie diesen Einruck. Aber sie wurde wahrgenommen, einbezogen und angesprochen. Karin und Roland redeten mit Anna, auch wenn sie keine erkennbare Reaktion zeigte. Karin, in ihrer offenen, lebendigen Art, quasselte auf Anna ein, ungeachtet der fehlenden Reaktionen. Karin ließ sich nicht beirren. Sie redete und interpretierte lustig drauflos. Ob Anna verstand, spielte keine Rolle. Anna wurde integriert und erlebte Beziehung! Mir vermittelte Karin und Rolands Verhalten das Gefühl von Normalität.

Anna kroch unter den Stühlen durch, immer auf der Suche nach Gegenständen, die sie in den Mund nehmen konnte. Erwischte sie den Schuh eines Kindes, lutschte sie daran herum, was alle zum Lachen brachte. Keines der Kinder ließ Anna damals in seine Nähe. Sie wichen aus Angst vor diesem verwirrten Mädchen zurück. Für mich waren diese Erfahrungen unglaublich schmerzhaft.

Als Anna etwa sieben Jahre alt war, durfte sie zum ersten Mal mit der Sonntagsschule in ein Kinderlager von vier Tagen. Nur schwer konnte ich Anna in diese neue Freiheit entlassen. Ob die Betreuer und Betreuerinnen auch in der Lage sein würden, gut auf Anna aufzupassen? Ich wusste nur zu genau, dass Anna eine 24-Stunden-eins-zu-eins-Betreuung benötigen würde. Und doch wollte ich ihr solche Erlebnisse ermöglichen. Sie waren immens wichtig für ihre Rückkehr in die normale Welt.

Während eines ersten Zwischenhalts bei der Fahrt ins Sonntagsschullager erlebten alle, wie Anna sich gebärden konnte. Die Kinder und Leiter rasteten kurz an der Töss, einem kleinen Fluss, der bekannt ist für seine vielen Steininselchen. Die Töss ist an vielen Stellen im Tösstal nicht tief. Anna wurde fast magisch vom Wasser angezogen.

Als die Gruppe sich wieder aufmachte für die Weiterfahrt, hatte Anna größte Mühe, sich vom Wasser loszureißen. Die starke Karin packte Anna an den Armen und zog sie unnachgiebig weg vom Wasser. Anna konnte sich jedoch sehr geschickt aus Karins Griff befreien. Völlig bekleidet rannte sie, so gut sie konnte, zurück ins Wasser. Energisch packte Karin die laut schreiende Anna wieder. Alle Kinder und die ganze Leiterschar warteten nur darauf, dass die sich wehrende und zappelnde Anna endlich in den Bus steigen würde.

Irgendwie gelang es allen, heil im Ferienheim anzukommen. Anna grenzte sich unbewusst aber merklich von den anderen Kindern ab mit ihrem auffälligen Benehmen. Alle Sonntagsschulleiter(innen) bemühten sich aufrichtig, Anna so gut es ging zu integrieren. Sie erstellten einen Plan, wer sie wann und für wie lange beaufsichtigen sollte. So wurde Anna ununterbrochen begleitet, integriert und gefördert. Eine Riesenleistung, finde ich noch heute!

Selbst gemachter Stress

Zu Hause lebten wir, soweit es ging, lebendige Beziehungen. Fröhlich kamen unsere Freunde jeweils mit ihren Kindern an. Ich vermute, dass die meisten sich auf einen «ungewöhnlichen Besuch» bei uns einstellten. Denn sie wussten ja um Annas Zustand. Für mich waren alle diese Besuche über Jahre hinweg Stress pur. Ich spürte Annas Unruhe schon gleich, wenn der Besuch eintraf. Lange Zeit konnte sie neue Eindrücke einfach nicht einordnen. Besuche, Änderungen im Tagesablauf oder das Leben außerhalb der Wohnung brachten Anna völlig aus dem Konzept.

Ein Besuch verlief damals in etwa so:

Das Essen war fertig gekocht, der Tisch festlich gedeckt, das Dessert kühl gestellt, der Wein entkorkt, und alle wurden zu Tisch gebeten. Hansuli oder ich waren vollauf mit Anna beschäftigt. Es kam der Augenblick, wo das Essen aufgetragen werden sollte. Zuerst aber musste einer von uns Anna so am Tisch platzieren, dass sie nicht gleich davonrennen konnte. Darum musste sie zwischen Stuhllehne und Tisch eingeklemmt werden. Anna benahm sich wie ein Baby, hatte aber die Reichweite einer Fünfjährigen. Jetzt erreichte sie also, endlich gut platziert, mit ihren Händen alles, was auf dem Tisch stand.

Vielleicht wurde ich gleichzeitig gebeten, einem Besucherkind ein Kissen zu organisieren, da es sonst kaum über den Tischrand schauen konnte. Nett, wie ich war, besorgte ich das Kissen. Wenn ich nicht Hansuli sagte, er solle ein Auge auf Anna werfen, räumte sie nun in Windeseile den Tisch ab. Wenn alles endlich seine Ordnung hatte, alle freundlich bedient waren, begann ein anderer Kampf mit Anna. Sie aß mit den Händen, wurde schnell unruhig und warf mit dem Essen um sich. Ein Glas mit Wasser musste in sicherem Abstand von ihr aufbewahrt werden.

Ein friedliches und sinnvolles Gespräch am Tisch war schlichtweg undenkbar. An ihrem schmerzverzerrten Gesichtsausdruck konnten wir erkennen, dass Annas Gehirn jeden neuen Eindruck zuerst verarbeiten und einordnen musste. So erlebten wohl alle Beteiligten die Besuche als Totalstress. Trotzdem klammerten wir diese Begegnungen nicht aus unserem Leben aus. Denn Anna lernte an diesen Ereignissen, was Beziehungen bedeuten. Sie lernte langsam, aber sie lernte!

Einige Jahre blieb uns dieser Stress erhalten. Nach und nach stellten sich kleine Veränderungen ein. Wir konnten in zunehmender Entspannung Freundschaften pflegen. Vor allem Menschen, die sich auf Anna einlassen konnten, erlebten mit ihr einen zarten Anfang von Beziehung. Zwar blieb Anna distanziert, selbstbezogen und auffallend unruhig. Aber nach und nach lernte sie, Blickkontakt mit Leuten aufzunehmen. Auf die Menschen wenigstens kurzzeitig einzugehen und sich auf ein Spiel einzulassen, wurde ansatzweise möglich. Am liebsten turnte sie mit den Männern herum. Dabei war sie eher grob und musste gebändigt werden. Kinder hielten Anna immer noch lieber auf Distanz. Nur sporadisch nahm sie an Spielen teil. Eher zerstörte sie, was die Kinder sorgfältig aufgebaut hatten.

Freundschaften

Anna war mittlerweile eine Schülerin in der heilpädagogischen Schule Uster geworden. Sehr aufmerksam beobachtete sie ihr neues Umfeld. Ihre damalige Lehrerin ging einfühlsam, großherzig und geduldig auf Anna ein und grenzte sie niemals aus. Anna genoss die Schule, obwohl sie auch dort viel Chaos verursachte.

Karin, eine Mitschülerin von Anna, zeigte schnell eine Affinität für sie. Karin richtete sich auf sie aus, half Anna in allem, was ihr nicht gelingen wollte, ermutigte sie und spürte instinktiv, wo sie Hilfe benötigte. Nie wurde Karin etwas zu viel. Sie genoss es, Anna beizustehen und von ihr gebraucht zu werden. Anna wiederum begann, diese Freundschaft zu erwidern. Unter Karins Einfluss und Schutz entwickelte sich Anna zusehends. Und zwar begann sie, sich deutlich auf ein Gegenüber einzulassen. Diese beiden Mädchen waren bald nur noch im Doppelpack unterwegs. Karin, die in vielen Bereichen wesentlich weiter entwickelt war als Anna, liebte es, sich um ihre neue Freundin zu kümmern. Und Anna ließ es endlich zu, dass sich jemand außerhalb der geschützten Familie fürsorglich um sie kümmerte. Welch ein Jubel! Wir hatten wieder eine Hürde genommen!

Wir Mütter befreundeten uns. An Unterstützung fehlte es den beiden Mädchen nicht. Die Lehrerin legte ihnen keinen Stein in den Weg, half Karin aber auch, nicht nur helfende Freundin zu sein. Die beiden sollten eine unbeschwerte Freundschaft erleben können.

Bald vereinbarten wir gegenseitige Besuche für die beiden Mädchen. Am Anfang brauchten sie noch Betreuung von uns Müttern. Karin in ihrer Fürsorglichkeit und ihrem Verantwortungsbewusstsein wäre ohne unsere Mithilfe leicht überfordert gewesen. Anna brauchte zunehmend auch Freiräume, um selber experimentieren zu können.

Mit unendlicher Geduld und Ausdauer stellte Karin mit Anna Fantasiewelten auf, die richtig zu leben begannen. Anna trug ihren Teil zum Spiel bei, indem sie auf Karins Anweisungen Playmobilfiguren sorgfältig aufstellte und umplatzierte. Karin schwatzte unaufhörlich und schien sich als Regisseurin ihres Theaters wohlzufühlen. Über viele Jahre konnten wir beobachten, wie selbstlos Karin mit Anna Freundschaft lebte. Vielleicht brauchte auch Karin Anna mit ihrer großen Bereitschaft, sich unter die Arme greifen zu lassen? Anna ließ sich lange nicht von allen Menschen so leicht helfen, wie das bei Karin der Fall war. Ein gegenseitiges Nehmen und Geben nahm seinen Lauf.

Anna konnte mittlerweile auf Gefragtes und Gesagtes reagieren, wenn auch nicht immer richtig und logisch. Aber es fand eine Art Austausch statt. Das fast autistische, in sich gekehrte, unnahbare Verhalten verschwand nach und nach. Ich wage zu behaupten, dass Karin dazu einen wesentlichen Beitrag leistete.

Und was hat Anna Karin genützt? Anna war Karin völlig ergeben. Karin bekam durch Anna ein Wertgefühl. Sie war für Anna sehr wichtig. Anna nörgelte nicht an Karin herum oder erwartete von ihr Dinge, die sie nicht leisten konnte, denn Karin hatte auch ihre Einschränkungen. Bei Anna war Karin die Starke. Karin wurde von Anna bedingungslos geliebt.

So kam auch der Tag, an dem wir beiden Mütter zusammen mit der Mittelstufenlehrerin übereinkamen, dass Karin es wagen konnte, alleine mit Anna die öffentlichen Verkehrsmittel zu benutzen. Wir machten einen Termin aus, an dem die beiden nach der Schule selbständig zu uns nach Hause fahren sollten. Bis dahin und auch später fuhr Anna mit dem Schultaxi. Das sollte ein weiterer Schritt in Richtung Selbständigkeit werden.

«Karin, wir trauen dir zu, dass du mit Anna den Weg im Bus und zu Fuß zu Gujers machen kannst», sagte Karins Mutter. «Wir Mütter werden zu Hause sein und sofort zu Hilfe kommen, wenn ihr ein Problem haben solltet, gell, Karin?», so folgte das aufmunternde Versprechen.

«Meine Mami vertraut mir ganz und findet, dass ich das sicher problemlos mache», sagte Karin sichtlich stolz, als wir vorher nochmals telefonisch Kontakt aufnahmen. Mehrmals repetierte Karin den Satz, um deutlich zu machen, dass sie Unterstützung habe für diesen neuen Schritt in die Selbständigkeit. Und vielleicht musste sie sich ja auch selbst etwas Mut zusprechen?

Als die beiden die erste gemeinsame Fahrt mit den öffentlichen Verkehrsmitteln und ohne Betreuung hinter sich hatten, waren die beiden Mädchen sehr stolz! Anna spürte, dass sie wieder ein Stück Freiheit erobert hatten. Das Glück stand beiden ins Gesicht geschrieben. Anna kam laut lachend nach Hause gerannt, stieß die Haustür auf, dass sie nur so an die

Wand krachte, und suchte genauso laut nach mir. Sie wollte mich augenblicklich teilhaben lassen an ihrem Glück. Und Karin trat gleich hinter Anna, strahlend wie die Morgensonne, ins Haus. Sie musste mir immer wieder erzählen, wie diese Fahrt vonstattengegangen war. Das gemeinsame Erlebnis schweißte die zwei Mädchen noch mehr zusammen. Das war Freundschaft!

Karin war überall Annas Verbündete: auf Klassenfahrten, auf dem Pausenhof, in der Freizeit und in der Schule. Stellte sich jemand gegen Anna oder kam es sogar zu Tränen, war Karin sofort zur Stelle. In diese enge Gemeinschaft konnten andere nur schwer eindringen.

Da kam Maja in die Schule. Karin und Anna waren schon seit Jahren ein eingespieltes Team. Maja, die gut sprechen konnte – und wie gut! –, fand auch Gefallen an Anna. Sie mischte sich lautstark ein und suchte ebenfalls Annas Freundschaft. Mittlerweile konnte Anna mit ihrer charmanten, fröhlichen Art ziemlich leicht die Herzen ihrer Mitmenschen für sich gewinnen. Sie war eindeutig die Hilfloseste, was die praktischen Fähigkeiten betraf. Für die geistig leichter behinderten Mitschüler(innen) war es natürlich schön, Anna behilflich sein zu können.

Maja suchte indes auch eine Freundin, die ihr nahestand. Karin und Maja hatten nicht die engste Beziehung, beide hatten noch viel Platz in ihrem Herzen für Anna. Ich stellte jedenfalls fest, dass unsere Anna, die noch vor nicht allzu langer Zeit so einsam und isoliert lebte, geliebt wurde. War das ein Freudenfest für uns! Unser einstmals so einsames Mädchen lebte Beziehungen und wurde begehrt! Wunderbar!

An freien Nachmittagen spielte Anna einmal bei Maja, ein anderes Mal bei Karin. Oder sie lud ihre Freundinnen zu sich nach Hause ein. Während der Schulferien unternahmen wir Ausflüge, gingen reiten oder besuchten den Zoo. Die Mädchen übernachteten sogar einmal bei Karin, meistens aber bei uns. Lustiges Lachen und fantasievolle Spiele füllten unser Haus.

Die Freundschaft mit Maja erlebte Anna ganz anders als die mit Karin. Maja hatte sehr wenig Ausdauer. So merkten wir, wie viel Anna schon an geduldigem, sorgfältigem Dranbleiben gelernt hatte. Es war eine freudige Herausforderung für mich, die beiden zu begleiten. Ich musste mehr dabei sein, als wenn Karin bei uns war. Aber Maja legte eine außergewöhnliche Herzlichkeit an den Tag. Wenn die beiden zum Beispiel im Bett sitzend einen DVD-Film anschauten, kommentierte Maja manches im Film, so dass Anna schallend lachen musste! Die Fröhlichkeit und Ausgelassenheit von Anna und Maja war für diese Freundschaft bezeichnend.

Die Freundschaft zu Karin hat sich über die Jahre entwickelt und verändert. Karin lernte ein wenig lesen und schreiben. Sie kennt die Zahlen und ist in der Lage, eine Telefonnummer zu wählen. Auch technisch ist sie sehr geschickt geworden. Mit diesen Fähigkeiten wurde es möglich, dass wir Karin und Anna alleine zu Hause lassen können. Ja, sie *wollten* sogar ohne uns zu Hause sein.

Und so genossen Hansuli und ich zusehends kleine Freiheiten, zu denen wir über lange Zeit keinen Zugang mehr gehabt hatten. Wir schrieben unsere Handy-Nummer auf einen Zettel, legten ihn neben das Telefon und erklärten den beiden, wohin wir gingen.

Karin lernte, den Fernseher und das DVD-Gerät einzuschalten. Einmal bestellten wir zwei Pizzas für Anna und Karin, die sie dann selber an der Haustür bezahlen konnten. Wir stellten fest, dass Karin zu Anna und mit Anna sprach – aber kaum über sie. Das ist wesentlich. Anna wird häufig übergangen. Für viele Menschen bedeutet das Nicht-reden-Können von Anna auch gleich ein Nicht-verstehen-Können. Karin vermittelte Anna aber immer Zugehörigkeit. Sie nahm sie ernst und ging davon aus, dass Anna sie verstand. Anna belohnte Karin mit ihrer vollen Zuwendung und Hingabe. Karin war und ist für Anna eine sehr wichtige Person in ihrem Leben.

Karins Schulzeit endete vor der von Anna. Sie besuchte anschließend eine Haushaltungsschule für geistig behinderte Mädchen. Der Kontakt lockerte sich zusehends. Karin bekam etwas Abstand zu Anna und verlor den lockeren Zugang ein wenig. Trotzdem stand Karin jeweils an den freien Samstagen vor unserer Haustür und wollte Anna und uns besuchen. Und nach wie vor übernachtete Karin ab und zu bei uns, damit Hansuli und ich ausgehen konnten.

Vor Weihnachten läutete es immer an der Tür und Karin überbrachte Anna ein selbst gebasteltes oder selber ausgesuchtes Geschenk. Das ist Freundschaft: Wenn man den anderen nicht vergisst, auch wenn sich die Lebenswege getrennt haben.

Emanuel, ein Schulkamerad von Anna in der Sekundarstufe, hatte auch so seine Freude an Anna. Sie genoss die Stunden mit dem ruhigen, bedächtigen Emanuel sehr. Unsere lebendige, stets aktive Anna konnte sich ein Stück Ruhe von ihm abschneiden.

Einmal lud Emanuel uns alle drei zu sich und seiner Familie ein. Für diesen Anlass hat er extra einen Schokoladenkuchen selber gebacken. Der Tisch wurde schön gedeckt. Nach dem gemütlichen Kuchenessen zeigte uns die Familie noch ihre Fotos aus der Zeit, als sie in Sizilien wohnten. Durch den gegenseitigen Austausch konnten wir uns besser kennen lernen.

Wenn Anna Emanuel erwartet, stellt sie immer ein Bier in den Kühlschrank. Sie hat sich gemerkt, dass er Bier liebt und es sehr genießt, wenn er in dem Punkt ernst genommen wird. Anna muss immer furchtbar lachen, wenn sie das Bier kalt stellt. In seiner sehr unauffälligen Art hebt Emanuel dann jeweils theatralisch das Bierglas, prostet Hansuli zu und fühlt sich sehr wichtig bei der Sache. Anna beobachtet die Szene jedes Mal ganz angespannt, um gleich darauf loszuprusten! (Das Bier gibt es natürlich vorwiegend im Sommer.)

Einmal lud Anna Emanuel zu einem speziellen Abendessen ein. «Anna, hast du die Weingläser schon auf dem Tisch?», fragte ich, nachdem sie bereits mit meiner Hilfe die Teller und das Besteck schön angeordnet hatte. Hansuli lieferte noch die passenden Papierservietten, die er zusammen mit Anna dekorativ drapierte. Alles sah schön aus.

«Die Kerzen fehlen noch!», rief ich Anna zu.

«Such noch Kerzen, die farblich zu den Servietten passen», bat ich von der Küche her. Anna wusste genau, wo die Kerzensammlung lag, und suchte die orangefarbenen Kerzen zu den orangefarbenen Servietten. Nun war das Candle-Light-Dinner perfekt vorbereitet.

Emanuel und Anna genossen es, dass wir mit ihnen so feierlich den Abend einläuteten. Auch Anna bekam etwas Wein zum Anstoßen. Schließlich wollten wir keinen Unterschied machen, ob unsere «alten» Freunde kamen oder Annas Freunde. Die Wertschätzung, die wir damit den beiden Menschen mit einer geistigen Behinderung entgegenbrachten, hat sie ermutigt.

Unser Leben gestaltete sich zusehends farbiger, lustiger und reicher. Die meisten Freundschaftsbesuche fanden bei uns statt. War das, weil wir so viel Wert darauf legten, Anna diese reiche Welt der Beziehungen zu eröffnen? War es, weil mir keine Anstrengung und kein Aufwand zu groß waren?

Beziehungshilfen

Elvira, eine weitere Mitschülerin unserer Tochter, genoss es, Anna in der Schule überallhin zu begleiten. Außerhalb der Schule pflegten sie nur wenig Kontakt. Kaum hatte jedoch Karin die Schule endgültig verlassen, trat Elvira in ihre Fußstapfen. Elvira folgte Anna wie ein Schatten, unauffällig, immer an ihrer Seite.

Während des letzten Schuljahres entwickelte sich außerdem eine Freundschaft zwischen Anna und Katja. Obwohl sie Anna geistig in mancher Hinsicht überlegen ist, hat Katja das noch nie ausgespielt. Wir pflegen mit ihren Eltern einen guten Kontakt, der von Offenheit und Aufrichtigkeit geprägt ist. Katja ist eigentlich eher eine Einzelgängerin, die vor allem in der Schule nicht so sehr darauf aus war, sich in vertraute Beziehungen einzubringen. Sie schien die Gemeinschaft in der Klasse nicht wirklich zu suchen. Katjas Eltern, wie auch wir, wünschten sich, dass Katja und Anna vermehrt Besuche vereinbaren konnten. Die Mutter bestand von Anfang an darauf, dass diese Besuche gegenseitig stattfanden. Erstmals erlebten wir, dass sich auch eine andere Familie aktiv am Aufwand in der Begleitung der Kinder beteiligte. Diese Geste erlebten wir als sehr wohltuend.

Ein Besuch von Katja bei uns sieht folgendermaßen aus:

Weil Katja meist am späteren Nachmittag zu uns kommt und auch bei uns übernachtet, rufe ich sie schon bald zum Abendessen. Es gibt immer, wirklich immer, Rote-Beete-Salat (in der Schweiz «Randensalat» genannt), wenn Katja bei uns ist. Das ist ihre Leibspeise. So hat sich auch Annas Zeichen für Katja ergeben: Anna streckt symbolisch die vom Salat gerötete Zunge heraus. Wir lachen viel zusammen und erzählen aus dem Leben.

Auch Anna beteiligt sich rege am Gespräch und braucht dabei ständig meine Übersetzungshilfe. Katja geht normal und unkompliziert auf Anna ein. Sie stört sich nicht daran, dass eigentlich ich mehrheitlich für Anna spreche. Anna genießt es, verstanden zu werden. Jetzt kommt die geliebte Bettkinozeit. Sie setzen sich, wohlig von Kissen gepolstert, ins Bett von Anna und freuen sich auf einen lustigen Film. Anna hat ja einen alten Fernseher, der nur mit einem DVD-Gerät funktioniert. Eine Zeitlang wählen sie immer wieder «Mein Name ist Eugen». Es wird viel gelacht! Nach dem Film müssen wir uns noch eine Weile zusammen unterhalten. Denn die beiden wollen uns unbedingt erzählen, was am lustigsten war im gewählten Film.

Nun ist es Zeit, das Licht zu löschen. Aber Ruhe ist noch lange nicht angesagt. Denn jetzt kommt der wichtigste Teil, der vor allem für Katja auf keinen Fall fehlen darf: Katja schwatzt unaufhörlich, verdreht Wörter, redet rückwärts und zitiert allerlei Lustiges aus ihren Lieblingsfilmen. Anna lacht dabei so laut und lustig wie möglich. Wir vereinbaren, dass ich sie frühzeitig auf das von uns gewünschte Ende dieser Lachsession aufmerksam mache. Sie dürfen dann noch fünf Minuten weiterwitzeln. Das funktioniert auch einwandfrei.

Wenn sie am folgenden Tag wieder zur Schule mussten, war früher Nachtruhe angesagt. Jetzt, wo sie sich am Wochenende treffen, dürfen sie länger lachen. Es ist also eine durchaus lustige Freundschaft, die Katja und Anna leben. Sie ist absolut erhaltenswert!

Werkheim-Freundschaften

Im Werkheim Uster[2] traf Anna alte Bekannte aus der Schulzeit. Elvira war wieder da. Sie gingen fröhlich aufeinander zu. Elvira übernahm unaufgefordert die Rolle, Anna als Schatten zu begleiten. Während ihres ersten gemeinsamen Werkheimferienlagers waren sie unzertrennlich.

Da ist noch Tamara. Tamara arbeitete mit Anna in der Gartengruppe im Werkheim. Tamara leitet den Blumenladen und lebt wie Anna in einer betreuten Wohngruppe. Wie damals Karin ist auch Tamara sehr fürsorglich. Seit dem ersten Arbeitstag im Werkheim hat Tamara sich liebevoll und umsichtig um Anna gekümmert. Unsere Tochter spürt es, ob sie aktiv wahrgenommen wird oder nicht. Tamara und Anna verstanden sich schnell. Tamara schenkte Anna oft Modeschmuck. Ich bemerkte, dass Tamara, die Anna geistig weit überlegen ist, Anna niemals bemutterte. Sie ist in der Lage, Anna als Kollegin, die etwas mehr Hilfe benötigt, zu behandeln. Das ist eine reife Leistung. Anna belohnt Tamaras Verhalten mit Respekt und Liebe.

Peter, ein junger Mann, der auch im Werkheim arbeitet, ist feingliedrig und sensibel. Schon seit Anna und Peter sich kennen gelernt haben, fühlen sie sich einander in freundschaftlicher Weise zugetan. Anna weiß, dass sie mit Peter liebevoll und sorgsam umgehen muss. Irgendwie scheint es ihr zu ge-

[2] Das Werkheim Uster, in der Nähe von Zürich, fördert die Lebensqualität von Menschen mit einer geistigen Behinderung durch ein differenziertes Angebot an Wohn-, Arbeits- und Ausbildungsmöglichkeiten sowie durch Maßnahmen zur Integration behinderter Menschen in die Gesellschaft.

lingen. Auch die beiden wollten sich gegenseitig besuchen, was wir ihnen nicht vorenthielten.

Als Peter einmal bei uns zum Abendbrot eingeladen war, hatten wir eine neue Idee. Diesmal sollten die beiden mit meiner Hilfe selber das Essen vorbereiten. Mit ihrem Kochbuch zeigte Anna mir Tage zuvor, was sie gerne kochen oder backen würde: Toast Hawaii war ihre Wahl. Eine gute Idee. Sie würden in der Lage sein, das Essen zum größten Teil selbst zuzubereiten. Wir setzten uns also an den Küchentisch und machten uns an die Arbeit. Beide konnten nach meinen Anweisungen die Toastscheiben belegen, wobei es Peter wichtig war, dass er keine Ananas auf seinen Toast legen musste. Anna fand das lustig! Sie liebt sozusagen alles, was essbar ist. Und Ananas findet sie besonders gut.

Die Backbleche standen bereit, der Ofen war angeheizt. Nun konnten sie ihr Menü in den Ofen schieben. Der Tisch war frei, um gedeckt zu werden. Anna kann nicht zählen. Sie holte für uns vier insgesamt sechs Teller vom Stapel und legte sie kreuz und quer auf den Tisch. Eine schöne Unordnung war das. Wir besprachen die Situation, weil ich nicht eingreifen wollte. Einen Teller stellte Anna zurück. Dann noch einen. Und endlich ging es darum, die restlichen Teller noch richtig anzuordnen, was Annas Vorstellungsvermögen immer wieder übersteigt. Peter erkundigte sich mehrmals, wie viele Gabeln und Messer er decken müsse. Ich gab ihm geduldig immer wieder dieselbe Antwort. Und am Ende sah alles perfekt aus.

Diese beiden behinderten Menschen in so eine Arbeit einzubeziehen bedingt, dass ich mich ihnen, ihrem Verständnis und ihrem Tempo anpasse. All die kleinen Handreichungen sind für mich Routine. Für Peter und Anna war es harte Arbeit, die ohne geduldige Anleitung nicht funktioniert hätte. Sie arbeiteten aber mit so viel Hingabe und Begeisterung!

Hansuli und mir ist es wichtig, Anna und ihren Freunden zu helfen, die gemeinsam erlebte Zeit bei uns zu Hause kreativ, fröhlich und lebendig zu gestalten. Damit diese Erlebnisse für immer festgehalten bleiben, fotografiert Hansuli die lustigen

Momente. Wir kleben die Fotos dann in ein Album ein, damit Anna ausführlich aus ihrem Leben erzählen kann.

Anna durfte einmal zu Peter nach Hause mitgehen. Seine Familie hat für die beiden auch ein unvergessliches Treffen organisiert.

Dazu wurde die schön herausgeputzte Anna von Peter und seiner Mutter Erika abgeholt. Für diesen Anlass malten wir Anna die Lippen rosa an und frisierten sie richtig üppig. Ihre Schönheit war bestechend! Zusammen genossen sie alle bei der großen Familie ein Abendessen. Anna stibitzte Peters Pflegevater Pommes Frites aus dem Teller, was zu heiterem Gelächter führte. Dieses Erlebnis «erzählt» sie immer und immer wieder und lacht dabei herzerfrischend! Den restlichen Abend verbrachten sie alle mit der Verwandtschaft im Zirkus. Anna wurde verwöhnt und wird diesen schönen Besuch nie, nie mehr vergessen. Sie kam spät und überglücklich nach Hause.

Anna ist eindeutig gut eingebunden in ihrem neuen Umfeld im Werkheim Uster. Sie ist umgeben von vielen lieben Menschen, die ihr Bedürfnis nach Gemeinschaft und Nähe ernst nehmen und sie darin fördern. Anna bekommt auch Anleitung, wenn sie etwas zu lebendig ist oder vielleicht wieder einmal grob mit ihren behinderten Mitmenschen umgeht. Sie nimmt die Anregungen und Zurechtweisungen gerne entgegen, da sie das Wohlwollen der anderen im Werkheim spürt.

Soraya

Soraya ist eine Frau im Alter von uns Eltern. Wir kennen sie aus unserer Kirche. Sie ist außergewöhnlich begabt im Umgang mit behinderten Menschen und mit Menschen am Rande der Gesellschaft. Ihr ist es gegeben, ohne Hemmungen, aber mit Hochachtung mit diesen Leuten umzugehen.

Soraya geht seit jeher offen und ehrlich auf Anna zu. Anna schätzt es, wenn andere sie ernst nehmen. Soraya sagt Anna auch ab und zu, dass sie jetzt nicht mit ihr reden könne, da sie schon im Gespräch mit einer anderen Person sei. Aber sie werde sich später Anna zuwenden, was Soraya dann auch wirklich tut. Anna weiß deshalb immer ganz genau, woran sie ist mit ihr.

Manchmal nahm Soraya Anna nach dem Gottesdienst zu sich nach Hause mit. Sie kochten dann zusammen das Mittagessen. Alles wurde fotografisch festgehalten. Später machten sie jeweils einen Ausflug nach Zürich oder Rapperswil oder sonst wohin. Das Besondere an dieser Beziehung ist, dass Anna sich sehr ernst- und angenommen weiß. Eine wunderbar gelebte Freundschaft! Soraya meldet auch ihre Bedürfnisse, zum Beispiel nach Ruhe, deutlich an. Sie sagt Anna, wenn sie eine Schwatzpause einlegen müssen, weil ihr der Kopf brummt.

Auch diese Freundschaft ist geprägt von einem Geben und Nehmen im Wechsel. Anna schenkt Liebe, Annahme und Treue.

Soraya denkt immer wieder an Anna. An Ostern überraschte sie unsere Tochter mit einem kleinen Geschenk, das sie im Garten versteckte. Eine kleine Biene Maja, die ein breites Lachmaul zeigt, fand Anna in dem Päckchen. Diese Biene Maja hängt jetzt an Annas Rucksack, den sie täglich mit sich herumträgt. Sie trägt ein bisschen «Soraya» mit sich.

Gedanken einer Mutter

Vor einiger Zeit schrieb ich einige Gedanken zu Annas Zukunft auf. Die Frage, ob Anna ohne unsere tatkräftige Hilfe weiterhin so lebendige Freundschaften pflegen kann, trieb mich um. Es war mir unvorstellbar, dass andere Menschen sich so zum Wohle von Anna einsetzen würden. Dazu schrieb ich folgende Gedanken:

Ganz ehrlich: Wie viele dieser Beziehungen leben denn weiter, wenn wir Eltern nicht mehr unseren großen Beitrag leisten? Wir organisieren für Anna die Einladungen, stehen erklärend und gestaltend zur Seite. Wir kommen zu Hilfe, wenn Anna nicht verstanden wird. Wir stehen ihr bei, wenn sie Probleme hat, schlichten Streitigkeiten, helfen bei Verständigungsschwierigkeiten. Wir stellen Anna und ihren Freunden das Ambiente unseres Hauses zur Verfügung, bringen sie zu Veranstaltungen, holen sie ab, gestalten aufwändig Fotoalben, damit sie ihre Welt erklären kann. Wir bieten Anna ein Leben reich angefüllt mit Kunst, Lebensfreude, Festen und erlebnisreichen Ferien. ... Ich hoffe von Herzen, Anna wird sehr lange, ja immer, gute Menschen um sich haben, die ihr helfen, ein reiches Leben mit wunderbaren Freundschaften zu gestalten.

Ohne das Zutun von uns Eltern wären viele Freundschaften nie so sehr aufgeblüht. Aber auch Menschen mit einer geistigen Behinderung haben das Bedürfnis nach Gemeinschaft, Zugehörigkeit und Nähe.

Wir erlebten, wie wesentlich es ist, dass wir Eltern (oder später die Betreuer) mithelfen, die Lebendigkeit in den Freundschaften zu erhalten. Das behinderte Kind muss sich so verhalten können, dass Gemeinschaft möglich ist. Man kann vorhandene Fähigkeiten und Bedürfnisse fördern. Ein aggressiver, dominanter Mensch mit einer geistigen Behinderung kann auch Beziehungen verhindern, wenn er nicht sorgfältig angeleitet wird, wie er Gemeinschaft leben lernen kann. Denn ein gewisses Maß an Geben und Nehmen muss stattfinden können.

Lange begleitete mich die Angst, dass Annas Glück allein von uns abhängen könnte. Heute weiß ich, dass uns das Geschenk zuteil wurde, Anna in sorgenden Händen zu wissen. Sie ist im Werkheim Uster wunderbar geborgen, herzlich aufgenommen und liebevoll umsorgt. Annas Stärken wurden gleich erkannt und gefördert. Sie lebt ihr Leben mit Fantasie, Fröhlichkeit und Lebendigkeit ebenso intensiv weiter, wie sie das von zu Hause aus tun konnte. Sie wird liebevoll von ihrer Bezugsperson begleitet. Diese ist sehr interessiert daran, dass Anna sich entfalten kann. Sie glaubt an ihre Fähigkeiten und an ihre Stärken.

Die Betreuer und Betreuerinnen in der Jugendwohngruppe interessierten sich von Anfang an für Anna und auch für die anderen Mitbewohner und -bewohnerinnen. Unsere Tochter kann sich mit ihrem Sprachcomputer ohne unsere Hilfe mitteilen. Sie lebt ihre Liebe zur Musik und zur Oper auch ohne uns aus. Ihrer Vorliebe für schöne Kleider, Haarschmuck und sonstige Mode-Accessoires wird Rechnung getragen. Anna kann weiterhin auf Menschen zählen, die sich für ihr lebendiges Innenleben interessieren. Und das Wichtigste ist, dass Anna stark genug geworden ist, ihre Interessen selber zu vertreten. Wir können uns getrost zurücklehnen und uns einfach freuen an dem, was sich so entwickelt.

Es ist wunderbar, erleben zu dürfen, dass alle unsere Bemühungen, Anna ein erfülltes Leben zu ermöglichen, gefruchtet haben. Viel Arbeit liegt hinter uns. Aber sie hat sich auf jeden Fall gelohnt. Wir wünschen Anna und ihren Leuten nur das Beste für die Zukunft!

Kapitel 10: Sexualität

Ein neues Kapitel tat sich auf, als wir erkannten, dass Anna sich in einen jungen Mann verliebt hatte.

Mehr als Freundschaft

David heißt der junge Prinz. Ich hielt das lange Zeit fast nicht für möglich, dass Anna eines Tages eine Freundschaft inklusive der ganzen Palette der Verliebtheit mit einem Mann pflegen könnte.

Es kam mir wieder in den Sinn, dass bereits während der Zeit, als Anna im Werkheim ihre «Schnupperlehre» absolvierte, dieser David ein Thema war. Ihre gegenseitige Zuneigung blieb schon damals niemandem verborgen. Ich erinnerte mich an eine Bemerkung des Lehrmeisters im Auswertungsgespräch nach der Schnupperlehre. Er sagte uns, dass David und Anna sich sehr zugetan seien.

«Gut und schön», beruhigte ich mich selber. «Anna wird ja nochmals einige Zeit in der heilpädagogischen Schule verbringen.» Damit war das Thema um Annas Liebe zu David für mich abgehakt.

Ein halbes Jahr später, am 6. März 2006, startete Anna mit ihrer Arbeit im Werkheim. Sie war inzwischen achtzehn Jahre alt geworden. Dort traf Anna David wieder, und ihre Zuneigung füreinander flammte erneut auf.

Es fiel mir nicht leicht, Anna einfach so in diese neue Welt der erwachsenen Menschen mit einer Behinderung loszulassen. Deshalb holte ich Anna oft am Abend von der Arbeit ab.

«Anna und David sind heftig verliebt ineinander!», wurde mir von den Betreuern mitgeteilt. Was würde das für alle Beteiligten bedeuten?

Elternfragen

Viele Fragen bedrängten mich. Wer war dieser David überhaupt? Was hat das nun für uns zu bedeuten? Inwieweit war Sexualität in dieser Beziehung ein Thema? Was würden die jungen Menschen tun, wenn der Drang nach mehr Nähe sie überrollen würde? Wie schnell würden die beiden intim werden? Mussten wir uns um eine Verhütungsmethode für Anna kümmern?

Als ich der neuen Problematik gewahr wurde, zitterte ich innerlich und bekam Schweißausbrüche. Echt!

«Anna liebt David sicher so, wie sie eine Freundin liebt», versuchte ich mir einzureden. Aber die Realität war anders. Ich konnte es fast nicht glauben, dass bei unserer kindlich wirkenden Anna die Sexualität ein Thema sein sollte! Also an diesen Gedanken musste ich mich erst gewöhnen. Nie hätte ich mir vorstellen können, dass uns diese Thematik plötzlich so intensiv beschäftigen würde. Wir erlebten Anna noch sehr verspielt. Sie schien geistig im Vorschulalter stecken geblieben zu sein. Nun zeigte sich, dass sie sich körperlich und seelisch durchaus altersgemäß entwickelt hatte.

In die Freude, dass Anna auf diesem Gebiet wie jede junge Frau fühlt, mischte sich Angst. Wie mussten wir mit dieser neuen Situation umgehen?

Sexualität ist nicht nur ein Ding für nicht behinderte Menschen. Auch behinderte Menschen lieben und möchten die Liebe körperlich ausleben. Deshalb konnten wir das Thema Sexualität nicht von uns wegschieben. Wir wurden sogar darauf aufmerksam gemacht von Herrn J., der Aufklärungsunterricht für Leute mit Behinderung anbietet.

Ich musste mich also näher über die neuen Geschehnisse informieren.

Wir gingen so vor, wie wir das immer taten bei Annas Beziehungen. Wir ließen Anna zunächst wissen, dass wir sie unterstützen in ihrer Freundschaft. Und wir wollten David kennen lernen. David wohnte schon im Werkheim und arbeitete dort in der Lehrwerkstatt. Sie trafen sich täglich über Mittag in der

Pausenhalle. Da saßen viele junge Menschen, oft nahe beieinander.

Ich nahm mit K., Annas Bezugsperson, Kontakt auf und besprach mit ihr das weitere Vorgehen. Die Betreuerin erzählte mir, was sie beobachtet hatte: «Anna hat sich während der Mittagspause regelrecht David auf die Knie geworfen. Dann drückte sie ihm einen Kuss mitten auf seinen Mund. Diese Heftigkeit war David eindeutig zu viel.»

«Aha, so sieht das also aus …», dachte ich und blieb sprachlos. War das denn möglich? Meine Anna, die kindliche Anna, konnte doch niemals so an David hängen … Hatte ich da eine Entwicklung verpasst? Es belastete mich, dass ich mich offensichtlich der neuen Thematik nicht entziehen konnte. «Ist das alles nur ein Spiel? Oder meinen Sie, dass die beiden richtig verliebt sind?», fragte ich ungläubig zurück.

«Nein, wenn sie sich umarmen und küssen, dann zeigen sie Erregung und die Sehnsucht nach großer Nähe», gab mir die Betreuerin zur Antwort.

Tausend Fragen stiegen in mir auf: Woher kopierte Anna ihr Verhalten? Kam das tatsächlich ganz von ihr selber? Was passierte da wohl alles im Werkheim?

Besuch in der Mittagspause

Ich entschied mich für einen Besuch im Werkheim, um zu sehen, was sich da alles zutrug. Nach einem leckeren Mittagessen blieb nur noch wenig Zeit, bis Anna wieder an die Arbeit gehen musste. Sie machte sich mit ihrer Freundin auf zu den anderen jungen Menschen in der Aufenthaltshalle. Ich schlich etwas verzögert hinterher. Überrascht, wie viele Menschen in dieser Halle auf den Arbeitsbeginn warteten, versuchte ich Anna zu orten. Das Treiben in der Halle glich eher einer wilden Begegnung von vielen jungen Erwachsenen. Da! Martina und Anna schauten konzentriert und ruhig zusammen Annas Fotoalbum an. Martina las Anna, so gut es ging, die schweizerdeutschen Texte vor.

«Hallo, Aurelia!», rief mir freudig ein Betreuer hinterher. «Was machst du da?», wollte er noch wissen. Es wäre aber auch zu schön gewesen, wenn ich Mäuschen hätte spielen können.

Anna schaute auf und nahm mich blitzschnell wahr. Sie geriet in eine innere Unruhe. Sie kam nicht zu mir, sondern packte in Windeseile ihre Sachen zusammen und mischte sich in ein Knäuel junger Menschen, die alle auf dem Boden lagen – und zwar in alle Richtungen über- und nebeneinander. Auch David saß, den Arm um Elvira gelegt, an die Wand gelehnt auf dem Boden. Anna ging direkt auf ihn zu und drückte sich unsanft zwischen seine Beine, packte seine Arme und legte diese um ihren Bauch. Ihr Verhalten sah grob aus. Mir wurde angst und bange.

Ich hielt mich zurück, wollte mich nicht einmischen. Der Betreuer und ich unterhielten uns freundlich. Dabei nahm ich wahr, dass für ihn diese Szene absolut normal war. Er sah nichts Bemerkenswertes in diesem für mich eher ungebührlichen, distanzlosen Benehmen. War das Annas normales Verhalten hier? Wollte sie mir ihre Selbständigkeit und Zugehörigkeit demonstrieren? Ich weiß es nicht. Ich stellte einfach fest, dass ich mit ihr reden musste.

Heftig grübelnd verabschiedete ich mich. Nein, das war nicht gut, was ich da gesehen hatte. Ich musste mit jemandem darüber reden. Mit Annas Betreuerin K. und ihrem Chef würde ich mich gut darüber unterhalten können.

Die beiden widmeten sich mir ausgiebig. Wir schrieben E-Mails hin und her. Mit K. konnte ich auch persönlich reden und ihre Beobachtungen und ihre Meinung hören. So nach und nach schien sich das Bild in mir zu vervollständigen. Da lebten und arbeiteten viele geistig behinderte Menschen zusammen, die aber ein ganz normales Bedürfnis nach Nähe und Zärtlichkeit zeigten. Ich fand, dass diese Menschen mit dem Feuer spielten, wenn sie so viel Nähe zuließen. Noch hatte ich nicht genug Vertrauen in die Betreuenden des Werkheims.

Gespräch mit Anna

Hansuli und ich berieten uns zu Hause ausführlich, bevor wir das Gespräch mit Anna suchten. Was sollten wir ihr sagen? Was würde sie verstehen? Was war der Grund ihres distanzlosen Verhaltens? Mit eigenen Augen hatte ich gesehen, dass da einige junge Menschen nicht ganz so ordentlich umgingen mit dem Thema Nähe und Distanz. Einige hatten sich gegenseitig auf den Knien gesessen und herumgealbert. Nicht nur Anna spürte offensichtlich zu wenig, wo sie zu weit ging mit ihrer Forderung nach Aufmerksamkeit und Zuwendung.

Da Anna zum damaligen Zeitpunkt noch zu Hause wohnte, hatten wir die Gelegenheit, am Abend nach dem Essen mit ihr ins Gespräch zu kommen. Wir wollten herausfinden, was bei der ganzen Sache eigentlich in ihr abging.

Bei vielen Fragen konnte Anna mit Ja oder Nein antworten. Ich glaubte, eine gewisse Unsicherheit bei Anna herauszuhören. Wir erklärten ihr mit einfachen Worten, dass es für David zu viel werde, wenn sie sich ihm so aufdränge. Mit Feingefühl und Sorgfalt würde Anna bei David mehr erreichen. Mit Grobheit könnte sie ihn verlieren. Das beeindruckte Anna, und sie bestätigte uns, dass sie sorgsamer mit ihm umgehen wolle.

Gegen Verliebtheit kann man bekanntlich nur sehr schwer mit Vernunft angehen. Das ist bei Anna nicht anders als bei nicht behinderten Menschen. Anna wollte aber dazulernen. Die Freundschaft entwickelte sich langsam und wurde sorgsam begleitet von vielen Menschen, die es gut mit den beiden meinten.

Auch Annas Betreuerin erklärte ihr, dass es nicht nötig sei, jedem und jeder auf den Knien zu sitzen, um Aufmerksamkeit zu erlangen. Sie hatte die gute Idee, David und Anna zu bitten, sich während der Arbeitspausen auf Stühle zu setzen und sich zum Beispiel mit einem Buch zu unterhalten.

Mit ihren Fotoalben, die sie von da an immer im Rucksack mit sich trug, wurde sie für ihre Mitmenschen auf eine angenehmere Art interessant. Da Anna bebilderte Kinder- und Jugendlexika sammelt, reisten diese ab sofort auch mit in ihrem

Rucksack. David schaut bis heute sehr gerne diese Lexika mit Anna zusammen an und liest ihr daraus vor.

Anna musste richtig einüben, sanfter und zarter mit David umzugehen. Aber es gelang.

Annas Freund kommt zu uns

Eines Tages telefonierte ich mit Davids Wohngruppenleiter: «Könnte Anna David einmal zu uns zum Abendessen einladen?», wollte ich von ihm wissen.

«Sicher, das tut ihm gut. Am besten, wir vereinbaren einen Termin», sagte er fröhlich.

Ich spürte gleich seine volle Unterstützung. Das war mir auf Anhieb äußerst sympathisch. Er freute sich über die Freundschaft zwischen David und Anna. Er fand, David, der eine autistische Veranlagung hat, könne profitieren, wenn ihm von außen Freundschaft und Beziehungen angeboten würden. David sei sehr beliebt und habe viele Verehrerinnen. Auch andere junge Frauen fanden Gefallen an dem attraktiven, freundlichen und immer liebevollen David. Anna schien damit klarzukommen, dass sie David mit anderen teilen musste.

Als ich das von David und seinen vielen Verehrerinnen hörte, beschlich mich wieder ein ungutes Gefühl. Sofort erinnerte ich mich an die Szene in der Aufenthaltshalle, als ich David und Elvira in inniger Zweisamkeit gesehen hatte. Würde David unter den verschiedenen Frauen leiden, die hinter ihm her waren? Hatte Anna mit ihrer stürmischen Art David der anderen Frau ausgespannt? Was ging da überhaupt vor? Ich hatte keinerlei Erfahrung mit dem Thema. Nannten wir den Namen David, reagierte Anna wie elektrisiert. Ein Indiz, dass diese Liebe anders, intensiver und spezieller war als jene zu den bisherigen Freunden.

Was ging wohl in David vor? Würde er diese Zuneigung erwidern können? Was bedeutete Anna für ihn?

Weil Davids Betreuer und ich von Anfang an sehr offen miteinander kommunizieren konnten, blieben solche Fragen nie lange ungeklärt. Er meinte, dass David Anna schon sehr gerne habe. Er könne sich halt von seiner Behinderung her nicht so leicht auf eine Beziehung festlegen. Da stünde ihm sein Handicap im Wege. Es sei erfreulich und erstrebenswert, die beiden in ihrer Freundschaft zu unterstützen. Sie seien im Werkheim ebenfalls sehr bemüht darum, David zu helfen, sich für *eine* Freundschaft zu entscheiden. Anna mit ihrer feurigen Art helfe da tüchtig mit. Sie wollte David offenbar so sehr, dass sie initiativ seine Aufmerksamkeit und Zuneigung eroberte. Also entschieden wir uns, die beiden zu unterstützen.

David

Endlich war es so weit. David kam das erste Mal zu uns nach Hause zum Abendbrot. Anna freute sich sehr und war aufgeregt. Während des Essens am schön gedeckten Tisch erzählten wir uns gegenseitig aus dem Leben. Wir lachten viel zusammen. Das Glück, das wir beim Lachen und Erzählen erlebten, begeisterte uns. Mit David und Anna erfahren wir bis heute ein Stück heile Welt. Dass wir daran teilhaben dürfen, ehrt uns.

Wir vereinbarten mit Davids Betreuer, dass die beiden Verliebten sich regelmäßig gegenseitig besuchen sollen. Eine schöne Beziehung nahm ihren Lauf. Anna hatte begriffen, dass sie David nicht stürmisch umgarnen soll. Und David schaffte es, sich liebevoll und aufmerksam auf Anna einzulassen. Ihnen zuschauen zu dürfen, wenn sie die traute Zweisamkeit genossen, wurde für alle Beteiligten eine Freude. Der zärtliche, feinfühlige David konnte Anna mit einer berührenden Zuneigung in die Augen schauen. Oft legte er beschützend seinen Arm um Annas Schultern. Innigkeit und Herzlichkeit zeichnete ihre Freundschaft aus. Immer wieder staunte ich über die tiefe Vertrautheit, die zwischen ihnen aufkeimte.

Überraschender Telefonanruf

Eines Tages klingelte das Telefon. Es war Eva, Davids Mutter. «Guten Tag, Frau Gujer, Sie kennen mich nicht. Ich habe Ihre Telefonnummer über ‹Glaube und Behinderung› erhalten. Sie wurden mir von Ruth Bai-Pfeifer als kompetente Ratgeberin empfohlen.»

Ich war gespannt, warum gerade ich dieser Frau helfen könnte.

Sie fuhr fort: «Ich habe einen geistig behinderten Sohn und mache mir Sorgen um ihn. Er hat sich in eine Freundin am Arbeitsplatz verliebt. Wie soll ich damit umgehen? Können Sie mir raten? Kennen Sie sich aus mit solchen Dingen? Der Rat von jemandem, der meinen christlichen Glauben respektiert, ist mir wichtig.»

«Ja, ich bin selber mitten in einer ähnlichen Problematik. Ich bin Mutter einer geistig behinderten Tochter, die etwa im selben Alter wie ihr Sohn sein muss.» An dem Punkt des Gesprächs war mir noch nicht bewusst, dass ich mit Davids Mutter telefonierte.

Eva breitete ihr Anliegen vor mir aus. Sie wollte mit mir das Thema Sexualität, das ihren Sohn und seine Freundin betraf, offen diskutieren. Es ging Eva darum, meine christliche Ansicht zu dem Ganzen zu erfahren.

Aus all dem, was Eva mir da erzählte, wurde mir plötzlich klar, dass diese Frau am anderen Ende der Leitung die Mutter von David sein musste. Ich hatte von David schon früher erfahren, dass er mit seiner Familie eine Freikirche besucht. Als mir dieser Zusammenhang klar wurde, ließ ich Eva sofort wissen, dass wir die Eltern von Anna, also von Davids Freundin, sind und ebenfalls einer Freikirche angehören. Ich erzählte ihr ganz freimütig, dass wir uns aus Überzeugung zum christlichen Glauben bekennen.

«Nein, das ist ja nicht zu fassen!», rief Eva überrascht in den Telefonhörer. Ihr Erstaunen war unüberhörbar.

Mir kam es vor, als würde ich die Sorgensteine plumpsen hören. Auf einmal nahm das Gespräch eine Wende. Wir mussten keine Grundsatzdiskussionen führen. Für uns beide stand fest, dass die beiden Turteltauben sich unserer Ansicht nach noch nicht auf die körperliche Liebe einlassen sollten. Wir vereinbarten eine erste familiäre Begegnung im Rahmen eines Gottesdienstes in Uster.

Eva und ich telefonierten weiterhin ab und zu und genossen das stille Einverständnis.

David und Anna

Anna und David lieben sich sehr. Allerdings leben sie die Liebe unterschiedlich aus. Anna bestürmt David zuweilen fast ein wenig, will ihn umarmen und von ihm umarmt werden. Sie möchte auch küssen und geküsst werden. David genießt die Nähe von Anna eher still, legt gerne den Arm fast beschützend um ihre Schultern. Er gibt Anna die nötige Ruhe, weil er sein Leben bedächtig und langsam angeht. Er bremst Annas Lebenstempo und verhilft ihr zu einer inneren Ruhe, die sie alleine fast nicht findet. Anna hingegen holt David mit ihrer Vitalität aus seiner geordneten autistischen Welt heraus. Durch Anna kommt David zu den sozialen Beziehungen, die er alleine gar nicht so suchen würde.

Wenn sie zusammen Bücher oder Fotoalben anschauen, sitzen sie gerne ganz nahe beieinander. Anna legt ihre Hand in die von David, während er ihr den anderen Arm um die Schultern legt. Anna strahlt David ab und zu hell begeistert und von Herzen verliebt an. David schaut Anna gerne lange von der Seite an und scheint sich ihr Bild ganz aufmerksam zu verinnerlichen. Es ist schön, den beiden zuzusehen, wie vertraut sie ihre Liebe leben.

Die Intensität der ersten Wochen hat nachgelassen. Es ist irgendwie normaler geworden, dass die beiden zusammengehören. Sie brauchen ein gutes Stück Freiheit und Freiraum. Wir sind froh, dass sie einen guten Umgang miteinander gefunden haben.

Auch die Wohngruppenleiter von David und Anna legen ihnen bezüglich Zusammensein keine Steine in den Weg. Manchmal schauen sie Filme oder studieren die Bücher, die Anna im Überfluss hat. David interessiert sich sogar für Annas Opern! Das ist ein riesengroßes Geschenk für Anna. Und sie schaut mit David gerne Autobilder an. Er liebt Autos.

Die Sprache der Liebe

Nach und nach erkannten wir auch, dass sie sich sprachlich ergänzen. David lernte, Annas reiches Innenleben zu deuten. Mit einer erstaunlichen Treffsicherheit führte er kleine Gespräche mit ihr. Anna schaute ihm dabei direkt in die Augen und antwortete mit Ja oder Nein. Oder sie holte ein Bild, das ihm ihre Meinung verdeutlichte.

Manchmal schaute ich verstohlen um die Ecke, ohne dass mich jemand sah, und beobachtete ihren Umgang miteinander. Es war berührend! Davids stoische Ruhe und Langsamkeit taten Anna so unendlich gut. Sie wurde sichtlich friedlicher und bedächtiger, denn sie verstand längst, dass ihre Schnelligkeit David überrumpelte. David hingegen genoss Annas Lebendigkeit, die ja etwas gedrosselt wurde durch ihn. Ihr reiches Innenleben, ihr Wissen und ihre Fantasie regten David an. Durch Anna baute David Wissen auf. Manchmal half ich etwas nach und erklärte David, was unsere Tochter auf dem Herzen hatte. Er speicherte das Gehörte und brachte es bei Gelegenheit wieder ins Gespräch.

Annas Vorgeschichte

Während der ersten Zeit, die Anna bei uns verbrachte, hatten wir den Eindruck bekommen, Anna könnte in frühester Kindheit einen sexuellen Missbrauch erlebt haben. Eines der ersten Dinge, die wir Anna lehrten, als sie zu uns kam, war, dass sie Grenzen setzen darf und soll, was ihren Körper angeht. Sie allein bestimmte, wer sich ihr körperlich nähern durfte. Anna gewann nach und nach an Natürlichkeit und Selbstvertrauen.

Dann warf der Unfall unser Leben auch in diesem Bereich völlig aus der Bahn. Wir mussten Anna ab sofort auch im Intimbereich anfassen, wo sie vorher niemals hatte berührt werden wollen. Wir mussten sie waschen, ihr die Windeln wechseln und sie immer wieder mit Salbe pflegen, um Entzündungen vorzubeugen. Anna ließ alles mit sich geschehen. Während der folgenden Jahre entwickelte sich Anna zu einem Menschen, der keinerlei Hemmungen hat. Oft dachte ich daran, ob Anna wohl je begreifen würde, dass nicht jedermann ihre Nacktheit sehen sollte? Würde sie ein natürliches Schamgefühl entwickeln? Wir wussten, dass das zu ihrem eigenen Schutz nötig wäre.

Wir erkannten mit der Zeit, dass Anna lernen musste, einen Unterschied zwischen Mann und Frau zu machen. Möglichst einfach versuchten wir ihr zu erklären, dass sie nicht die Nähe irgendeines Mannes zulassen dürfe. Wir würden das mit ihr zusammen üben.

Nun blieb aber die Tatsache bestehen, dass Anna Hilfe brauchen würde bei der täglichen Körperpflege und dem Ankleiden. Weil ich oft sehr erschöpft war, brauchte ich die Unterstützung von Hansuli. Wir teilten uns auf, um Anna zu helfen und den Rest der Verpflichtungen zu schaffen. Manchmal erledigte Hansuli abends mit Anna zusammen die Körperpflege, während ich die Küche auf Vordermann brachte oder umgekehrt.

Als Anna älter wurde und viele Dinge wieder alleine verrichten konnte, hüteten wir uns, Anna bei der täglichen Körperpflege anzufassen. Sie sollte lernen, alles selber an sich zu erledigen. Wir mussten aber immer in ihrer Nähe sein, um ihr die nötigen Handgriffe in Erinnerung zu rufen. Von da an wehrte sich Anna sogar dann heftig, wenn wir versuchten, ihr nach dem Haarewaschen den Schaum richtig vom Kopf zu spülen.

Ihre körperliche Entwicklung nahm ihren Lauf. Anna bekam mit etwa dreizehn Jahren ihre erste Menstruation. Hell begeistert freute sie sich über das Großereignis. Wie wunderbar! Offenbar empfand sie dieses Geschehen als ein Stück erwachsene Normalität. Ich machte mir Gedanken, wie ich Anna erklären könnte, warum sie jetzt jeden Monat blutete. Würde sie verstehen, warum ihr Körper so viel Blut ausschied?

Angst vor Missbrauch

Von nun an begleitete uns die Angst von neuem, Anna könnte missbraucht werden. Ich weigerte mich innerlich, mir die seelischen und die körperlichen Folgen eines solchen Handelns vorzustellen. Und doch holte mich die reale Angst immer wieder ein.

«Anna, lass niemanden deinen Körper anfassen und betasten. Hörst du? Du sollst auch nicht mit deinen Mitschülern in die Büsche verschwinden. Bleibe auf dem Pausenhof bei deinen Freunden. Lass vor allem niemanden deinen Unterleib berühren. Das ist nicht in Ordnung.» So versuchte ich etwas dilettantisch, Anna vor Gefahren zu warnen. Zugegeben, diese Versuche schienen nicht so richtig zu fruchten. Anna begriff meine Worte lange nicht. Meine Hoffnung blieb die, dass Anna sich im Moment eines möglichen Übergriffes zu wehren wüsste. Mit der Hoffnung musste ich auskommen. Eine Gewissheit gab es nicht. Ich konnte Anna nicht überallhin begleiten und schützen. Mir wurde klar, dass Anna den Schutz in sich selber tragen musste. Sie musste dahin geführt werden, zwischen Recht und Unrecht, Nähe und Distanz zu unterscheiden.

In Gesprächen mit dem Lehrpersonal und anderen Eltern versuchte ich, meinen Weg in der Sache zu finden. Seltsam, in der heutigen aufgeklärten Zeit ist es nach wie vor nicht so einfach, dieses intime Thema aufzurollen.

Aufklärung

Wir kauften zwei Kinderlexika. Mithilfe dieser großartig bebilderten Bücher konnte ich Anna den Körper der Frau und den des Mannes erklären. Beide Lexika zeigten in unterschiedlicher Art ausführliche Erklärungen zum Thema Sexualität und Schwangerschaft. Mit großem Interesse verfolgte Anna meine Erläuterungen. Wie es dazu kommt, dass eine Frau schwanger wird, hat sie wohl nicht so richtig verstanden. Uns war wichtig, dass Anna auch ohne unseren Schutz ein Nein durchsetzen kann, sollte sich jemand an ihrem Körper zu schaffen machen.

Die Freundschaft zwischen David und Anna entwickelte sich mehr und mehr. David hatte einen neuen Arbeitsplatz und verbrachte die Mittagszeit vorwiegend in der Wohngruppe oder vor dem Haus. Nur noch selten setzte er sich zu den anderen Jugendlichen in die Halle. Anna lernte, sich etwas abzugrenzen, und setzte sich lieber an einen Tisch als auf den Boden. Sie hatte begriffen, dass sie sich nicht irgendwelchen jungen Männern auf die Knie setzen sollte.

So nach und nach wurde deutlich, dass David sich klar für Anna entschieden hatte. Nun war es das Bestreben seines Betreuers und des Wohngruppenteams, David darin zu unterstützen, sich an eine Beziehung zu halten und diese Liebe zu leben.

Ob Anna in der Lage sein würde, diese Freundschaft verbindlich zu pflegen, wussten wir damals nicht.

David und Anna durften sich ab und zu gegenseitig besuchen. Wir lernten David als überaus freundlichen und anständigen jungen Mann kennen. Staunend stellten wir fest, dass unsere Tochter einen sehr guten Geschmack bei der Wahl ihres Liebsten gezeigt hatte. Trotzdem begleiteten wir die beiden noch etwas zögerlich.

Einmal holte ich Anna bei David in der Wohngruppe ab. Der Betreuer bat mich noch kurz in sein Büro. Er lehnte die Türe leicht an, damit wir ungestört sprechen konnten. Er wollte mir mitteilen, dass David Sexualkundeunterricht bekommen hatte und aufgeklärt worden sei.

«Wie ist das bei Anna?», wollte der Betreuer wissen.

Äußerlich gelassen, innerlich aus dem Konzept geworfen, antwortete ich: «Ich habe versucht, ihr zu Hause, anhand von Büchern mit Bildern, den Körper von Mann und Frau zu erklären. Auch die Sexualität habe ich Anna selber erklärt. Weißt du, ich bin einfach nicht sicher, was Anna letztlich von allem wirklich begreift. Anna sollte bald auch Sexualkundeunterricht bekommen», war mein Kommentar.

«Gut, ich wollte dir einfach mitteilen, dass die beiden durchaus die Nähe voneinander suchen. Sie sollten beide aufgeklärt sein. Ich finde, sie sollten auch über Verhütung im Bilde sein.»

Verhütung! Mein Herz klopfte schneller. Ich geriet unter Druck. Es würde an uns Eltern und Betreuern liegen, die beiden vor einer möglichen ungewollten Schwangerschaft zu schützen. Ehrlich gesagt, damit musste ich nun zuerst selbst klarkommen.

«Schau!» Der Betreuer forderte mich auf, die Tür des Büros leicht zu öffnen.

«Nein, das glaube ich jetzt nicht!» Ich versuchte, meine Überraschung nicht zu sehr zu zeigen. Ich wollte die beiden Verliebten vor der Tür nicht erschrecken. Mir verschlug es den Atem: Sie lagen sich in den Armen, eng umschlungen, und küssten sich inniglich. So hatte Anna noch nie geküsst. Jetzt verstand ich! Anna war eine erwachsene Frau geworden und hatte sich zu einer Frau mit normalen Bedürfnissen nach Nähe zu einem bestimmten Mann entwickelt. So-so, nun wusste ich es auch! Ich konnte die Augen nicht mehr verschließen. David und Anna würden irgendwann mehr wollen, als sich nur in den Armen zu liegen.

Ich erinnerte mich an den Vortrag einer Mitarbeiterin von Pro Infirmis, der Fachorganisation für private Behindertenhilfe in der Schweiz. Sie klärte uns Eltern, damals während der Schulzeit von Anna, über die Sexualität bei Menschen mit einer Behinderung auf.

Nur wenige geistig behinderte Menschen seien in der Lage, eine normale Sexualität mit einem geliebten Menschen zu leben. Diese Menschen würden sich oft nicht darüber hinaus entwickeln, selbstbezogen zu leben. Also würden sie in der Sexualität eher ihre eigenen Bedürfnisse befriedigen wollen, als ein Geben und Nehmen im Wechsel anzustreben.

Damals bot diese Frau Gespräche an. Sie ist Paarberaterin

für Menschen mit einer geistigen Behinderung. Es war gut zu wissen, dass ich mich auch mit einer Fachperson darüber unterhalten könnte. Ich wusste, meine Meinung musste sich erst bilden. Und dann würden Hansuli und ich uns noch finden müssen. Unsere Ansichten mussten sich nicht decken mit denen anderer Menschen. Aber das offene Gespräch ermöglicht überhaupt erst eine Meinungsbildung.

Da ich Eva, die Mutter von David, bereits kannte und regelmäßig mit ihr telefonierte, sprachen wir auch über dieses Thema. Uns war klar, dass wir unsere beiden erwachsenen Kinder in ihrer Liebe begleiten und unterstützen wollten. Wir teilen die gleiche Ansicht, was die Sexualität angeht.

Für uns ist es wichtig, dass die beiden sich gut kennen lernen sollten, bevor sie Sexualität vollständig leben. Wir wissen nicht, ob sie ihre Freundschaft und Liebe halten können. Sie sind beide noch jung und dürfen die Freiheit haben, vielleicht einmal einen anderen Menschen kennen und lieben zu lernen. Wir möchten nicht, dass sie sexuelle Erfahrungen machen, wenn sie nicht wirklich bereit sind, damit umzugehen.

Freundschaftsringe

Ob David und Anna bezüglich Sexualität je einmal mehr erleben wollen, als sich zu küssen, wissen wir bis heute nicht. Anna ist offensichtlich unsterblich in David verliebt. Sie denkt immer an ihn und würde am liebsten ihre ganze Freizeit mit ihm verbringen. Sie «erzählt» uns sehr viel von David und freut sich über seine Nähe.

Für David, der von seiner Behinderung her nicht so viel Nähe ertragen kann, sieht es etwas anders aus. Er lebt seine Liebe zu Anna nicht für alle sichtbar. Seine Zuneigung zeigt sich nach wie vor darin, dass er sehr fürsorglich und zärtlich mit ihr umgeht. Als David mit seiner Mutter an Annas Geburtstag zu uns nach Hause kam, sei David so schnell zu Anna gelaufen, dass Eva kaum Schritt halten konnte mit ihm. In so kleinen, leisen Begebenheiten ist Davids Liebe zu erkennen. David scheint aber in Bezug auf allerengste körperliche Nähe wenig Interesse zu zeigen.

Wenn Anna und David bei uns zu Hause auf Annas Bett liegen und eine DVD schauen, legt David meistens liebevoll seinen Arm um Annas Schultern. Weich und gemütlich liegen sie in den Kissen, die wir ihnen geben. Anna kuschelt sich verliebt in die Arme ihres Geliebten. Glücklich und sehr zufrieden genießen sie zusammen den Film. Wir müssen uns keine Gedanken machen über das Verhalten der beiden. Es genügt ihnen bis jetzt, einfach so beieinander zu sein.

Wir sind sehr froh und dankbar, dass die beiden sich gefunden haben und sich einfach gegenseitig guttun. Kürzlich kauften sie sich Freundschaftsringe. David küsste Annas Hand, nachdem er ihr den Ring an den Finger gesteckt hatte. Anna sei sehr, sehr glücklich, erzählte der Betreuer, der an jenem Abend in der Wohngruppe Dienst hatte. Stolz trägt Anna nun den Ring. Sie fühlt sich wohl noch etwas mehr verbunden mit ihm. Ihre Freundschaft ist mit diesem Ring besiegelt worden. Wir freuen uns mit Anna und David über ihr Glück.

Heiraten verboten

Heiraten können unsere Kinder mit einer geistigen Behinderung nicht. Das Schweizer Gesetz verbietet eine eheliche Verbindung mit allen Konsequenzen. Sollten unsere Kinder ihre Liebe erhalten können, dürfen sie kirchlich gesegnet werden. Das gilt quasi als Hochzeit. Anna wünscht sich so sehr, einst ihren David zu heiraten. Sie möchte ein weißes, voluminöses, pompöses und einfach umwerfendes Kleid, eine weiße Kutsche mit schön geschmückten Pferden und ein rauschendes Fest. Dann will sie goldene Ringe, die funkeln und glitzern. Anna möchte die schönste Braut auf Erden sein! Für David sucht Anna bereits eine Krawatte. Sie soll orange sein, Annas Lieblingsfarbe. Unsere fantasievolle Anna stellt sich alles romantisch vor. Und David wünscht sich ein Cabriolet für die gemeinsame Fahrt ins Glück.

Schmetterlinge im Bauch

So leben sie ihre Liebe, David und Anna. Ich wage zu sagen, dass die innige Zuwendung, wenn sie sich küssen und umarmen, ihre Art von Sexualität ist. Das löst zumindest bei Anna sicher Schmetterlinge im Bauch aus! Sollten sie einmal die körperliche Vereinigung wollen, brauchen sie bestimmt erneut Gespräche mit erfahrenen Personen. Wir möchten auf jeden Fall vermeiden, dass Anna in irgendeiner Form einen Missbrauch erleben muss. Das ist auch dann möglich, wenn David und Anna intim würden ohne intensive Vorbereitung. Dann könnte es sein, dass die sexuelle Vereinigung in Anna Erinnerungen an den möglichen Missbrauch in ihrer frühen Kindheit hervorruft.

Annas quirlige Art könnte sich auch in der körperlichen Vereinigung zeigen und David vollkommen überfahren. Darum wollen wir «die schlafenden Hunde nicht wecken». Damit möchte ich sagen, dass wir in der Beziehung nichts fördern oder fordern, was nicht reif ist.

Schwangerschaftsverhütung

David lernte im Sexualkundeunterricht durch einen Betreuer, wie er sich schützen kann mit einem Kondom. Eva, Davids Mutter, und ich rätselten manchmal, ob es wirklich nötig sei, dass David auf ein Thema aufmerksam gemacht wird, das er möglicherweise gar nicht begreift. Das sind verständliche, besorgte Gedanken von uns Eltern. So wurden auch wir mit dem Thema Schwangerschaftsverhütung konfrontiert.

Ein guter Umgang mit der Sexualität muss gelernt werden. Gerade Menschen mit einer geistigen Behinderung können unter Umständen ihre Triebe nur schlecht steuern. Darum mussten wir uns auch mit dem Schutz für Anna befassen. Es ging dabei nicht nur um die Liebe zu David.

Wir verstanden, dass Annas mentale Stärke und das Kennen und Umsetzen von Grenzen einen ersten Schritt zu ihrer Sicherheit darstellen. Trotzdem müssen wir uns um einen sicheren Schutz kümmern, sollte doch einmal etwas passieren, was Anna nicht mehr steuern kann. Davor habe ich jedoch unglaublich Angst. Die lässt mich zuweilen nachts schweißgebadet aufwachen. In solchen Momenten hilft es uns, zu beten, dass Anna geschützt bleiben darf.

Ich setzte mich mit meiner Frauenärztin in Verbindung und besprach mich mit ihr über eine mögliche Verhütungsmethode bei Anna. Die Ärztin wollte Anna persönlich kennen und verstehen lernen, bevor sie weitere Vorschläge machte. So vereinbarten wir einen Termin.

«Frau Gujer und Anna?», hörten wir die Aufforderung der Sprechstundenhilfe.

Zielstrebig suchten wir den Behandlungsraum auf. Frau Dr. S. setzte sich fröhlich und ausgesprochen neugierig auf ihren Stuhl. Im Büro hingen viele Gemälde von irgendwelchen Malern. Diese Ärztin schien Gefallen an Kunst und Kultur zu haben! Ja, das begeisterte Anna augenblicklich. Sie ließ ihren Blick von Bild zu Bild schweifen und kommentierte sie ab und zu. Frau Dr. S. freute sich über die aufmerksame und offensichtlich kunstliebende Anna.

Das Eis war gebrochen. Im offenen, respektvollen Gespräch bereitete die Ärztin Anna auf die bevorstehende Untersuchung vor.

Zuvor hatte ich Anna erklärt, dass nur die Spezialärztin Annas Intimbereich untersuchen dürfe. Das sei wirklich die einzige Person, der sie das erlauben dürfe! Anna nickte und willigte locker zur Untersuchung ein. Sofort deutete mir Anna an, dass ich den Raum verlassen solle. Ich ging hinaus. Die Ärztin ließ die Tür zum Praxisraum einen Spalt breit offen stehen. Wir wussten alle nicht, wie und ob Anna letztlich mitmachen würde. Resolut schloss Anna die Tür. Sie wollte mich wirklich absolut nicht dabeihaben! Anna hatte begriffen! Nur sie und die Ärztin würden diese paar Minuten miteinander verbringen.

Schon nach kurzer Zeit öffnete sich die Tür, die Ärztin trat strahlend heraus und hielt den Daumen nach oben. Das bedeutete: «Bravo, Anna hat ihre Sache gut gemacht.» Nun durfte ich Anna etwas beim Ankleiden helfen, um danach das weitere Vorgehen zu besprechen.

«Ich bin völlig überrascht und begeistert, wie toll Sie, Anna, mitgemacht haben», lobte die Ärztin ihre Patientin. Anna setzte sich gleich etwas aufrechter in den Stuhl. Sie fühlte Stolz in sich aufsteigen.

«Mein Vorschlag ist, Anna eine Hormonspirale einzusetzen, die eine Befruchtung gänzlich verhindert», fuhr die Gynäkologin fort.

Wenige Wochen später begleitete ich Anna wieder zu dieser Ärztin. Jetzt würde sie die Spirale eingesetzt bekommen.

Auch diesmal ließ Anna alles problemlos mit sich geschehen, legte aber wieder Wert darauf, dass ich nicht in den Praxisraum mitkommen sollte. Ich fand das genial. Meine Anna, war sie nicht einfach super? Mein ganzer Kummer, ob alles gut funktionieren würde, löste sich in Luft auf.

Nach wie vor treibt mich die Angst um, Anna könnte einmal Opfer eines Übergriffes werden. Sie würde jetzt wohl geschützt sein vor einer ungewollten Schwangerschaft, was wirklich ungemein beruhigt. Aber den seelischen Schmerz müsste sie ertragen. Immer wieder ermutigen wir Anna, sich zu wehren, wenn ihr jemand zu nahe kommt.

Nähe und Distanz

Manchmal wirkt Anna ziemlich distanziert, wenn sie sich auf eine Person nicht einlassen will. Menschen, die Anna sehr lieb sind, holt sie dafür fast zu sehr an sich heran. Sie wird weiterhin lernen müssen, das richtige Maß an Nähe und Distanz zu entwickeln. Dabei wird sie immer unsere Hilfe und die der Betreuer(innen) brauchen.

Im August 2007 schrieb M., die Praktikantin der Lehrwerkstatt, in Annas Kontaktheft Folgendes:

Während der Mittagspause spielte sich eine sonderbare Szene vor dem Eingang der Produktionswerkstätte ab. Anna wurde von einigen jungen Leuten aufgefordert, drei junge Männer auf den Mund zu küssen. Lustig und zu Schabernack aufgelegt, folgte Anna der Aufforderung. Und so wurde heftig hin und her geküsst.

Als ich diese Szene sah, griff ich sofort ein. Ich besprach die Sache mit den jungen Leuten und forderte sie auf, solche Spiele nicht mehr zu wiederholen. Dann setzte ich mich mit Anna an einen Tisch und erklärte ihr, dass sie solche Aufforderungen mit einem «Halt»-Zeichen (signalisiert durch eine erhobene Hand) stoppen und abweisen solle. Von jetzt an wollen wir mit Anna üben, dass es Zeiten und Gelegenheiten gibt, wo ein «Halt» richtiger ist als Spaß.

Ich las den Text, als Anna am Freitagabend nach Hause kam. Die uns stetig begleitende Angst, Anna könnte etwas zustoßen wie zum Beispiel ein sexueller Missbrauch, arbeitete sich in den Vordergrund meines Fühlens und Denkens. Aufmerksam las ich die Notiz nochmals. Nein, dieser Text zeigte so viel Fürsorge. M. hatte die Situation um Anna sofort erkannt und sie in ihre Gedanken und Sorgen einbezogen.

Nach einer Weile fragte ich Anna, ob sie mir erzählen wolle, was sich an dem Nachmittag zugetragen habe. Anna zeigte mir sofort die erhobene Hand, das «Halt»-Signal.

«Anna, was sagst du denn, wenn du gefragt wirst, ob du küssen willst?», forschte ich nach.

«Halt», zeigte Anna klar und deutlich an.

«Gibst du dann einen Kuss oder nicht?», wollte ich von Anna wissen.

«Ja!», gab mir Anna mit Begeisterung und einem verschmitzten Lachen auf dem Gesicht zu verstehen.

«Nein, Anna, das möchte ich nicht! M. hat dir doch klar und deutlich erklärt, dass du nicht jedem Mann und nicht jeder Frau einen Kuss geben sollst. Und weißt du, man gibt nicht allen einen Kuss auf den Mund. Wenn du jemanden auf die Wange küsst, ist das etwas anderes.»

So versuchte ich, Anna die etwas heikle Situation deutlicher zu machen. Anna schien zu begreifen. Ab und zu nahm sie übers Wochenende von sich aus das Thema wieder auf. Dann fragte ich sie, ob sie auf die Aufforderung, jemanden zu küssen, wirklich küssen werde. Anna konnte jetzt – zum Glück – deutlich verneinen.

Für Anna war das ganze Spiel wirklich nur ein Spiel. Am darauf folgenden Montag telefonierte ich mit der Praktikantin und wollte mich für ihre sensible Art und ihre schützende Aufmerksamkeit bedanken. Sie erklärte mir daraufhin noch, dass sie in den Werkstätten dieses nicht so saubere Spiel mit Anna thematisiert und die Betreuten gebeten hatten, Anna nicht mehr aufzufordern, sie zu küssen. Sie fand, es könne doch nicht sein, dass dieses Spiel unbeachtet und unkontrolliert seinen Lauf nimmt. Anna würde weiterhin beobachtet und darauf aufmerksam gemacht werden, dass sie sich zurückhalten solle.

Vertrauen

Mir gab dieses Gespräch eine vorläufige Sicherheit und Zuversicht. Anna würde im Werkheim nicht schutzlos irgendwelchem unangebrachten Verhalten ausgesetzt sein. Anna würde respektvoll eingebunden werden in ihre Verantwortlichkeiten. Die offene Kommunikation der Lehrwerkstatt hat mich begeistert. Wenn so offen und ehrlich Auffälligkeiten mitgeteilt werden, ist es leicht für uns Eltern, den Betreuenden zu vertrauen.

Das eben Erlebte zeigte mir einmal mehr, wie ernst wir Eltern und die Menschen mit einer geistigen Behinderung im Werkheim genommen werden. Mit dieser Transparenz ist eine optimale Zusammenarbeit zwischen Wohn- und Arbeitsbereich und dem Elternhaus gewährleistet. Ich habe großes Vertrauen in diese sehr qualifizierten Leute. Wir sind unendlich dankbar, dass wir Anna in einer so gut funktionierenden Institution wissen dürfen.

Nicht zuletzt vertrauen wir Anna sowie auch David unserem Gott an, der sie beschützen möge. Was *wir* nicht tun können, ist *ihm* möglich. Jeden Tag schließen wir mit dem Gebet ab, dass Gott seine behütende Hand über die beiden hält und sie auf allen ihren Wegen begleitet. Mit dem Vertrauen in unseren gütigen Gott können wir leichter loslassen und ihm auch die weitere Entwicklung der beiden anvertrauen.

Kurz nachdem Anna nach Uster zu Aurelia und Hansuli Gujer zog.

Unbeschwerte Tage …

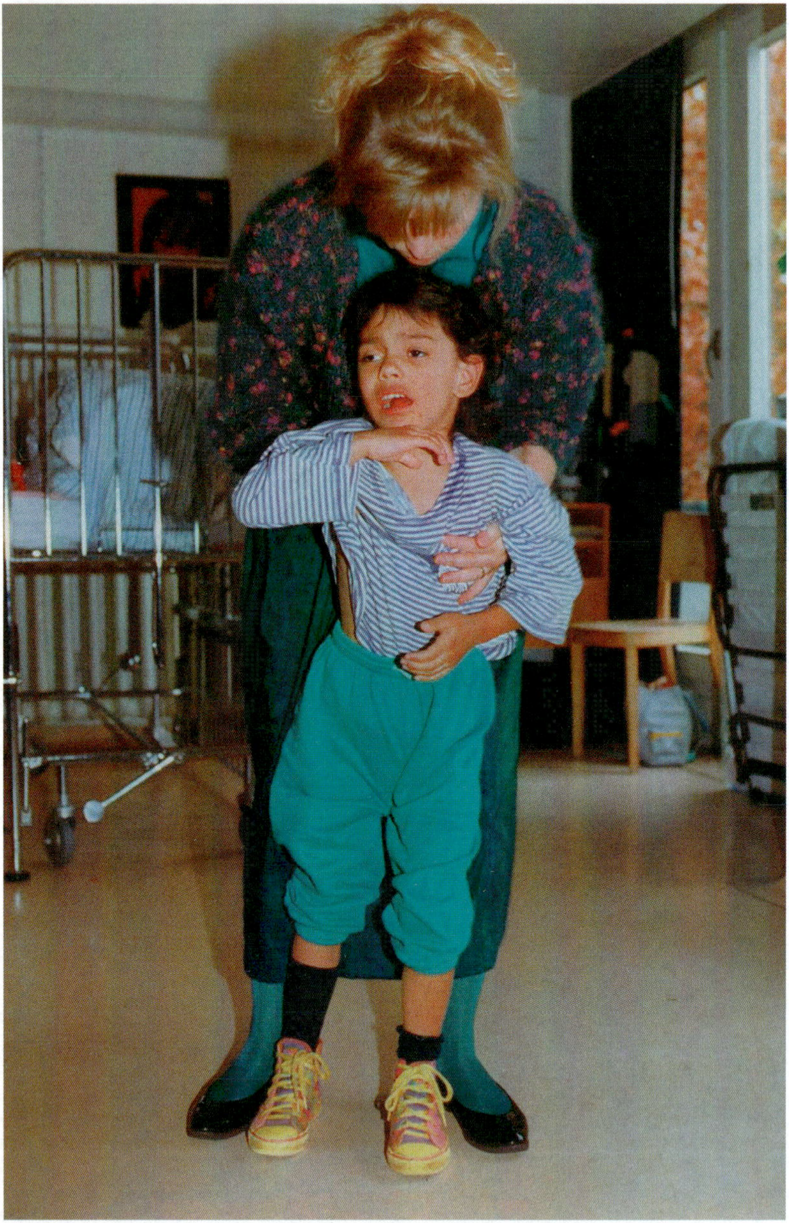

Drei Wochen nach Annas Unfall in der Zürcher Kinderklinik.

Annas Augen suchen das Licht.

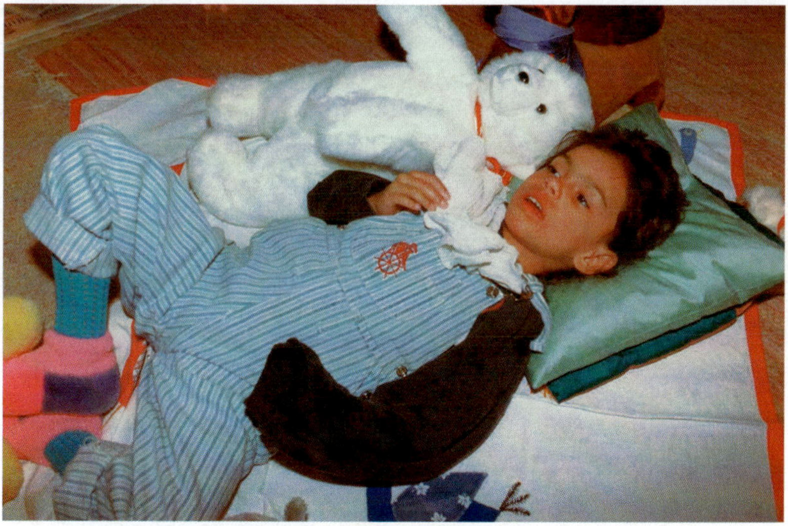

Verwirrt, verängstigt und voller Schmerz liegt Anna am Boden.

Anna weint und jammert viel und scheint Schmerzen zu haben.

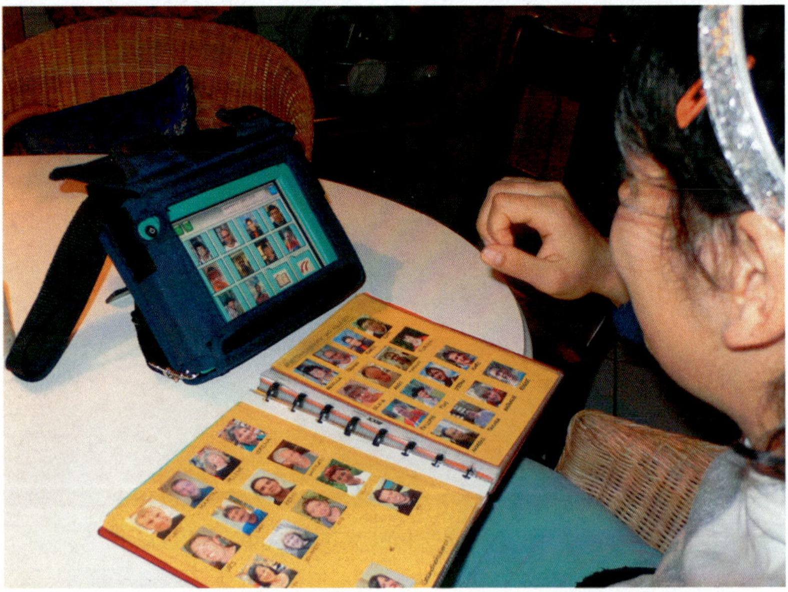

Anna spricht über den Sprachcomputer und mit den Piktogrammen zu uns.

Mit viel Ausdauer zeichnet Anna ihre geliebten Opernbilder in den Sand.

Ruth Bai-Pfeifer, die Co-Autorin dieses Buches, hat für Anna (im Opernkleid!) einen wunderschönen Osterkuchen gebacken.

Anna vor dem Salzburger Marionettentheater.

Karin und Anna waren viele Jahre lang ein unzertrennliches Gespann.

Käthi ist für Anna eine wichtige Bezugsperson.

Anna und David lieben sich.

Lange funktionierte unsere Ehe nur über Anna: Glückliche Momente!

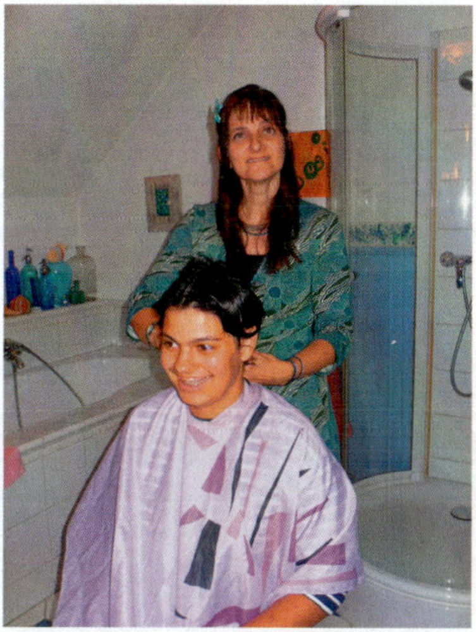

Soraya schneidet Anna die Haare und frisiert sie wunderschön.

Die Co-Autorin dieses Buches, Ruth Bai-Pfeifer.

Anna lässt sich im Greifensee taufen.

Anna im Opernkleid.

Anna mit Rudolf Litschi, ihrem Lehrlingschef.

Anna mit Urs Winistörfer, dem Werkheimleiter.

Einige junge Frauen vom Werkheim gehen zusammen ins Kino.

Aurelia

Anna

Hansuli

Anna auf dem Jahrmarkt.

Anna liebt's farbenfroh.

Anna im Kinderlager.

Prinzessin Anna

Unsere Tochter liebt es, sich zu kostümieren.

Hier der Beweis!

Anna mit Papageno aus der «Zauberflöte» …

… und mit einigen Freunden.

Kapitel 11: Kunst und Kultur

Malerei

Kurz vor dem Unfall zeigte Anna erstmals, dass sie ein Händchen für die Malerei hatte. Damals überraschte sie uns damit, wie sie von einem Tag auf den anderen das kleine Kärtchen, das sie bemalte, mit wunderschönen Farben verzierte. Sie plapperte lustig vor sich hin und verkündete uns:

«Ich bin eine Künstlerin. Ihr müsst ganz leise sein, wenn ich arbeite. Es stört mich, wenn ihr schwatzt. Eine Künstlerin braucht ihre Ruhe!»

Ein Bild gestaltete sie schöner als das andere. Mit erstaunlicher Fantasie, die sie uns vorher nie so präsentiert hatte, zeichnete sie jedes Bild mit jeweils anderen Motiven aus dem Leben. Die Sonne malte sie mit vielen gelb-orange-roten Strahlen. Sie lachte fröhlich vom Himmel herab auf ein schönes, farbiges Haus. Wir freuten uns über die Galerie, die nach und nach entstand.

Während vieler Jahre nach dem Unfall war es Anna unmöglich, sich künstlerisch zu betätigen. Ihr fehlte ganz einfach die kognitive Fähigkeit zum Malen und Gestalten.

Irgendwann (ich kann nicht mehr nachvollziehen, wann das geschah) bemerkten wir Annas großes Interesse an alten Kirchengebäuden. In alten katholischen Kirchen schmücken viele kunstvoll gemalte Bilder die Wände und Gewölbe. Diese Bilder erzählen Geschichten aus der Bibel oder von Heiligen. Anna kannte viele biblische Geschichten. Respektvoll betrat sie jeweils die alten Kirchengebäude und bestaunte die großartige Dekoration.

«Schau dort, das Kreuz. Da ist Jesus noch dran. Aber stimmt denn das? Er ist doch gar nicht mehr tot?!», gab ich Anna zu bedenken.

Aufrichtig bestürzt zeigte Anna mit ihrer unverkennbaren Mimik, dass es schon sehr schlimm war, was damals auf Golgatha geschehen war. Sie liebte die Atmosphäre in diesem Gotteshaus.

Mehrmals verbrachten wir unsere Sommerferien in Dänemark, England, Irland oder Wales. Da stehen überall Kirchen, die umgeben sind von gepflegten Friedhöfen. Immer wieder mussten wir diese Orte zusammen mit Anna besuchen. Wir konnten durch die Friedhöfe spazieren und dabei leicht die Zeit vergessen. Oft musste ich Anna die Namen auf den Grabsteinen vorlesen. Wenn die Leute jung gestorben waren, was wir an den Jahreszahlen erkennen konnten, gab Anna ganz entsetzte Laute von sich, schlug die Hand vor den Mund und machte uns deutlich, dass das sicher sehr schlimm war für die Familien. Ihr Mitgefühl hat uns berührt.

Bei diesen Gelegenheiten zeigte uns Anna, welchen Stein sie einmal für ihr Grab aussuchen würde. Nun wissen wir es: Es muss eine offene Bibel sein, aus schönem Marmor gemeißelt, mit Goldschrift verziert.

Anna versuchte immer, ob sie die Tür zur Kirche öffnen konnte. Vielleicht entdeckte Anna während dieser Kirchenbesuche ihre Freude an Bildern alter Künstler? In unserer Bibliothek zu Hause stehen einige Kunstbildbände. Diese Bilder begannen Anna zu faszinieren.

Meine Mutter, Annas Großmutter, besitzt eine Rembrandtbibel. Diese ist reich ausgestaltet mit Bildern, Skizzen und Zeichnungen von alten Meistern. Als Anna diese Bibel entdeckte, setzte sie sich bei ihrer Großmutter aufs Sofa, neigte sich hochkonzentriert über das Buch und studierte die wunderschönen, kunstvollen biblischen Darstellungen.

Musik

Bald nach dem Unfall erkannten wir, dass Anna auf Musik reagierte. Hansuli spielte oft auf seiner Gitarre. Ich begleitete ihn auf der Blockflöte. Anna registrierte jeden Ton. Mit den Glöckchen an den Fußgelenkbändern konnte sie zur Musik die Beine bewegen oder später tanzen und so ihren kleinen Beitrag zur Hausmusik leisten. Wir banden sie damit in unser Musizieren ein.

Später begeisterte Anna sich für spezielle Musikinstrumente. Diese suchte sie sich in einem Kunstbuch über die Barockmalerei. «Der blinde Drehleierspieler», ein schönes Ölgemälde von Georges de La Tour (1593–1652), faszinierte sie besonders. Da sitzt ein alter Musiker mit seiner Drehleiher auf einer Holzkiste und singt.

Während ihrer Zeit in der Sekundarstufe lernte unsere Tochter Regula kennen. Sie ist Lehrerin in der Regelklasse im selben Gebäude, wo die heilpädagogische Schule untergebracht ist. Ich kannte Regula schon früher, als ich noch ledig war und einen Kindergarten leitete. Sie, ihr Mann Christoph und ich haben ab und zu miteinander musiziert. Aber vor allem pflegten wir damals eine schöne Freundschaft. Nun kamen wir wieder in Kontakt miteinander, weil Anna zu Regula in die Singstunde gehen durfte.

Anna, die niemals hörbar mitsingen würde, durfte ungeachtet ihrer Grenzen mit den nicht behinderten Kindern mitsingen. Das muss man sich so vorstellen, dass es für Anna und die Lehrerin genügte, dass Anna sich für die Musik begeisterte. Anna bekam genauso wie die anderen Kinder ihr Notenblatt, das sie mit gewichtiger Miene in die Hand nahm und mit dem sie auf ihre Weise, wohl eher innerlich, mitsang. So wurde Anna ganz natürlich mit in den Musikunterricht einbezogen.

Christoph ist Berufsmusiker. Er spielt mühelos jedes Instrument und hat mit anderen Musikern zusammen ein Museum für historische Instrumente aufgebaut. Durch Regula und Christoph kam Anna zu einer neuen Leidenschaft. Am liebsten hörte sie Barockmusik. Die Zeit der Kindermusik schien langsam zu enden. Selbstverständlich freute sie sich immer noch über die lustigen Kinderlieder und «sang» diese ja auch in der Singstunde mit. Aber jetzt war irgendwie eine weitere Stufe der Entwicklung angesagt.

Als Christoph und seine Kollegen im alten Kirchlein zu Kyburg ein Konzert mit historischen Instrumenten gaben, platzierten wir uns weit vorne in einer Bank. Die Luft im Kirchlein dampfte schon fast, und uns lief der Schweiß hinunter, so heiß war es. Das Konzert war ein Hochgenuss, alles alte Musik, gespielt auf historischen Instrumenten. Christoph servierte noch theatralische Einlagen, als er erklärte, die eine Musik sei früher zum genüsslichen Weingelage gespielt worden. Anna lachte, als sie das hörte.

Wie viel sie damals verstand vom Gesagten, ist schwer zu sagen. Eines ist sicher: Ihre Leidenschaft für klassische Musik und alte Instrumente war unübersehbar.

An einem Karfreitag setzten wir uns ins Wohnzimmer und lauschten der Matthäuspassion von Johann Sebastian Bach. Mit vollster Aufmerksamkeit und Ergriffenheit hörte Anna auf die Leidensgeschichte Jesu, die da besungen wird. Da, wo die Worte nicht so leicht verständlich waren, las ich Anna aus dem Textbüchlein vor. Es war für mich berührend, Anna zu beobachten, wie aufrichtig sie mitlitt, während sie ihre Kinderbibel auf den Knien hielt. Anna verstand alles. Sie begriff, worum es in dieser Geschichte ging. Anna berührte mein Herz so sehr, dass mir die Tränen über die Wangen kullerten.

Die ganze Matthäuspassion von Bach dauert drei Stunden. Wir hörten nur Ausschnitte. Aber auch diese Ausschnitte waren nicht in einer Stunde gehört. Anna blieb aufmerksam dabei und ließ sich in die Geschichte hineinnehmen. Ganz ruhig wurde sie dabei. Ich muss schon sagen, so ein Erlebnis mit unserer geistig behinderten Anna geht einem sehr, sehr nahe. Eigentlich war das Erlebnis mit ihr die Karfreitagspredigt für mich!

Opernwelt

Eines Tages entdeckte Anna in ihrem Zimmer im Bücherregal ein kleines Programmheft vom Salzburger Marionettentheater. Bevor Anna geboren wurde, ungefähr 1985, war ich zusammen mit meiner damaligen Flötenlehrerin nach Österreich gereist. Unser Ziel war eigentlich ein umfunktioniertes Kloster an der Grenze zu Ungarn. Dort fanden Kunstkurse statt. Einige Studenten fertigten selber Instrumente an, die in nichts den gekauften Instrumenten nachstanden. Sie leisteten dabei eine hochwertige Präzisionsarbeit.

Katharina und ich nahmen an einem Renaissance-Tanzkurs teil. In historischen Kleidern, die wir erst zur Aufführung am Schluss des Kurses tragen durften, führten wir die eingeübten alten Tänze aus der Renaissancezeit vor. Die Instrumentenbauer(innen) führten uns musikalisch durch den Abend. Alles fand in einem historischen Saal statt, mit alten Steinplatten am Boden und farbigen Glasfenstern. Wir fühlten uns zurückversetzt in alte Zeiten. Für Anna wäre das ein Erlebnis gewesen, hätte sie dabei sein können. Aber wie gesagt, das war vor Annas Zeit.

Auf unserer Rückreise besuchten wir die Mozartstadt Salzburg. Im Salzburger Marionettentheater genossen wir in jenen Tagen die «Entführung aus dem Serail», eine Oper von Wolfgang Amadeus Mozart. Damals kaufte ich das kleine Programmheft mit vielen farbigen Abbildungen von den verschiedenen Opern- und Ballettaufführungen, die das Marionettentheater im Programm hatte. Das Büchlein stand fast zwanzig Jahre unbeachtet im Büchergestell. Bis es eben von Anna gefunden wurde.

Von da an erwachte ihr Interesse an Opern. Gehört hatte sie damals noch keine. «Die Zauberflöte», eine farbenfrohe Oper von Wolfgang Amadeus Mozart, weckte Annas Interesse. In der Stadtbibliothek borgte ich uns die «Zauberflöte» als Videofilm, die hier allerdings in einer skandinavischen Sprache gesungen wurde.

Anna bewahrte das Programmbüchlein vom Salzburger Marionettentheater in ihrem Bücherregal auf. Und sie vergaß nicht, dass sie es dort platziert hatte, im Gegensatz zu mir. Anna wollte diese Zauberflöte mit dem lustigen Papageno unbedingt sehen und verstehen. In ihrer hartnäckigen Art lag sie uns in den Ohren.

Wir mussten uns wohl oder übel etwas einfallen lassen, wie Anna zu so einer «Zauberflöte» kommen konnte. Im Zeitalter des Internets lag die Idee nahe, Nachforschungen über das

Salzburger Marionettentheater anzustellen. Und prompt wurden wir fündig. Auf dessen Homepage konnten wir sogar eine DVD- und Videoverkaufsliste finden. Da, sogar die «Zauberflöte» wurde angeboten! Juhu! Anna jubelte fröhlich auf, zeigte uns das Zeichen für Geld, was bedeutete, dass sie die DVD bestellen wollte. Nach wenigen Klicks mit der Computermaus war die Sache geregelt.

Das Warten auf das lang ersehnte Geschenk wurde fast zur Tortur. Kaum stürmte Anna von der Schule ins Haus, drückte sie ihre rechte Faust auf ihr rechtes Auge, was so viel heißt wie: «Ist der Film endlich mit der Post gekommen?»

Schließlich konnte Anna das wertvolle Gut entgegennehmen, auspacken und am Abend ansehen. Seither hat sie die «Zauberflöte» unzählige Male gesehen und kennt jeden Satz und jede Szene in- und auswendig.

Zu Annas neunzehntem Geburtstag wünschte sie sich, die «Zauberflöte» im Salzburger Marionettentheater im Original sehen zu dürfen. Wir organisierten das Hotel, die Eintrittskarten und das Geld. Zum Geburtstag erbat sich Anna nur Geld für die Reise nach Salzburg. Hansuli organisierte für Anna, dass sie nach der Aufführung noch die Marionetten hinter den Kulissen besuchen durfte.

Es wurde ein unvergessliches Erlebnis. Und alles trug sich genauso zu wie auf Annas DVD!

Während der Aufführung musste ich Anna immer wieder bremsen, weil sie so intensiv mitlebte. Sie vergaß das Publikum um sich herum. Es schien, als würde der Papageno nur für Anna singen. Und Sarastro, der schöne Fürst, faszinierte Anna überaus. Für mich war die Situation schon ein wenig aufregend. Rechts neben mir saß eine schnarchende Amerikanerin, die offensichtlich wenig Interesse an dem Stück zeigte. Links saß die faszinierte Anna, die nur mit Mühe ihre Begeisterung leise zum Ausdruck bringen konnte!

Der Besuch der Figuren hinter den Kulissen überraschte uns gleich nochmals. Die Marionetten waren uns zuvor viel größer vorgekommen, als sie in Wirklichkeit waren. Wir bewunderten die kunstvolle Gestaltung der Figuren, die reichlich geschmückt waren mit feinen Spitzen, wertvollen Stoffen, Pailletten und Perlen. Die ausdrucksstark geschnitzten Gesichter strahlten Persönlichkeit aus. Vor allem die «Königin der Nacht» hatte es Anna angetan. Ihre Majestät und Zierde beeindruckte uns tief. Welch ein tolles Erlebnis!

Immer wieder bestaunten wir Annas Konzentrationsfähigkeit, wenn wir uns der Kunst und Kultur zuwendeten. Sie schien sich in dieser Welt sehr wohlzufühlen.

Nach und nach sammelte Anna neue Opern-DVDs. Mit ihr zusammen lernten wir die verschiedenen Opern kennen und schätzen. Den «Don Giovanni» und «Die Hochzeit des Figaro». «Il re pastore», «Die Gärtnerin aus Liebe», «Così fan tutte» und «Die Entführung aus dem Serail» von Mozart folgten. Den «Barbier von Sevilla» von Gioacchino Rossini suchte Anna zusammen mit Hansuli im Internet. Anna hat klare Vorstellungen, welche Oper oder welches Ballett sie will. Wir können ihr dann keinesfalls etwas anderes aufschwatzen. Anna gibt nicht nach. Bald bekam sie von ihrer Großmutter den «Nussknacker» von Pjotr Iljitsch Tschaikowski geschenkt.

Opernkleid

Eines Tages fantasierten wir mit Anna wieder einmal am Küchentisch. Wir träumten mit ihr von einem wunderschönen Opernkleid, das sie anziehen könnte, um selber als Opernsängerin aufzutreten. Anna konnte sich nicht genug satthören und -reden an diesem Thema. Ein neuer Traum war geboren.

Hansuli und Anna setzten sich also an den Computer und schrieben zusammen eine E-Mail an Herrn Pereira, den Intendanten vom Opernhaus Zürich. Sie schilderten ihm Annas Anliegen, dass sie sich ein Opernkostüm wünsche und sogar bereit wäre, etwas für diesen Wunsch zu bezahlen. Vorsorglich gaben sie noch die benötigte Kleidergröße an.

Wir hörten mindestens drei Wochen nichts und rechneten schon damit, nie eine Antwort zu bekommen. Schließlich, am

13. Dezember 2006, kam dann die nicht mehr erwartete Antwort. Und wie!

«Vielen Dank für Ihren Brief. Herr Pereira freut sich sehr über Ihre Begeisterung für die Oper. Wir haben ein Kostüm gefunden, das wir Ihnen gerne schenken möchten. Ist es möglich, dass Sie es hier im Opernhaus abholen, oder sollen wir es Ihnen per Post schicken? Mit herzlichen Grüßen ...»

Das war die überaus erfreuliche Antwort der Sekretärin von Herrn Pereira. Selbstverständlich wollten wir das Kostüm im Opernhaus abholen. Wir wurden an den Künstlereingang gebeten, was uns ungemein ehrte. Die Sekretärin kam uns fröhlich lächelnd entgegen und entschuldigte ihren Chef, der leider nicht selber vorbeikommen konnte. Sie öffnete die geheimnisvolle Tasche und zauberte noch fünf Opern-DVDs als Geschenk hervor. Die habe Herr Pereira extra für Anna aus dem Schrank geholt, um sie zusätzlich zu beschenken. Dazu hatte er höchstpersönlich eine wunderschöne Karte mit einem Bild von einer glamourösen Operndiva geschrieben.

Anna blieb die Spucke weg. Sie, die immer irgendetwas plappert, brachte keinen Ton hervor. Sie war so begeistert!

Zu Hause angekommen, musste das Kleid sofort anprobiert werden. Unsere Anna verwandelte sich in eine wunderschöne Operndiva und konnte ihr Glück kaum fassen.

Später, Anfang 2007, wurde die neu inszenierte «Zauberflöte» vom Zürcher Opernhaus im Schweizer Fernsehen direkt übertragen. Anna kleidete sich dazu in ihr schönes Operngewand, das um den Bauch sehr eng ist. Etwas eingezwängt, aber überglücklich und fast ein wenig abgehoben legte sie sich auf das Sofa im Wohnzimmer und ordnete das weite, lange Kleid um sich. Hansuli spannte die Leinwand auf und machte mit dem Beamer das Opernvergnügen perfekt.

Die Aufführung begann, und Anna strahlte mit den Sängern um die Wette. Sie kannte jede Sequenz der Oper, auch wenn diese Aufführung sehr modern inszeniert wurde. Als Sarastro, der weise Fürst, nicht in der gewohnten wallenden Robe aus goldbesticktem Brokat daherkam, griff sich Anna entrüstet an die Stirn. Sie kann bis heute nicht begreifen, dass Sarastro so gewöhnlich, in einen Stadtanzug, gekleidet war. Nein, Annas Vorstellung von Sarastro bleibt die, dass er zünftig herausgeputzt sein muss!

Auch einige Leute aus dem Werkheim schauten sich die Direktübertragung der «Zauberflöte» im Fernsehen an. Anna hatte zuvor alle informiert, und ich hatte in ihr Kontaktheft geschrieben, dass Anna allen die «Zauberflöte» empfehlen würde. Daraufhin brach ein kleines Opernfieber aus.

Anna sucht gerne Buchhandlungen auf. Sie orientiert sich an den Bildern, die sie auf den Buchumschlägen sieht. So kaufte sie sich vor kurzem einen Opernführer. Den will sie in der Jugendwohngruppe im Werkheim dabeihaben. Mit diesem leicht verständlichen Opernführer können sich die Leute in ihrem Umfeld, die von Opern wenig verstehen, ein Bild machen, worum es in den Geschichten eigentlich geht. Und was nicht zu vermeiden war, ist eingetroffen: Anna hat dabei Opern entdeckt, die sie noch nicht kannte …

Sie ließ nicht locker, bis Hansuli im Internet in mühseliger Sucharbeit den neuesten Wunsch von Anna fand. Sie wollte den «Sommernachtstraum» als Ballett. Sie fanden nur eine einzige DVD, auf der der «Sommernachtstraum» als Ballett mit Musik aufgenommen war.

Einmal bot «insieme»[3] für Menschen mit einer geistigen Behinderung eine Führung im Opernhaus an. Natürlich war Anna mit von der Partie. Ein seltenes Geschenk war es, hinter die Kulissen zu schauen und sich danach vorzustellen, wie so eine Aufführung abläuft. Als ich Anna am Bahnhof in Uster abholte, erzählte sie mir fast atemlos auf dem ganzen Heimweg von ihren Erlebnissen.

Seit Anna einen Bezug zum Salzburger Marionettentheater hat, wünscht sie sich eigene Marionetten. Eine Großtante aus Winterthur brachte jeweils von ihren Reisen aus Budapest und Prag kleine, kunstvoll geschnitzte Marionetten mit. Zwei da-

[3] «insieme» ist eine Schweizer Selbsthilfeorganisation für Menschen mit geistiger Behinderung.

von schmücken Annas Zimmer. Eine größere Marionette, einen König, kaufte Anna selber in einem Teppichgeschäft in Uster. Es fehlte noch eine Prinzessin. Unsere Großtante und ihr Mann reisten wieder einmal in den Osten Europas und brachten Anna die gewünschte Prinzessin als Marionette mit.

Wir freuen uns einfach, dass Anna weiterhin so lebendig und einzigartig ihrer Freude an dieser Musik Ausdruck geben darf. Wir erfuhren, dass Anfang Februar 2007 vom Salzburger Marionettentheater in der ganzen Schweiz nur eine einzige Aufführung stattfinden würde. Trotzdem konnten wir Anna diese Aufführung wieder als Geburtstagsgeschenk versprechen. Diesmal begeisterten wir noch meine Patentante und meine Mutter für dieses sensationelle Erlebnis. Eine Theaterkarte blieb noch übrig, die wir Annas Bezugsperson K. im Werkheim schenkten.

Hocherfreut über die Tatsache, dass K. so viel Interesse an ihrer Begeisterung für die Oper zeigte, konnte Anna den Tag der Aufführung kaum erwarten. Wir trafen K. im besagten Theater, wo wir alle noch vor der Aufführung hinter der Bühne die Figuren von der «Entführung aus dem Serail» besuchen durften.

Die Spieler des Marionettentheaters bezogen Anna ins Spiel mit einigen Figuren ein. Der dicke Osmin setzte sich Anna auf die Knie, eine Ehre, die einem Theaterbesucher nicht so schnell zuteilwird. Anna durfte mit viel Sorgfalt den Osmin umarmen und liebkosen. Auch der hübsche Bassa Selim begab sich würdevoll in Annas Nähe. Da konnte Anna die wunderschön bestickte Robe dieses Fürsten bewundern. Der Belmonte, auch ein Fürst aus fernem Lande, verneigte sich majestätisch vor Anna. Ganz gerührt ließ sie mit sich spielen und tat das ihre dazu, dass uns vor Rührung beinahe die Tränen kamen. Wir, die einfach zuschauten, konnten nicht genug bekommen von dem liebevollen, herzerwärmenden Geschehen.

Anna wurde dabei von einem Filmteam begleitet und aufgenommen.

Die Aufführung würde bald beginnen, was uns dazu veranlasste, unsere Plätze aufzusuchen. Die Spannung stieg, obwohl Anna ja jede einzelne Sequenz der Aufführung vom Salzburger Marionettentheater schon kannte. Anna zeigte uns an, wann ein Vorhang sich schließen würde. Sie deutete im Voraus das Hüsteln einer Figur an. Und tatsächlich, die Figur hat wirklich gleich gehüstelt. Anna wusste auch, wann das Blondchen dem Osmin eine Ohrfeige verpassen würde, weil der sie ungebeten küssen wollte. Wir konnten uns also ganz an Anna orientieren, was wann im Programm folgen würde. Oft schauten wir uns schmunzelnd an, weil Anna uns mit Gesten und mit ihren Augen sozusagen auf dem Laufenden hielt, was das Geschehen auf der Bühne betraf.

Konzertbesuch mit Anna

In der Zeitung wurde die «Kyburgiade» ausgeschrieben. Auf Schloss Kyburg findet einmal jährlich eine Reihe von anspruchsvollen Konzerten statt. Wir studierten also das Programm und entdeckten einen passenden Anlass für uns. «Eine Zukunftsreise zurück in die Vergangenheit» war der Titel der samstäglichen Aufführung. Wir bestellten Karten und freuten uns schon sehr auf die besonderen musikalischen Leckerbissen aus dem 16. Jahrhundert.

Zu der sehr lebendig inszenierten Musik mit verschiedenen historischen Instrumenten wie der Nickelharfe, Ziegennägeln (eine Art Percussion-Instrument) und verschiedenen Lauten und Gitarren und nicht zuletzt dem Kontrabass wurden teilweise Renaissancetänze aufgeführt. Die beiden Tänzer, eine Frau und ein Mann, tanzten in historischen Roben sehr grazil, lebendig, zum Teil feurig. Anna konnte kaum mehr auf dem Stuhl stillhalten. Diese Musik rührte in ihr etwas an, das sie fast selbst zum Tanzen brachte. Jedenfalls musste Anna sich immer etwas zähmen, um nicht vor Begeisterung freudig den Musikern zuzujubeln. Ich fühlte mich zeitweise etwas gestresst, weil ich einerseits Annas Begeisterung verstand und andererseits von ihr erwartete, dass sie sich still verhalten sollte. Schließlich hatten alle ihre Eintrittskarte teuer erworben und wollten den Anlass ruhig genießen. So fragte ich die Frau in der vorderen Reihe, die ab und zu den Kopf zu uns wendete, wenn Anna sich bemerkbar machte, ob Anna sie störe.

«Nein, sie stört überhaupt nicht! Eher stören die Flugzeuge, die ständig über dem Schlosshof den Anflug auf den Flughafen anpeilen», meinte sie. Ich war erleichtert. Wie so oft in Annas Gesellschaft ergab sich auch hier wieder ein erbauliches Pausengespräch.

«Mich interessieren vor allem die Tänze. Ich bin Mitglied einer Renaissancetanzgruppe im Raum Winterthur», sagte die Frau, deren Namen wir nicht erfahren haben.

«Das ist ja eine Überraschung!»

Anna jubelte neben mir und wollte heftig einen Gesprächsbeitrag leisten. Ich freute mich genauso.

«Haben Sie auch öffentliche Aufführungen?», erkundigte ich mich.

«Sicher. Die werden im Februar 2008 stattfinden. Soll ich Sie einladen?», war die positive Antwort auf meine erwartungsvolle Anfrage.

Natürlich wollten wir unsere Adresse mitgeben. So konnten wir jetzt auf eine spannende Einladung warten. Anna freute sich riesig! Und von dem ergebnisreichen Gespräch an konnte ich das Konzert genießen. Die Besucher um uns herum zeigten viel Freude und Begeisterung für unsere geistig behinderte Anna, die es einfach nicht aushalten kann, ganz still einem Konzert zu lauschen.

Annas Leben ist reich, farbig und kreativ

Solch kulturell wertvolle und eingängige, aber auch lustige Erlebnisse zu machen, tut der Seele wohl. Die Begeisterung dafür steckt tief in Anna drin. Das könnten wir ihr niemals in dieser Intensität anerziehen. Irgendetwas in ihrem Inneren springt sehr leicht auf das Schöne, Kunstvolle und Gehaltvolle an. Sie ist aktiv auf der Suche nach Schönem. Dem wollen wir uns nicht entgegenstellen. Ihre Innenwelt wird dadurch tief und reich.

Die Menschen, die sich von Anna anstecken lassen, erleben diesen Reichtum mit. Anna ist nicht nur interessiert, sie ist selbst auch interessant. Sie weiß einiges, was der Durchschnittsbürger nicht weiß. Auch wenn sie nie rechnen und schreiben können wird, ist ihr Leben absolut nicht arm. Sie füllt es mit dem, was sie eben versteht und begreift. Ihr Herz ist berührt, ihre Sinne werden aktiv. Anna lernt dabei, ihre Wahrnehmung zu sensibilisieren. Ihr Gehirn arbeitet intensiv und lernt, beweglich und aufnahmefähig zu sein.

Das Leben für die geistig behinderte Anna ist also keineswegs langweilig, eintönig oder von Einschränkungen geprägt. Auch wenn ich schreibe, dass Anna in einer kleinen Welt lebt, so stimmt das nur zum Teil. Sie lebt im Vergleich zu uns nicht behinderten Menschen in einer kleinen, überschaubaren Welt. Sie muss sich nicht um die Sorgen des «normalen Alltags» kümmern. Für sie wird in allen Belangen des Lebens gesorgt.

Anna hat schon viele neue Pläne für Theater, Opern, Konzerte und Feste. Und sie will möglichst viele Leute dabeihaben, die mit ihr teilen, feiern und freudig den sinnlichen Genuss auf sich wirken lassen. Das Leben mit Anna ist extrem reich, farbig, kreativ, vielfältig, lebendig und fröhlich.

Kapitel 12: Sprache

Vor dem Unfall

War das eine freudige Lebendigkeit, als Anna damals bei uns einzog! Sie hat so viel geschwatzt, hundert Fragen gestellt. Jede Frage von ihr musste mehrmals auf verschiedene Art und Weise beantwortet werden. Anna wollte alles genau wissen. Sie beschwatzte mich von morgens bis abends und machte kaum eine Pause.

Während der ersten zwei Monate kommunizierte Anna nur stotternd mit uns.

«Mamamamami?», brachte Anna mühsam hervor. Ganz plötzlich, nach etwa zwei Monaten, hat sich ihre Sprache und Aussprache normalisiert. Das mühsame Stottern verlor sich. Ich hatte stark den Eindruck, dass diese Sprachstörung bei Anna einen direkten Zusammenhang hatte mit dem Zustand ihrer Seele.

Es war die Woche vor dem Ertrinkungsunfall im Herbst 1992. Wir waren im Urlaub, und es regnete pausenlos. Erstaunt stellten wir fest, dass sich bei Anna eine Veränderung abzeichnete.

«Ihr dürft mich nicht stören. Ich muss arbeiten», sagte sie mit Nachdruck. Anna entdeckte in jener Woche das figürliche Zeichnen. Sie zeichnete auf einmal ein Bild nach dem anderen. Sie konnte zuvor nur kritzeln und Löcher in die Zeichenpapiere bohren. Anna malte nun mit ihren leuchtenden Filzstiften wunderschöne Bilder, die wir über dem Kamin aufstellten. Selbstverständlich lobten wir unsere Künstlerin in den höchsten Tönen, was sie zu etlichen weiteren Kunstwerken animierte.

Anna ließ uns nun auch bildlich in ihre Innenwelt blicken. Die war offensichtlich farbig und fröhlich geworden. Sie zeichnete unser Haus in den schönsten Farben, die Sonne am Himmel durfte nie fehlen, und die Familie lachte fröhlich. Jedes

Gemälde wurde mit herrlich leuchtenden Farben eingerahmt. An diesen Bildern erkannten wir, dass langsam Ordnung in ihr Innenleben kam. Und so konnte sich auch sprachlich einiges ordnen.

Anna war extrem wissbegierig. Sie brauchte Bücher, um ihren Wissensdurst zu stillen. Die schauten wir dann gemütlich aneinandergekuschelt gemeinsam an. Vor allem an den biblischen Geschichten konnte sie sich nicht satthören. Auch da drängten sich ihr immer wieder neue Fragen auf. Ich erinnere mich sehr gerne an diese speziellen Zeiten der Zweisamkeit. Auch mit Hansuli genoss sie solche Erzählstunden. Nebenbei lernten wir mit Anna mit! Das Leben war ja sooo spannend!

Zudem ist uns schon damals aufgefallen, wie schnell Anna Neues in sich aufnahm. Als wir am Luganersee standen und auf das Schiff warteten, das uns auf eine Fahrt mitnehmen sollte, beobachtete Anna das Geschehen am Anlegesteg ganz genau. Ihre wachen Augen registrierten alles. Ihr Gehirn versuchte offensichtlich, das bisher Gewusste und das neue Wissen zusammenzubringen. Annas große Aufmerksamkeit war schon unglaublich faszinierend.

Als dann das große Schiff am Steg anlegte, konnte sich Anna kaum beruhigen: «Auf so einem Schiff war ich noch nie in meinem Leben!», rief sie erstaunt und beglückt aus. Sie staunte über die Töne, die das Schiff erzeugte, und den Wind, den sie auf dem See ganz anders spürte als an Land. Sie genoss es, dem Papi auf den Knien zu sitzen und zu spüren, dass wir zusammengehören. Anna sah die Berge, die aus der Perspektive vom Schiff aus irgendwie höher schienen. Wir sahen diesen Ausflug auf einmal ganz anders: aus der Sicht eines Mädchens, das nicht aus dem Staunen herauskam über all das Schöne, was das Leben bieten kann. So erweiterte sich Annas Sprach- und Erlebnisschatz.

Während es draußen wieder einmal regnete, baute Anna im Rustico mit Holzscheiten eine Burg. Das heißt, sie legte die Scheite so, dass sie einen Innenhof bildeten. Dort stellte sie ihre vielen Duplo-Figuren auf. Auch ein Holzzug stand darin. Zum ersten Mal erlebten wir, wie Anna sich ausführlich mit den Figuren unterhielt. Sie erteilte Anweisungen, erklärte, wie schwierig es sei, die Zugwagen zu beladen, weil die Leute einfach nicht begriffen, wie sie arbeiten sollten.

Und dann war da noch die böse Welt außerhalb der Holzscheite. Irgendwie mussten die Leute im Kreis klarkommen mit den Gefahren draußen. So referierte Anna erstmalig über ihre kleine Welt. Sie schien eine Unterscheidung zu machen zwischen ihrer sich langsam ordnenden Innenwelt und der bedrohlichen Außenwelt. Wir staunten, was in dem kleinen Krausköpfchen alles vorging.

Für mich war klar, dass sich in Annas Kopf und Seele einiges zum Guten ordnete. Und plötzlich war da auch der andere Blick. Annas Augen, die zuvor immer wild und lauernd dreingeschaut hatten, bekamen einen sanften Ausdruck. Diese schönen dunklen Augen wurden lebendig. Sie waren ein Fenster in ihre Seele. Sie öffnete sich uns und begann ihr Vertrauen zu festigen. Und damit konnte auch unsere Seele aufatmen.

Dann, nur wenige Tage nach diesem schönen Urlaub, geschah der folgenschwere Unfall, der Annas Plaudermund wohl für immer zum Schweigen brachte. Eigenartigerweise konnte Anna einen Tag nach dem Unfall für einen kurzen Moment nochmals sprechen, bevor sie ins künstliche Koma versetzt wurde. Es war ein kurzes Aufwachen. Allerdings ging es da nur um wenige Worte. Sie wollte uns mitteilen, dass sie mit Joachim, meinem Bruder, lachen wollte. Und dann versank sie in diese Tiefe, zu der wir keinen Zugang mehr hatten. Seither hat Anna nie wieder mehrere Worte, geschweige denn ganze Sätze gesprochen.

Nach dem Unfall

Als Anna aus der Kinderklinik entlassen wurde, durften wir mit ihr wöchentlich einmal zu einer Physiotherapeutin. Mit Anna konnte ich nicht mit öffentlichen Verkehrsmitteln unterwegs sein. Ich entschied mich, den Weg mit dem Auto unter die Räder zu nehmen. Einmal, als wir wieder im Auto unterwegs waren, sagte Anna wie zufällig «Fischli». Das war ja ein richtiges Wort! Nur: Wiederholen konnte sie es nicht, nie mehr. Dieses eine kleine Wörtchen ließ mich unendlich viel Hoffnung schöpfen. Anna musste wieder sprechen lernen! Ich wollte Anna alles ermöglichen, damit sie eines Tages wieder so viel schwatzen könnte wie vor dem Unfall.

Die Ärzte machten uns wenig Hoffnung, dass Anna wieder sprechen lernen könnte. Sie sagten uns, dass man überhaupt nicht abschätzen könne, was bei Anna geschädigt bleiben und was sich wieder normalisieren werde. Irgendwie konzentrierten sich von Anfang an die meisten Mitmenschen und auch wir selber auf die Sprache. Sie war doch ein so deutliches Merkmal von Anna gewesen.

So nach und nach lernte Anna wieder gehen, Musik hören, sehen und das Gesehene interpretieren. Aber die Sprache kam einfach nicht zurück. Das war schrecklich. Es kam einfach nichts: kein Ja, kein Nein, kein Mama, kein Papa. Nichts.

Und doch erkannte ich, dass sich in Annas verletztem Gehirn auch im Sprachbereich etwas tat. Genau wie vor dem Unfall begann Anna, ihr Umfeld sorgfältig zu beobachten. Sie konnte noch über eine längere Zeit mit ihren Augen nicht die Dinge um sich herum interpretieren und verstehen. Aber Anna klopfte mit ihren Patschhändchen alles ab. Sie fasste alles an, nahm es in den Mund, erzeugte Töne. Mit allem, was sie tat, speicherte sie fleißig die neu gewonnenen Eindrücke. Für ihre Verhältnisse nahm Anna überdurchschnittlich rege am Leben um sich herum teil.

Knallrote Knisterfolie

Anna konnte richtig in Fahrt kommen, wenn sie mit einem faszinierenden Gegenstand spielen durfte. Ein solcher Gegenstand war die rote Knisterfolie. Hansulis Schwester Anna-Regula brachte Anna ein Geschenk, eingepackt in knallrote Knisterfolie. Der Inhalt des Geschenkes blieb uns nicht in Erinnerung. Aber die Knisterfolie begeisterte Anna von nun an stundenlang. Sie schüttelte die Folie, zerknüllte sie, so gut es ging, und biss in sie hinein. Wir konnten ihr förmlich ansehen, wie sie durch dieses Material angeregt wurde. Alles erzeugte ziemlich eindrückliche Geräusche, die Anna fast berauschten. Ich sah, dass sie Glücksgefühle entwickelte bei diesem selbst produzierten Lärm. Anna zeigte beim Spiel mit der Knisterfolie eine Ausdauer, wie sie uns bisher noch nie aufgefallen war.

Es war einfach spannend, Anna zu beobachten, wie sie auf ihren «selbst produzierten Lärm» reagierte. Auch wir nahmen beim Zusehen wahr, was für einen normal denkenden Menschen nicht von Bedeutung ist: die eindrücklichen Geräusche, die man mit ganz gewöhnlichem Material erzeugen kann.

Augen und Sprache

Der Heilungsprozess schritt langsam voran. Anna begriff immer mehr. Es dauerte etwa vier Monate, bis Anna ihre Augen wieder ganz bewusst einzusetzen versuchte. Die Augen waren notwendig, um neue sprachliche Fortschritte zu machen. Ganz zufällig fand ihr Blick unseren. Das war ein Wonnegefühl, ein Grund zum Feiern!

Blickkontakt ist so wichtig im persönlichen sprachlichen Austausch zwischen Menschen. Das wurde uns schmerzlich bewusst, als wir monatelang auf diesen direkten Kontakt mit Anna verzichten mussten. Und nun begannen ihre Augen uns wieder wahrzunehmen. Manchmal fixierte sie etwas, das sie zu interessieren schien. Anna fühlte unsere fürsorgliche Gegenwart.

Sie arbeitete sich mit den Händen, dem Mund, den Ohren und den Augen in unsere Welt hinein. Wir redeten viel mit ihr. Für uns war es von Anfang an unermesslich wichtig, Anna nicht als Behinderte zu behandeln. Wir benutzten eine ganz normale Sprache. Auch wenn sie sicher nicht alle unsere Anordnungen richtig verstand, gingen wir davon aus, dass sie sie irgendwann begreifen könnte. Wir stimulierten alle ihre Sinne und glaubten unermüdlich an Annas Rehabilitation.

«Komm, Anna!», rief ich ihr auf einem Spaziergang zu. Dabei klatschte ich in die Hände, lief rückwärts vor ihr her und animierte sie mit meinem fröhlichen Rufen, meine Anweisung zu befolgen. Tollpatschig wackelte sie, noch unsicher auf den Beinen, in meine Arme. «Bravo!», bejubelten wir ihr Mitmachen bei unserem Spiel. Anna hatte die Belohnungsrufe und die Ermutigungen schon immer geliebt.

Logopädie

Irgendwann kam mir die Idee, wir sollten uns nach einer Logopädin umsehen. Über die Kinderklinik Zürich kam ich an die Telefonnummer von so einer Fachfrau für die Sprache heran. Diese erfahrene Dame besuchte uns einmal zu Hause. Sofort fühlte ich mich von ihr sehr ernst genommen. Und sie hat mich mit ihrem Urteil überrascht. Sie fand, Anna sei wie ein trockener Schwamm. Dieser trockene Schwamm müsse bekommen, was er brauche: Wasser. Oder in unserem Fall: fachliche Hilfe.

Nun hatte ich also von einer Fachfrau die Bestätigung, die sogar meine Vermutungen übertraf. Anna wollte und sollte lernen. Ihr Sprachschatz sollte aufgebaut werden. Leider konnte diese sympathische Logopädin ihre Hilfe nicht anbieten, da sie bereits ein zu volles Programm hatte. Aber ich bin und bleibe der Frau dankbar für ihre Einschätzung und Ermutigung in einer Zeit, wo jede ernst gemeinte Unterstützung wie Balsam für die Seele war.

Es stellte sich mit der Zeit heraus, dass es sehr, sehr schwierig war, eine Logopädin für Anna zu finden. Ich weiß heute nicht mehr, durch wie viele Telefonate ich mich durchgearbeitet habe, um schließlich zur Erkenntnis zu gelangen, dass wir nicht fündig werden. Niemand hatte freie Kapazitäten für unsere Anna.

Heilpädagogischer Kindergarten

Eines Tages musste ich den Schritt tun und im Kindergarten der heilpädagogischen Schule in Uster um einen Platz für Anna bitten. Noch völlig geblendet von der Idee, unser Wille zur Genesung allein genüge, dass Anna wieder ganz gesund werde, meldete ich sie sozusagen vorübergehend an. Schon am ersten Kindergartentag, den Anna bestreiten musste, ist mir bewusst geworden, dass Anna dort eines der geistig schwächsten Kinder war.

Am 6. Januar 1995 schrieb ich Folgendes in mein Tagebuch:

Gestern war Herr W., ein Lehrer für Logopädie am heilpädagogischen Seminar in Zürich, bei uns, um Anna für die Invalidenversicherung abzuklären. Es traf mich ein wenig, als er von einer schweren geistigen Behinderung redete. Aber das Positive in seiner Beurteilung überwog. Auf meine Frage, ob Annas frühere Intelligenz noch da sei und vielleicht wie ein Antriebsmotor wirke, sagte Herr W.: «Ja, es fällt auf, dass Anna wohl gewisse ‹behinderte› Verhaltensmuster hat, aber eine durchbrechende Intelligenz überwiegt. Es zeigt sich zum Beispiel darin, dass Anna klar rebelliert, wenn sie an Grenzen kommt. Sie weiß, dass sie mehr können sollte …» Herr W. sagte noch viel mehr. Aber das ist in etwa das, was endlich auch unsere Meinung bestätigt. Herr W. sagte noch weiter: «Es ist bei Anna absolut unmöglich, eine Prognose zu stellen. Wenn Therapeuten das trotzdem tun, dann erscheint mir das als extrem kurzsichtig.»

Damals kostete mich der ewige Kampf um eine angemessene Einschätzung von Anna sehr viel Kraft. Ich wusste, dass da mehr vorhanden war, als man sehen konnte. Interessanterweise konnte Anna zu Hause sehr viel konzentrierter und ausdauernder an einer Sache verweilen als im Kindergarten. Da bekam ich immer die Antwort, das sei, weil Anna im Kindergarten mehr Eindrücke zu verarbeiten habe. Sicher, das war schon so. Aber eines hat die prima Kindergärtnerin nicht beachtet: Anna reagierte sehr stark darauf, ob man ihr etwas zutraute – und was. Es ist noch heute so, dass Menschen, die Anna viel zutrauen, sehr viel mehr aus ihr herausholen können als solche, die sie unterschätzen.

Anna wurde schon während der Kindergartenzeit für Einzelstunden in der schuleigenen Logopädie eingeteilt. Sie genoss diese kurzen Stunden mit der liebevollen Logopädin über alles. Sie freute sich über die Zuwendung und die vielen Anregungen, und sie durfte sogar länger als andere Kinder diese Einzelstunden besuchen.

Eigentlich hat Anna damals noch sehr wenig «Sinnvolles» gemacht. Sie konnte nicht begreifen, was sie tun sollte, wenn die Logopädin sie bat, auf einen Stuhl zu steigen. Sie begriff das Spielzeug nicht. Holzklötze nahm sie in den Mund und schlug damit auf den Boden oder einen sonstigen Gegenstand. Eine Spielzeugküche war in dem Sinne anregend, dass sich die Gegenstände darin anders anfühlten als die gewohnten Sachen. Vor allem aber konnte Anna dabei neue Geräusche produzieren. Bücher zerrupfte Anna am liebsten. Es war eine aufregende Arbeit für sie, die Papierseiten in den Mund zu bekommen und nachher zu zerreißen.

Anna ließ alles auch abrupt und planlos aus der Hand fallen. Kaum hatte sie die Dinge nicht mehr im Blickfeld, verloren sie auch gleich an Bedeutung. Eine Ausnahme gab es dann, wenn Anna die Dinge im Mund behalten konnte. Kam ihr aber der nächste Gegenstand in die Hände, dann schüttelte und rüttelte sie die Dinge und führte sie fast automatisch zum Mund. Dafür musste sie den Gegenstand, der bereits im Mund vorgetestet worden war, fallen lassen. Anna hat also ihre Umwelt buchstäblich mit dem Mund *er*-fasst. Auch wenn das alles ein ganz zerstreutes und ungeordnetes, sinnloses Bild abgab, sahen wir weiterhin in jedem noch so kleinen Fortschritt ein Wunder.

Die Hammerbotschaft und eine gute Wende

Nach einiger Zeit wurde ich in einem Gespräch über die Einschätzungen und Bewertungen der Logopädin informiert. Diese Bewertung hat mich total erschlagen. Die Logopädin versuchte mir mit aller Liebe und Freundlichkeit klarzumachen, dass Anna sehr, sehr wenig verstehe und begreife. Ich solle mir keine Hoffnungen machen, dass Anna in absehbarer Zeit sprechen lerne. Anna habe überhaupt keine Voraussetzungen, um zu sprechen.

Das war eine Hammerbotschaft. Nach solchen Gesprächen war ich jeweils für Tage wie lahmgelegt. Diese eigentlich hoffnungslosen Prognosen nahmen mir fast die Kraft zum Leben. Es war nicht weise, mich so mit einer Wahrheit zu konfrontieren, die gar nicht abschätzbar war. Niemand konnte mir wirklich voraussagen, was Anna wieder lernen würde und was nicht. Zum Glück gab es einzelne Ärzte, die über die erstaunlichen und unerwarteten Fortschritte von Anna in jeder Hinsicht Überraschung zeigten. Und diese Ermutigungen waren lebensnotwenig für uns.

Die Invalidenversicherung bewilligt nur eine beschränkte Anzahl von Therapiestunden. Und so kam auch für Anna der Zeitpunkt, wo sie keine Logopädiestunden in der heilpädagogischen Schule mehr besuchen konnte.

Eine Zeitlang vernachlässigten wir diese Förderstunden. Aber dann wurde ich auf die «Therapiestelle für das kleine Kind» in Winterthur aufmerksam. Ohne großen bürokratischen Aufwand wurde Anna bei einem ersten Kennenlernen beobachtet. Schnell wurde Anna Frau U., einer erfahrenen Therapeutin, zugeteilt. Von da an durften wir einmal wöchentlich zu dieser Frau fahren. Anna freute sich immer schon frühzeitig auf die kurzweilige Spielstunde.

Die Auswertungsgespräche mit Frau U. waren ermutigend. Ihr gelang es, mir die kleinen Fortschritte ausführlich zu erklären und so zu präsentieren, dass ich den Eindruck hatte, Anna mache Sprünge in der Entwicklung.

An Annas Geburtstag überraschte die Therapeutin Anna mit

einem ganz kleinen Schokoladenkuchen, den sie gemeinsam mit langen, dünnen Kerzchen bestückten. Anna übte an den Kerzchen, das Flämmchen auszublasen. Und wie sie das tat! Mit demselben Eifer übte Anna zu Hause fleißig weiter. Sie musste sich hochkonzentriert auf das Flämmchen zubewegen, ohne es zu berühren. Immer wieder schaute sie zu uns und wollte ein Lob. Dank großem Aufwand gelang es schließlich, mit vereinten Kräften die Flämmchen der langen, dünnen Kerzen auszublasen.

Tipps für Eltern

Es ist wohl unglaublich schwierig, betroffenen Eltern die Wahrheit über die Behinderung verständlich zu machen. *Wie* man diese Wirklichkeit weitergibt, ist dabei maßgeblich wichtig. In derart extremen Situationen neigt man dazu, nur das Gute und Schöne hören zu wollen. Man ist in so einer unbeschreiblich großen Not einfach nicht stark genug, schlechte Prognosen auszuhalten.

Uns kostete das Leben mit unserer tragischen Geschichte täglich unermessliche Kräfte. Wir brauchten diese Energie, um die Geschichte durchstehen zu können. Und wir brauchten die Kraft noch viele Jahre. Darum war Ermutigung für uns so enorm wichtig. Ich denke heute, dass die Menschen, die es schafften, uns mit den ermutigenden Entwicklungen bei Anna Hoffnung auf Veränderung zu vermitteln, letztlich am meisten halfen.

Jeder noch so kleine Fortschritt war für uns fast lebenswichtig. Er gab uns wieder einen Kraftschub, um das nächste Hindernis im gemeinsamen Überlebenskampf meistern zu können. Die Defizite haben wir Eltern ständig vor Augen und müssen damit leben lernen. Würden wir uns aber zu sehr von den Einschränkungen bestimmen lassen, wären wir in der Gefahr, den Mut zu verlieren, den unsere behinderten Kinder für die bestmögliche Entwicklung so dringend brauchen. Wer nur von Defiziten spricht, vermittelt ein Gefühl des «Abgeschriebenseins», statt Mut, Hoffnung und Anerkennung rüberzubringen für das, was wir haben. Letztendlich spielt es doch gar keine so große Rolle, wie viele und welche Einschränkungen noch vorhanden sind. Wenn wir die Ressourcen unserer behinderten Kinder entdecken, dann sollten wir uns die nutzbar machen und damit arbeiten.

Den Prozess der Annahme muss jeder Betroffene auf seine ganz eigene Weise durchleiden. Wir mussten schrittweise Frieden schließen mit unserem Lebensschicksal. Und wir brauchten viel Zeit, um uns mit unserer tragischen Geschichte zu versöhnen. Damals waren wir noch ganz am Anfang dieser Geschichte.

Vermutlich reagieren nicht alle Menschen so wie wir. Vielleicht können andere Eltern viel besser damit umgehen, wenn sie mit der ganzen Wahrheit der Behinderung ihres Kindes konfrontiert werden. Eines ist uns Eltern wohl gemeinsam, dass wir für unsere Liebsten das Beste wollen und Kraft schöpfen aus hoffnungsvollen Beurteilungen unserer Kinder.

Förderung des Sprachverständnisses

Annas Sprachverständnis wurde meiner Ansicht nach immer wieder falsch eingeschätzt. Zu Hause erlebten wir, wie Anna durch unsere Förderung nach und nach am normalen Alltag teilnehmen konnte. Sie brauchte weniger Hilfe und musste nicht mehr pausenlos überwacht werden. Anna konnte nie genug Anregungen bekommen.

Oft arbeiteten wir nebeneinander. Anna klebte oder kritzelte etwas. Dabei ermutigte ich sie. Wir plauderten vor uns hin, wobei natürlich vor allem ich redete und Anna irgendwelche Geräusche von sich gab.

Oder wir hörten uns Geschichtenkassetten an. Und da stellten wir plötzlich fest, dass Anna begann, Lieblingsgeschichten zu wählen. Sie lachte da, wo es etwas zu lachen gab. Manchmal konzentrierte sie sich ausschließlich aufs Geschichtenhören. Sie stand etwas gekrümmt über das Kassettengerät gebeugt und lauschte mit voller Aufmerksamkeit der Geschichte. Für uns war klar, Anna musste einiges vom Sinn der Erzählung verstehen.

Mit der Zeit konnte sie verschiedene Geschichten unterscheiden. Oft wählte sie die biblische Geschichte von Zachäus, der vom Baum herunterrutschte, als Jesus ihn bat, bei ihm zu Hause einkehren zu dürfen. Dieses Herunterrutschen gefiel Anna so gut, dass sie schon kurz vor der erzählten Szene zum Lachen ansetzte!

Anna war begeistert, wenn der Papi ihr am Abend ihre geliebten biblischen Geschichten mit großen, einfach gemalten Bildern erzählte. Eindrücklich bleibt die Erinnerung an das, was geschah, als es wieder einmal Karfreitag und Ostern wurde. Anna begann zu begreifen, dass der Karfreitag der Todestag Jesu ist. Natürlich hat der Papi Anna alles ausführlich erklärt. Dann liefen Anna plötzlich die Tränen über die roten Wangen, als der Papi wieder von der Kreuzigung erzählte. Das hat sich tief in unsere Erinnerung eingeprägt. Diese Begebenheit war ein klares Zeichen dafür, dass Anna verstand, worum es in der Geschichte ging. Wie gut, dass nach der Kreuzigung die Auferstehung Jesu folgte!

Damals prägte sich Anna ein, warum wir diese Tage feiern. Für sie sind das nicht einfach freie Tage. Anna kennt den Osterhasen schon. Und der darf auf keinen Fall fehlen an Ostern. Aber der hat nichts mit der biblischen Geschichte zu tun. Anna hat sich die christlichen Grundgedanken dieser Tage eingeprägt. Sie hat verstanden, ja erfasst, worum es geht.

Anna lernte nach und nach dazu. Und ihr Sprachverständnis erweiterte sich.

Sand, Beeren, Spinnen und mehr

Im Garten bauten wir einen Sandkasten für Anna. Die kleinen Förmchen zum Spielen hatten absolut keine Bedeutung. So saß Anna bei Sonnenschein auf der Holzschwelle, die den Sandkasten begrenzte. Mit der einen Hand schaufelte sie

Sand auf. Ungeschickt und unwissend streute sie den Sand über ihre Haare. Monoton konnte sie diese Spielerei fast endlos wiederholen. Ich setzte mich also zu Anna und erzählte ihr, was da alles im Sandkasten liegt und wozu es zu gebrauchen ist. Dabei spielte ich Anna alles vor. Es war eine immense Geduldsarbeit, sie mit dem Sand vertraut zu machen. Aber allmählich begriff sie auch das und lernte, den Eimer mit Sand zu füllen und den Sand wieder auszuleeren.

Bis Anna aber vom funktionalen Spiel zum symbolischen Spielen überging, dauerte es noch viele Monate, die ich zeitweise mit ihr im Sandkasten sitzend verbrachte. Sie brauchte meine Anregungen.

«Komm, Anna, wir gehen in den Wald! Wir werden dort ein Würstchen braten!», ermutigten wir sie zu neuen Entdeckungen. Würstchen, das war das Stichwort. Damit konnte Anna schon recht bald etwas anfangen. Das war lecker, besonders mit Senf! Also ließ sich Anna auf das neue Abenteuer ein und ging mit uns in den Wald.

Grundsätzlich wehrte sich Anna die ersten Jahre sehr gegen alles, was außerhalb der vertrauten Heimat passierte. Wir wollten sie aber etwas fordern und ihren Horizont erweitern. Die Spaziergänge blieben bescheiden. Aber wir konnten so vieles am Wegrand entdecken. Anna suchte mit uns Beeren. Manche Beeren waren eher sauer, andere eher süß. So konnten wir den Unterschied zwischen süß und sauer kennen lernen. Plötzlich entdeckten wir noch eine dicke, schwarze Spinne, die vor unseren Füßen über den Weg rannte. Wir ermutigten Anna, diese Spinne zu beobachten und ihr nachzugehen. Und da entdeckten wir noch viele kleine Ameisen, die am Wegrand ihren fleißigen Dienst verrichteten. Alles verlief spielerisch und lustvoll. Auch die Waldblumen schauten wir uns an und schnupperten daran. Vielleicht dufteten sie ja? Die Begeisterung über diese Erlebnisse ließ uns leicht vergessen, dass wir nach wie vor ein stark behindertes Kind begleiteten.

Dann suchten wir Holz zusammen, um ein Feuer zu entfachen für die versprochene Wurst. Holz, was war das? Anna musste auch dieses Wissen neu in ihrem Gehirn speichern. Das ging nicht, ohne so ein Stück Holz in den Mund zu stecken. Zuerst wollte sie mit dem Holz, das sie mit meiner Hilfe sammelte, auf den Waldboden schlagen. Sie begriff überhaupt nicht, was ich bezweckte mit meinem Auftrag, das Holz aufzuschichten. Mit großem persönlichem Einsatz schafften wir das für uns «Normalen» Gewöhnlichste auf der Welt: einen Holzhaufen aufzuschichten.

Das Feuer entfachte dann Hansuli. Dabei musste ich Anna gut in meinen Armen halten. Sie hörte aufmerksam dem Knistern des auflodernden Feuers zu. Was für uns so gewohnt war, löste in Anna größte Überraschung aus. Sie verband das lodernde Feuer nicht automatisch mit Gefahr. Sie konnte ohne weiteres darauf zulaufen und ließ sich nicht von der Hitze abhalten. So besprachen wir bei dieser Gelegenheit die Gefahr des Feuers. Dazu mussten wir den Mut aufbringen, ihre Hand so nahe wie nötig an das Feuer zu halten. Trotzdem dauerte es noch sehr lange, bis Anna zuverlässig begriff, dass sie nicht ins lustig flackernde Feuer laufen durfte.

Kleine Aufträge erledigen

Bewusst gaben wir Anna kleine Aufträge. «Anna, geh, hol Getränke aus dem Keller.» Sichtlich bemüht, die Aufgabe zu erledigen, machte sich Anna auf den Weg. Sie brauchte noch lange Zeit unsere Hilfe, um den Auftrag auszuführen. Aber wir bauten mit ihr zusammen das Sprachverständnis auf. Wir brachten die gesagten Wörter mit den Taten oder den Gegenständen zusammen.

«Anna, holst du mir den Abwaschlappen aus der Küche?», lautete meine Frage an sie. Anna murmelte etwas vor sich hin. Sie machte sich auf den Weg in die Küche. Das war doch schon was! Sie schaffte es, die Küche anzupeilen. Ob sie wohl den Auftrag schon vergessen hatte? Es dauerte noch viele Monate, bis Anna in der Lage war, nicht nur die Küche zu finden, sondern auch den Lappen da zu suchen, wo er gerade war, und ihn dann zu mir zurückzubringen.

Diese logische Reihenfolge von Vorgängen ausführen zu können, war für Anna ein hartes Stück Arbeit. Auf dem Weg zu einem Auftrag vergaß sie gewöhnlich, warum und wozu sie unterwegs war. In mühsamer und geduldiger Kleinstarbeit übten wir mit ihr, indem wir zuerst immer dieselben Dinge von ihr verlangten. Sie konnte sich nicht auf immer neue Aufgaben einstellen. Mit der Zeit lernte sie jedoch, an einer Sache zu bleiben und einen Auftrag auszuführen.

Als Anna die Epilepsie-Medikamente absetzen durfte, wurde sie deutlich ruhiger. Jetzt konnte sie sich endlich ungestört entfalten. So kam es uns zumindest vor.

Leider hat sich die gesprochene Sprache nie wieder entwickelt. Es ist deutlich erkennbar, dass da die Hirnverletzung durch den Sauerstoffmangel ihre zerstörerischen Spuren hinterlassen hat. Aber Annas Sprachverständnis konnte kontinuierlich aufgebaut werden. Ihre winzig kleine Welt wurde größer und größer. Sie interessierte sich zunehmend für immer mehr Lebensbereiche. Nun mussten wir sie wieder mit Kinderlexika «füttern». Sie sammelte Erfahrungen und Wissen. Langsam erkannten wir, dass Anna unter einer Gabel wirklich eine Gabel verstand. Und dann wurde ihr zunehmend auch klarer, dass eine Gabel zum Essen da ist. Mit unendlicher Geduld versuchten wir den Riesenberg Sprache zu bezwingen.

Verständigungsschwierigkeiten

Irgendwann wurde Annas Interesse an ihren Mitmenschen deutlich. Die ersten Monate, vielleicht sogar Jahre, ertrug Anna nur uns als Bezugspersonen. Sie war unfähig, sich den Ansprüchen einer anderen Beziehung auszusetzen. Sie lebte ganz im Ist-Zustand und hatte größte Mühe, schon diese kleine Welt auf die Reihe zu bringen.

Nachdem sie ihre kleine Familienwelt wieder zu begreifen schien, öffnete sie sich langsam für die Menschen außerhalb des geborgenen Zuhauses. Wir waren darum bemüht, Anna klare Strukturen und Ordnungen in den Alltag einzubauen. So konnte sie sich orientieren und verstehen lernen. Auch gelegentlich neue Menschen in ihren Alltag einzubauen, war so eine Strategie.

So kam regelmäßig Kathrin, ein Nachbarmädchen, zum Spielen zu Anna. Mir tat es in der Seele wohl, dass wieder einmal ein lustiges, ungezwungenes Lachen das Haus erfüllte. Kathrin gelang es, ganz unkompliziert mit Anna zu reden und sie nicht zu behindern mit einer Babysprache. Für Anna waren diese Begegnungen sehr wichtig, um die Sprache weiterzuentwickeln.

Oliver, der Pate von Anna, und seine Familie waren schon damals sehr enge Freunde von uns. Wir besuchten uns gegenseitig. Mit der Zeit waren diese Leute für Anna wichtige Vertraute. Sie konnte sich auf sie einlassen.

Und so füllte sich Annas Leben mit immer mehr Menschen, die ihr in irgendeiner Weise wichtig wurden. Über den Kontakt zu diesen Menschen konnte sich auch Annas Sprachverständnis erweitern. Denn sie benutzten andere Wörter und sprachen andere Dialekte als wir.

Als wir im Sommer 2003 wieder auf die Insel Langeland, Dänemark, in die Ferien fuhren, realisierten wir, dass Anna sich an diesen Ort erinnern konnte. Das war ein sehr schönes Erlebnis. Es gab neben vielen gemeinsamen Erlebnissen, die für uns klar verständlich waren, auch solche, wo wir Anna einfach nicht interpretieren konnten. Eine Aufzeichnung, die ich am letzten Abend in den Ferien gemacht habe, zeigt deutlich, wie schwer es auch für uns manchmal war, dass Anna nicht reden konnte.

Verständigungsschwierigkeiten, 15. August 2003

Es ist unser letzter Urlaubstag auf Langeland. Mit unseren übriggebliebenen dänischen Kronen wollen wir essen gehen. Wir finden ein schönes Hotel, das leckere Fisch-Menüs anbietet. Wir studieren die Speisekarte. Uns läuft das Wasser im Mund zusammen bei all den Köstlichkeiten. Bald sind wir uns einig, dass wir alle drei dasselbe Menü wählen: griechischen Salat und gebratene Scholle mit Kartoffeln.

Schon die Vorspeise, der griechische Salat, ist bei Anna in Kürze weggeputzt. Aber sie sitzt sehr nach vorne gekrümmt da.

«Anna, sitz doch bitte etwas aufrechter», sagen Hansuli und ich beinahe gleichzeitig.

«Ja», sagt Anna, eines der zwei Wörter, die Anna deutlich aussprechen kann. Sie streckt sich, um sofort wieder zusammenzusinken. Die Arme schützend vor den Bauch haltend, will sie uns wohl klarmachen, dass sie Bauchschmerzen hat.

Der Hauptgang kommt, eine riesige gebratene Scholle mit viel Sauce und Kartoffeln. Es sieht wunderbar aus. Anna sitzt vor dieser schön angerichteten Mahlzeit, scheint aber wenig Lust zum Essen zu haben. Dabei hat unsere Anna doch immer Lust auf Essbares!

«Was hat sie wohl?», meint Hansuli.

«Sie bekommt bestimmt ihre Tage», gebe ich zur Antwort.

«Ach so, dann hat sie immer Bauchschmerzen?», meint er.

«Nein, nicht immer, aber vielleicht jetzt!», antworte ich schon etwas gereizt.

«Anna, nimm dich zusammen und iss anständig. Wir sind in einem schönen Hotel!», so versuche ich meinem aufkommenden Ärger und meiner Unsicherheit Ausdruck zu geben. Wie man doch manchmal falsch reagiert! Ich hätte wohl eher zugeben sollen, dass ich Annas Verhalten nicht deuten konnte. Zum Glück bleibt Hansuli ruhig. Ich suche mit Anna zweimal die Toilette auf. Schon schauen die Leute und denken sich wohl ihre Sache zu unserem Auf- und Abtritt. Und je nervöser ich werde, desto weniger gut komme ich klar mit solchen Situationen, die so langsam öffentlich zu werden drohen.

Anna sinkt vor ihrem mittlerweile angeknabberten Fisch immer mehr zusammen.

«Du musst nicht fertig essen, wenn du nicht magst, Anna», lassen wir sie wissen.

«Ja», meint Anna und isst bauchhaltend, zusammengesunken und offensichtlich leidend weiter.

«Was sollen wir bloß machen?», frage ich Hansuli.

«Wir essen jetzt fertig und gehen dann. So lange wird's Anna schon aushalten können.» Er sitzt neben Anna und muss nicht dauernd diese zusammengekrümmte, bleiche und zunehmend leise stöhnende Tochter anschauen. Aber ich, die Anna gegenübersitzt, nehme das alles sorgenvoll wahr.

«Wenn sie nur nicht plötzlich erbricht», denke ich.

«Anna, ist dir schlecht?»

«Ja.»

«Hast du Bauchschmerzen?»

«Ja.»

«Willst du noch essen?»

«Ja.»

«Willst du ins Auto?»

«Ja.»

Bei dieser Fragerei meinerseits schaut mich Anna immer trostloser an. Dann lehnt sie sich sichtlich erschöpft beim Papi an. Jetzt entscheide ich, dass Anna ins Auto geht und dort, so gut es geht, liegen bleibt. Kaum ist Anna im Auto, legt sie sich auf den Rücksitz und ist offensichtlich froh um die Erleichterung. Sie ist bleich. Ich lasse sie alleine im zugeschlossenen Auto und gehe zu Hansuli ins Restaurant zurück. Dort ist es mir nicht wohl. Was ist, wenn Anna sich erbrechen muss? Nach wenigen Minuten packe ich meine Sachen und gehe zu Anna ins Auto. Da sitzt sie friedlich, wohlig, schaut einen Ferienprospekt an und lacht!

«Wo ist denn das schreckliche Bauchweh hin?», frage ich sie ganz erstaunt. Fröhlich macht Anna das Zeichen, das gewöhnlich heißt: «Es ist weg!»

Frustriert sitze ich im Wagen. Haben wir sie falsch verstanden? War alles gar nicht so dramatisch? Hätte Anna reden können, wäre diese Situation vielleicht um einiges einfacher und klarer gewesen.

Bei dieser Beschreibung wird deutlich, wie schwierig es auch für uns manchmal war und ist, Anna richtig zu verstehen. Wir haben nicht umsonst so stark reagiert. Anna hat eine hohe Leidensbereitschaft. Sie weint selten. Körperliche Schmerzen kann sie unglaublich gut ignorieren oder einfach ertragen. Wenn sie dann einmal eine Aktion zeigt, die etwas mit Schmerzen zu tun haben könnte, dann reagieren wir sofort. Denn dann muss der Schmerz groß sein. Aber es könnte durchaus auch etwas anderes sein, das Anna bewegt, schmerzt oder einfach irritiert. Beim Versuch, das herauszufinden, kommen eben solche Geschichten zustande.

Eine neue Idee

Frau Z., Annas Mittelstufenlehrerin, hatte die gloriose Idee, wir sollten Anna ein Hilfsmittel zur Verfügung stellen, damit sie zuverlässiger kommunizieren könne. Und da Anna gut über Bilder mit Menschen kommunizieren kann, begannen wir einmal in den Sommerferien ein Urlaubsalbum zu gestalten. Wir zeichneten überall einfache Bilder, die sich immer wiederholten.

Also: Wir reisten mit dem Autonachtzug von Basel nach Berlin. Basel und Berlin mussten wir nicht zeichnen. Diese zwei Orte hatten wenig Bedeutung. Aber der Autonachtzug, der war wichtig und würde Anna noch oft als Sprache in Bildform nützlich sein. Ich zeichnete so einfach und doch so deutlich wie möglich einen Nachtzug auf eine kleine Karteikarte. Nun schrieben wir den Text:

«Unsere erste Nacht verbrachten wir im Nachtzug (Bildchen) von Basel nach Berlin.» Dann ließen wir Platz frei, um noch passende Fotos einkleben zu können. Am nächsten Tag reisten wir mit der Autofähre von Rostock nach Lolland. Also schrieben wir:

«An diesem Tag sind wir mit der Autofähre (Bildchen) von Rostock nach Lolland gefahren. Es ist ein riesiges Boot. Im Bauch des Bootes sind Autos, Motorräder, Reisebusse und Lastwagen verstaut.» Das zeichneten wir alles mit wasserfestem Filzschreiber und kolorierten alles schön mit wasservermalbaren Farbstiften.

So hatte Anna geschriebene Wörter, die jedermann lesen

konnte, und die dazu passenden Bilder. Die Kärtchen konnte Anna auch ohne Buch mitnehmen, wenn sie mit Leuten in Kontakt war, die ihre aktuelle Lebensgeschichte kannten. So konnten sie sich auf das Bildchen und die ihnen bekannte Geschichte beziehen und auf einfachste Weise mit Anna kommunizieren. Für die Mitmenschen war der Austausch mit Anna plötzlich einfacher und vor allem interessant geworden.

Das war der Anfang von vielen Fotoalben, die wir über die Jahre gestaltet haben. Wir sammelten immer mehr Begriffe, die für Anna in ihrer noch einfachen Kommunikation wichtig waren. Hund, Rummelplatz, Segelboot, Legoland, Schwimmflossen, Surfbrett, Schwimmweste, Eiscreme, Lampion, Feuerwerk etc. waren so in etwa die allerersten Begriffe, die wir auf Kärtchen zeichneten.

Ich wusste damals noch nichts von den so genannten Piktogrammen, den Bildchen, die Menschen benutzen, die nicht sprechen können. Wir konnten unsere Begeisterung über die neue Erfindung dieses Kommunikationsmittels nicht verbergen. Auch unsere Mitmenschen dankten es uns, dass ihnen nun das Gespräch mit Anna erleichtert wurde.

Nach den Sommerferien brachte Anna stolz und erhobenen Hauptes ihr neues Urlaubsalbum mit in die Schule und war damit sehr interessant für die Mitschülerinnen und Mitschüler. Sie wurde endlich verstanden, wenigstens in dem Bereich, wo es ihren Urlaub betraf. Das musste eine unglaubliche Erleichterung gewesen sein für Anna wie auch für die anderen Leute in der Schule.

Von nun an sammelte die Lehrerin zusammen mit den anderen Mitarbeiterinnen all die Begriffe, die für Anna relevant waren. Zuerst zeichnete ich mit Mühe und Not die Begriffe. Für mich war gerade das Zeichnen von Menschen eine ungeliebte Herausforderung. Das Wort «unmöglich» verbannte ich aber aus meinem Repertoire. Ich hätte auf dem Kopf stehend geschrieben, wenn es hätte sein müssen. Zum Glück war das nicht nötig! Aber der Aufwand, das lässt sich leicht erkennen, war enorm. Wie dankbar war ich da um die gute Zusammenarbeit mit Frau Z. und ihren Leuten. Wir arbeiteten uns buchstäblich in die Hände.

Irgendwann stellte ich fest, dass Anna gedruckte Bildchen heimbrachte. Aha, es gab schon so etwas wie unsere Bilder? Woher kamen die denn? Ich wollte mehr darüber wissen. Frau Z. zeigte mir eine noch recht bescheidene Auswahl an solchen Piktogrammen. Erst viel später habe ich erfahren, wie ausgeklügelt das Sprachsystem mit diesen Piktogrammen eigentlich ist.

So langsam sammelten sich viele Bildchen an. Wir mussten sie in Themenbereiche sortieren. Diese immense Arbeit verrichtete eine Praktikantin der Lehrerin. Alle Bilder wurden auf Papier kopiert und in kleine Zeigetaschen für Dias geschoben. In der Schule sortierten sie alles nach Themen. So kamen Tätigkeiten wie Weben, Zeichnen, Kochen, Gärtnern etc. in ein Fach. Dann wurden Gegenstände wie Schaufel, Gartenhacke, Messer, Gabel, Teller etc. in ein anderes Fach eingeordnet.

Auch ein Wochenprogramm wurde zusammengestellt und farblich hervorgehoben, damit Anna sich gut orientieren konnte. Der Montag war blau, der Dienstag orange und so weiter. Am Freitag, zum Beispiel, wurde das Bildchen «Schwimmen» angefügt, weil das der Tag war, an dem die Schulklasse Schwimmunterricht hatte. Für Anna war dann der Donnerstag der Kochtag und der Freitag der Schwimmtag. Sie merkte sich weniger Freitag als vielmehr «Schwimmen». Das war für sie wichtiger. Aber wenn wir ihr sagten, es sei Freitag, dann lernte sie bald, dass sie den Badeanzug in die Schule mitnehmen musste.

In Annas Gehirn schienen sich Dinge, die sie neu lernte, mit Altem zu verknüpfen. Sie nahm deutlich reger teil am normalen Leben. Es war eine Freude, dass sie eigenständiger wurde und nicht mehr nur auf mich fixiert war.

Nun nahm Anna ihr Piktogrammheft, das damals noch sehr groß und unhandlich war, überallhin mit. Die Bildchen haben wir bewusst recht groß angefertigt, weil wir dachten, Anna könne leichter damit umgehen. Ich muss zugeben, dass Anna noch längere Zeit ein ziemlich großes Durcheinander mit ihren Blättern machte. Die einzelnen Plastikmäppchen mit den Piktogrammen fielen ihr aus der Kartonmappe.

Nach unserer Ansicht war diese Mappe zum damaligen Zeitpunkt für Anna die bedienerfreundlichste Möglichkeit. Einen richtigen Ringordner konnte Anna nicht handhaben. Sie brachte es nicht fertig, die einzelnen Plastikmäppchen sorgfältig umzublättern. Sie riss einfach die Seiten herum, was natürlich dazu führte, dass die Bildchen herausfielen. Wir mussten auch für uns den Aufwand für diese Sprache von Anna so klein wie möglich halten. Also konnten wir uns nicht immer wieder darum kümmern, die ausgerissenen Plastikmäppchen durch neue zu ersetzen. Darum entschieden wir uns, sie nach Themen sortiert zusammenzubinden.

Wenn wir sie fragten: «Anna, was hast du heute in der Schule gearbeitet?», passierte Folgendes:

Sie suchte nervös, ungeduldig in ihrem Piktogrammheft herum und vergaß sogleich unsere Frage. Die doch schon große Bildchenpalette verwirrte Anna noch und lenkte sie ab. Sie zeigte dann alles, was ihr gerade in dem Augenblick wichtig wurde. Und das hatte dann offensichtlich wenig oder nichts mit dem zu tun, was sie in der Schule gemacht hatte. Wir mussten sie dann behutsam und geduldig immer wieder dasselbe fragen, immer in der Hoffnung, sie könnte trotz all der schönen Bildchen eine passende Antwort geben. Um es ihr leichter zu machen und, ehrlich gesagt, auch um schneller ans Ziel zu kommen, öffneten wir ihr jeweils den richtigen Themenbereich. So war die Chance viel größer, dass sie uns richtig antworten konnte. Trotz all der Hilfsmittel blieb der Umgang mit Anna anstrengend und aufwändig. Aber wie schon erwähnt, die Fortschritte zählten, nicht die Hindernisse!

In der Schule und zu Hause ergänzten wir die Piktogramme fleißig, ohne das Wissen aus den Augen zu verlieren, dass Anna nicht zu viel Neues in kurzer Zeit aufnehmen konnte. Jedes neue Bildchen musste genau eingeplant und mit Sinn für Anna gefüllt werden. Wir wollten sie ja nicht verwirren, sondern fördern.

Nun hatte Anna also eine Sprachhilfe, die ihr den Zugang zu den Mitmenschen sehr vereinfachen sollte. Und so war es auch. Aber wir stellten schnell fest, dass diese Hilfe keine Wunder bewirken konnte. Nach wie vor wurde Anna nur von den Menschen richtig oder annähernd richtig verstanden, die sie sehr gut kannten.

Anna kam in die Sekundarstufe an der heilpädagogischen Schule Uster. Der neue Lehrer war ein erfahrener und erprobter Mann. Er wusste, wie er den Schülerinnen und Schülern Sicherheit und Strukturen geben konnte. Sein Ziel war eine möglichst selbständige Entwicklung. Aber leider hat er unsere Bemühungen mit den Piktogrammen nicht weitergeführt.

Doch Anna genoss die Schulzeit bei Herrn Z. sehr. Sie wurde recht gut verstanden, war wunderbar eingebunden in den Klassenverband und genoss es, beliebt und umsorgt zu sein. Auch die damalige Werklehrerin hat Anna viel zugetraut und sie sehr gefördert. Kurz gesagt, es war für uns als Familie eine weniger sorgenbeladene Zeit.

Zeichensprache

Anna zu verstehen, mit ihren undefinierbaren Lauten, die sie reichlich von sich gab, war eine spezielle Sache. Auf ihre eigene Weise plauderte Anna wieder fast so viel wie vor dem Unfall. Wir entwickelten miteinander Zeichen für die verschiedenen Themen, die Anna wichtig waren. Aber die verstand niemand außer uns. Sogar Hansuli, der tagsüber nicht zu Hause war, musste oft mich als Übersetzerin befragen, damit er Anna verstehen konnte.

Sie zupfte immer heftig an ihrem Pulloverkragen, wenn sie uns etwas vom Schwimmen erzählen wollte. Das Zeichen kam zustande, weil Anna damit andeuten wollte, dass sie sich fürs Schwimmen ausziehen musste. Bis heute ist das Annas ureigenstes Zeichen für Schwimmen.

S. schneidet Anna jeweils die Haare und frisiert sie richtig pfiffig. Das Zeichen für S. ist folglich: Anna deutet mit zwei

Fingern eine Schere an und setzt diese «schneidenden» Finger an ihre Ponyfransen. Dieses Zeichen macht Anna ausschließlich, wenn sie S. erwähnt. Das war so und ist so geblieben. Anna verändert ihre Zeichen nicht und wendet sie zuverlässig immer für dasselbe an.

Wir entwickelten zusammen unzählige solcher Zeichen. Anna wusste dabei, dass ich ihre zuverlässigste Übersetzerin war. Immer wenn wir zusammen mit Leuten im Gespräch waren, schauten mich ihre Augen groß und fordernd an. Sie suchte den Blickkontakt nicht zu dem Gegenüber, das sie eigentlich ansprechen wollte. Wir führten ein Dreiecksgespräch. Anna schaute ununterbrochen in meine Augen und gestikulierte mit vollem Körpereinsatz, während ich übersetzte. Die eigentlich angesprochene Person schaute uns fasziniert zu und staunte, was aus Anna alles heraussprudelte.

«Anna versteht ja alles!», kam es dann oft staunend von der angesprochenen Person. Anna verstand noch lange nicht alles. Aber sie verstand wesentlich mehr, als man ihr so allgemein zutraute.

Annas Augen sprechen

Anna hat wunderschöne dunkelbraune Augen. Diese Augen sind sehr bedeutungsvoll. Sie sind sozusagen der Zugang zu Annas Sprache. Man muss Annas Sprache *sehen*. Wer Anna verstehen will, muss in allererster Linie direkten Blickkontakt mit ihr halten. Ihre lebendige Gestik und ihre aussagekräftigen Augen helfen, ihre Sprache zu deuten. Anna spricht mit ihren Augen!

Annas Schulfreundin Karin verstand Anna recht gut. Sie war wohl die sprachliche Brücke zwischen Anna, den Mitschülern und den Lehrern. Karin konnte ganz selbstverständlich und mühelos, wie es schien, Anna interpretieren. Als wir hörten, dass Karin die Schule frühzeitig verlassen würde, machten wir uns Sorgen. Was nun?, war unsere bange Frage.

Das neue Schuljahr kam, ohne Karin in der Klasse. Und

Anna schien es gutzugehen mit ihren Möglichkeiten, sich auszudrücken. Für die anderen Schülerinnen genügte offenbar das, was sie begriffen. Anna schien nicht zu leiden unter den weniger optimalen Bedingungen, was ihre Sprache betraf. Mittlerweile zeichnete sich unsere Tochter durch eine überaus große Fröhlichkeit und immer gute Laune aus. Sie konnte sich leicht in die Herzen ihrer Mitmenschen hineinlächeln. Niemand kam auf die Idee, dass Anna nie ganz auf ihre Rechnung kommen würde, ohne sich einer Sprachhilfe bedienen zu können.

Wir füllten weiterhin Annas Fotoalben mit dem, was Anna am meisten auf dem Herzen lag. Mit den vielen Bildern und den passenden Texten konnte sich jedermann eine Vorstellung von dem machen, was für Anna gerade relevant war. Aber sie hatte keine Sprachhilfe, die sie sozusagen abrufen konnte.

Berufswahl

Anna wurde am 4. Februar 2005 siebzehn Jahre alt. Das hieß, in einem Jahr würde Anna volljährig sein. Es wurde Zeit, uns gezielt Gedanken über ihre Berufswahl zu machen. Wir setzten uns mit verschiedenen Institutionen in Verbindung. Wie würden diese auf Annas fehlende Sprache reagieren? Immer wieder war dieses Nicht-sprechen-Können von Anna ein Thema. Verständlicherweise.

Noch vor den Sommerferien entschieden wir uns, Anna im Werkheim in Uster anzumelden. Ehrlich gesagt waren meine Erwartungen nicht so überwältigend. Eines Tages kam ein Telefonanruf vom Leiter der dortigen Lehrwerkstatt. Herr Litschi stellte sich kurz vor, und ich merkte gleich, dieser Mann steht sehr präsent im Leben. Schnell kamen wir zur Sache. Er interessierte sich für Anna und ihre Behinderung.

«Können Sie mir Annas Behinderung beschreiben?», war seine Frage.

«Ich weiß gar nicht, wo ich anfangen soll. Ihre Behinderung

hat keinen speziellen Namen. Was bei ihr sofort ins Auge sticht, ist, dass sie nicht sprechen kann.»

«Wie bitte? Anna kann nicht sprechen? Wie kommuniziert sie dann?»

Obwohl wir telefonisch in Verbindung standen, konnte ich seinen fragenden, vielleicht sogar leicht angespannten Gesichtsausdruck geradezu spüren. So erklärte ich ihm, wie wir bis dahin mit Anna kommuniziert hatten.

«Und wie kann Anna sich anderen Menschen mitteilen?», war seine nächste Frage. Wow! Er hatte Anna ja noch gar nicht gesehen. Und er interessierte sich schon dafür, dass Anna selbständig funktionieren kann! Ich staunte und begann mich zu entspannen. Da sorgte sich offensichtlich jemand außerhalb der Familie um unsere Anna.

«Anna hat eine selber entwickelte Zeichensprache. Wir gestalten ihr viele Fotobücher, die sie überall mitnehmen kann. So kann sie sich doch recht gut mitteilen.»

Ich ging davon aus, dass ich gut geantwortet hatte und meine Tochter doch mit ihrer Ersatzsprache recht beachtliche Möglichkeiten hatte. So unterhielten wir uns erstaunlich lange, was mich aufhorchen ließ.

Es ging ganz und gar um Annas Wohl. Herr Litschi hatte weder Anna noch uns je gesehen. Ich war freudig überrascht. Bevor ich nur einen Schimmer von einer Ahnung hatte, wie unser Gespräch ausgehen würde, erkannte ich, dass hier ein Mensch am anderen Ende der Leitung war, der für uns noch wichtig werden würde.

«Wie erleben Sie Anna, wenn sie nicht verstanden wird?», fragte Herr Litschi.

Diese Frage hatte sich mir noch nie so richtig aufgedrängt. Ich war ja immer zur Stelle, wenn Anna in Not geriet. Irgendwie unbeholfen und meiner Sache nicht ganz sicher, antwortete ich: «Anna sucht einfach nach Möglichkeiten, sich ihren Mitmenschen zu erklären. Sonst muss sie mit diesem gewissen Frust leben.»

Eigentlich erschrak ich über meine eigenen Worte. Gerade das hatte ich ja all die vergangenen Jahre verhindern wollen!

Anna sollte alle erdenklichen Möglichkeiten bekommen, sich bestens zu entwickeln. Hatte ich mich tatsächlich von meinem Kampfgeist gelöst? Nun, der schien sich gerade wieder bemerkbar zu machen. Wie ein Feuer loderte er in mir auf.

«Ich werde mich mit der hauseigenen Logopädin in Verbindung setzen. Wissen Sie, normalerweise verhalten sich Menschen mit einem Sprachverlust immer wieder aggressiv. Sie leiden daran, nicht verstanden zu werden, und geben dem Stress Ausdruck, indem sie Aggressionen und Wut ausleben. Das ist auf jeden Fall verständlich», meinte Herr Litschi.

Wir führten ein langes, überzeugendes Telefongespräch, das mich belebte. Er machte uns das Angebot, dass Anna nach den Sommerferien im Werkheim zwei Wochen lang «schnuppern» dürfte. Ich spürte richtig, dass sich neue Wege für uns und unsere Anna auftun würden.

Verborgene Intelligenz in Annas Augen

Im September folgte dann die Schnupperlehre im Werkheim in unserem Wohnort. Da Anna bis dahin den Schulweg immer mit dem Schultaxi zurückgelegt hatte, spazierte ich täglich mit ihr ins Werkheim. Mein sorgenvolles Mutterherz konnte es nicht lassen, Anna bis zur Tür der Lehrwerkstatt zu begleiten. Auch abholen wollte ich sie genau dort, wo ich sie abgegeben hatte.

Herr Litschi sah in Annas Augen die verborgene Intelligenz. Wenn ich früher diesen Eindruck äußerte, wurde ich nicht richtig ernst genommen. Und jetzt musste ich mich nicht einmal darum bemühen, verstanden zu werden. Das war wohltuend.

Die zweite Woche schnupperte Anna in einer Beschäftigungsgruppe. Auch dort hinterließ sie einen guten Eindruck. Alle staunten, wie leicht und vor allem fröhlich Anna sich einfügte in die ihr doch ganz neue Umgebung.

Im Auswertungsgespräch war auch Frau S., die Logopädin, dabei. Sie hat uns sicher eine Stunde lang den Sprachcomputer eines Betreuten des Werkheimes erklärt. Sollte Anna in naher Zukunft im Werkheim arbeiten, würden sie gerne für Anna so einen Computer beantragen und einrichten. Über diesen Computer würde Anna mittels kleiner Piktogramme mit ihren Mitmenschen kommunizieren können.

Herr Litschi bemerkte noch, Anna könne ganz sicher den Arbeitsweg von zu Hause aus alleine bewältigen.

«Nein! Nie im Leben kann sie das!», war mein erster Gedanke. Für mich war die Vorstellung, dass sie circa dreißig Minuten ohne Aufsicht sein würde, einfach unvorstellbar. Es machte mir Angst. Gleichzeitig konnte ich mir nicht vorstellen, dass ich die nächsten Jahre Anna immer hin- und zurückbegleiten müsste. Also stellten wir uns der neuen Herausforderung. Wir nahmen uns vor, schon beim Schulweg mit dem Training zu beginnen.

Anna sei noch sehr verspielt und sollte diese schöne Seite noch etwas ausleben dürfen. Das sei aber in der Anlernzeit eher nicht so möglich, da sie da ganz gezielt Aufträge auf Termin ausführen müsse. Im Gespräch wurde festgelegt, dass Anna gegebenenfalls in der Fördergruppe von Frau B. ihre Arbeit beginnen würde. Dort lerne sie dieselben Arbeiten wie in der regulären Einführungsphase, jedoch sei es möglich, diese in ihrem eigenen Tempo auszuführen. Anna würde außerdem sofort ein Anrecht auf wöchentliche Logopädiestunden haben. Herr Litschi und Frau S. waren sich einig: Für Annas sprachliche Entwicklung musste etwas getan werden, dringend und möglichst schnell. Nun lag es an uns, ob wir Anna definitiv im Werkheim anmelden wollten.

Neue Zukunft

Wieder zurück in der Schule, geschah etwas, das wir so noch nie erlebt hatten. Anna wurde depressiv. Sie hatte den Anschluss an die neu gebildete Klasse verpasst. Sowohl die Lehrpersonen als auch einige Schülerinnen waren neu. Anna wurde nicht verstanden. Ihre Art zu kommunizieren genügte nicht mehr. Ach, war das eine schwere Zeit. Nach den freudigen Wochen, in denen unsere Tochter so viel Annahme und Hingabe erlebt hatte, musste sie jetzt genau mit dem Gegenteil zurechtkommen.

Es war uns schnell klar, dass für Annas sprachliche Förderung in naher Zukunft nur das Werkheim Uster in Frage kam. Und so meldeten wir sie mit dem Antrag auf frühzeitigen Eintritt an. Das bedeutete, dass Anna möglicherweise schon im März 2006, also kurz nach ihrem 18. Geburtstag, ins Werkheim würde eintreten dürfen. Nach einigen Wochen Wartezeit bekamen wir den positiven Bescheid für eine neue Zukunft für Anna. Welch eine Freude!

Bis zu Annas Übertritt ins Werkheim Uster haben die beiden Lehrerinnen ein neues, viel kleineres, handlicheres Piktogrammheft für sie zusammengestellt. Nun konnte Anna doch noch einigermaßen ordentlich mit ihren Mitmenschen in der Schule kommunizieren. Die letzten Wochen dort erlebte Anna wieder in heller Freude.

Den Schulweg bewältigte Anna bald alleine. Eines Tages kam sie ohne ihre leuchtend orange Wintermütze nach Hause. Ich fragte sie, wo die wohl geblieben sei. Anna gestikulierte mit ihren Händen in alle Himmelsrichtungen und schien mir klar verdeutlichen zu wollen, dass die Mütze irgendwo auf dem Heimweg verschwunden sei. Wir marschierten zusammen die Route ab und suchten überall. Wir schauten über die Gartenzäune, in Abfalleimer und in kleine Gässchen. Wo konnte diese Mütze, die doch eigentlich unübersehbar war, denn nur liegen?

Am nächsten Tag schlich ich Anna auf dem Heimweg nach und dachte, ich wolle doch einmal beobachten, ob jemand, vielleicht andere Schüler, ihr die Mütze gestohlen haben. Was einem in so einem Moment doch alles durch den Kopf geistert! Ja, waren da nicht ein paar freche Burschen, denen Anna auswich, wenn sie sich an ihr vorbeimogelten? Hatten die ihr vielleicht etwas angetan? Anna konnte sich einfach nicht deutlich verständlich machen. Sie suchte die Mütze offensichtlich nicht aktiv. Sie bemerkte lediglich, dass sie nicht da war. Nun musste ich aufpassen, dass ich vor lauter Fragen Anna nicht meine eigenen Gedanken zu der Sache einredete. Um eine lange Geschichte kurz zu machen: Uns fehlten in dem Fall wieder einmal die Worte.

Gefunden wurde die Mütze schlussendlich bei Katja, einer Freundin von Anna. Und zwar war sie bei der Garderobe hinter den Schuhschrank gerutscht. Beim Aufräumen und Putzen fand Katjas Mutter diese leuchtende Wuschelfellmütze!

Was hatte ich alles in Annas Erklärungsversuche hineininterpretiert! Da wurde mir wieder einmal schmerzlich bewusst, wie sehr die Sprache in gewissen Momenten fehlt. Ohne die gesprochenen Worte werden noch viele solche Geschichten folgen, die sprachlich wohl viel schneller gelöst werden könnten. Vielleicht wollte mir Anna ja schon längst mitteilen, dass sie keine Ahnung habe, wo sich die Mütze befinde. Und meine Meinung, sie sei ihr vielleicht geraubt worden, sei völlig daneben ... Ja, wenn ich nur verstanden hätte!

Werkheim

Am 6. März 2006 war Annas erster Arbeitstag im Werkheim Uster. Die hausinterne Logopädin ging voller Tatendrang und hoch motiviert an die neue Aufgabe, Anna eine verständliche Sprache zu geben.

Der Sprachcomputer, der uns beim Auswertungsgespräch nach der Schnupperlehre bei Herrn Litschi vorgestellt worden war, musste bei der Invalidenversicherung beantragt werden. Gesuche mussten verfasst und Arztberichte eingefordert werden. Es dauerte nahezu ein Jahr, bis dieser Antrag für Anna bewilligt wurde.

Während der Monate, bis die Arbeit mit dem Computer aufgenommen werden konnte, arbeitete Frau S. wöchentlich zweimal je eine halbe Stunde mit Anna. K., Annas Bezugsperson bei der Arbeit, stellte mit viel Liebe und Sorgfalt ein neues, angepasstes Piktogrammheft her. So hatte Anna viele Bildchen zu den verschiedenen Arbeitsbereichen und für die Freizeit. Auch Fotos von all den Menschen im Werkheim, die für Anna wichtig waren, wurden eingeklebt. Anna konnte mir am Abend, nach getaner Arbeit, leicht ihren Tag erklären. So erfuhr ich, mit wem sie zusammengearbeitet und welche Aufgaben sie ausgeführt hatte.

Weiter wurde ein Kontaktheft angelegt. Das ging so: Am Morgen arbeitete Anna in der Gartengruppe. Dort wurde sie fast immer von einem Betreuer oder einer Betreuerin während der Arbeit begleitet. Diese Person bekam alles mit, was Anna während der gemeinsamen Arbeitsstunden so erlebte, erzählte und produzierte. Das wurde nach Arbeitsschluss am Mittag kurz ins Kontaktheft geschrieben. Am Nachmittag arbeitete Anna in der Produktionsgruppe, wo sie verschiedene Arbeiten zum Teil alleine erledigen konnte. An bestimmten Tagen wurde der Nachmittag mit einer Musik- und Tanzstunde verschönert. Oder sie machten einen kleinen Ausflug. Alles, was Anna wichtig war, wurde schriftlich vermerkt. Am Abend fügte ich dann hinzu, was Anna zu Hause erlebt hat. So konnten alle Menschen, die sich mit ihr unterhielten, anhand des Kontaktheftes nachprüfen, ob man Anna richtig verstanden hat.

Es ist unermesslich, welche Möglichkeiten sich Anna auftaten dank des Aufwands, den wir für sie betrieben. Mit all den Informationen, die im Kontaktheft standen, konnte Anna ihren Mitmenschen ihre interessante Welt erklären. Ein Gespräch, wenn auch auf einer einfachen Ebene, wurde möglich.

Oft war und ist es für die vielen Betreuer und Betreuerinnen ein zusätzlicher Aufwand, diese Einträge ins Kontaktheft zu schreiben. Trotzdem fehlte der wichtige Bericht nur ganz selten. Es ist außerordentlich lobenswert, mit welcher Treue diese Leute sich daran beteiligten, dass Anna nicht in der Isolation ihrer beschränkten Ausdrucksmöglichkeiten leben musste.

Eines Tages saß Anna konzentriert an einem Puzzle. Ich bügelte daneben. Das Bild auf dem Puzzle zeigte ein Einhorn und viele kleine Schmetterlinge. Anna gab Laute von sich, an die ich mich längst gewöhnt hatte. Meine Aufmerksamkeit galt der Wäsche und dem Radioprogramm. Anna gab nicht auf und wollte mir etwas erklären. Hartnäckig und ausdauernd drangen die Anna-Laute an meine Ohren.

«Was willst du denn erzählen?», war meine noch nicht so aufmerksam gestellte Frage.

«E, e, e, hmm…!», meinte Anna. Jetzt merkte ich, dass ich hinschauen musste. Anna versteht man nur, wenn man ihr in die Augen schaut. Annas Sprache ist eben vorwiegend sichtbar. Ich stellte das Bügeleisen hin und wendete mich ganz entschieden Anna zu.

«Anna, was genau willst du mir erzählen? Ich möchte es wissen.»

Mit dem Zeigefinger deutete Anna immer wieder auf die verschiedenen Schmetterlinge. Dann machte sie Kreisbewegungen mit beiden Händen, als wenn sie Jonglieren andeuten wollte.

«Du musst mir helfen, Anna. Ich verstehe nicht, was du meinst. Kannst du mir sonst noch irgendwie helfen?»

«Hmm…, e, e, e, hmm…!» Anna wurde lauter. Es kostete sie offensichtlich schon etwas Nerven, weil ich einfach nicht begreifen wollte.

«Schau, Anna, ich möchte dich verstehen. Du musst mir helfen. Hast du ein Buch mit Bildern, das beim Erklären hilft? Du musst mir einfach noch mehr Hinweise geben. Willst du das?» Das war doch eine klare Ansage, oder?! Andererseits: Habe ich da nicht vielleicht zu viel gesagt? Genau wie den meisten von Annas Mitmenschen kamen mir immer wieder Zweifel, ob sie wirklich dem normalen Redefluss folgen konnte.

Die kämpferische Anna ließ sich jedoch nicht aus dem Konzept bringen. Voll engagiert stand sie ruckartig auf. Der Stuhl, auf dem sie gerade gesessen hatte, fiel beinahe um. Im Eiltempo machte sich Anna auf den Weg ins Wohnzimmer. Nach einer Weile erschien sie wieder mit einem Biologie-Buch. Sie suchte ein bisschen nervös nach einem bestimmten Bild.

«Aha, das willst du zeigen?» Ja, warum hatte ich denn nicht begriffen?! Natürlich wollte Anna mir die Geschichte der Schmetterlinge erzählen. Diese wunderschönen, zarten Tierchen waren einmal Raupen gewesen. Anna verdeutlichte mir, dass die Raupen sehr viel fressen, um sich dann zur Ruhe zu legen. Sie verpuppen sich und bleiben eine Weile im Kokon liegen. Eines Tages sprengen sie die Puppe und schlüpfen als wunderschöne Schmetterlinge an die Sonne.

Mit Begeisterungsrufen machte mir Anna deutlich, wie schön es doch sein müsse für einen Schmetterling, gewärmt von der Sonne in die Lüfte zu fliegen. Anna kann bei so viel Begeisterung herrlich mit ihrer Stimme spielen. Es ist unmöglich, sich nicht von ihren Emotionen anstecken zu lassen.

Genau das war Annas Schmetterlingsgeschichte, die sie auf dem Puzzle gesehen hatte!

Ich staunte und freute mich wieder einmal lautstark mit und für Anna! Ist unsere Tochter nicht ein intelligentes Mädchen? Sie konnte mir ohne gesprochene Sprache eine ganze Geschichte erzählen.

Verstanden werden

Tamara, eine betreute Kollegin von Anna, versteht Anna erstaunlich gut. Nach langem konnten wir Tamara endlich zu uns nach Hause einladen. Wir bereiteten ein schönes Abendessen vor, deckten den Tisch festlich, und Anna ordnete viele kleine Kerzen auf einem großen Teller an. Alles war wunderbar. Dann klingelte es. Tamara erschien! Wir setzten uns an den Tisch. Und schnell waren wir zu viert in ein Gespräch verwickelt. Natürlich drehte sich dabei alles um Tamaras und Annas Welt in der Gartengruppe im Werkheim.

Mit Zeichensprache wollte Anna uns von ihrer Projektwoche mit dem Circolino Pipistrello, einem Kinderzirkus, erzählen, an der die beiden teilnehmen würden.

Wir staunten, wie selbstverständlich Anna einbezogen wurde von Tamara, wenn sie beide erzählten. Da schien keine fehlende Sprache vorhanden zu sein. Ganz natürlich fand das Gespräch statt. Teilweise hat Tamara einige Erklärungen zur Verdeutlichung des Geschehens in der Gartengruppe abgegeben. Das hätte jemand filmen sollen! Und das wohl nur, weil wir drei Sprechenden Annas spezielle Sprache verstehen. Einfach herrlich!

Dann wollte Anna mir etwas erklären, aber ich verstand nicht, was sie meinte.

«Du möchtest ein Ersatz-T-Shirt für die Proben im Zirkus mitnehmen, gell?!», sagte Tamara ganz beiläufig. «Ja, das mache ich auch. Das ist eine gute Idee, weil es im Zelt sicher heiß sein wird.»

«Ja, hmmm, e, e», sagte Anna. Ihr Blick sagte aber wesentlich mehr aus: große Erleichterung, dass Tamara übersetzt hat. Tamara kannte keine Hemmungen, Anna vielleicht sogar falsch zu interpretieren. Anna konnte sich schon wehren, das erlebte Tamara ja oft genug am Arbeitsplatz.

Angst, Anna nicht zu verstehen

Es gibt im Leben unserer glücklichen Anna Menschen, die verletzend mit ihr umgehen. Einmal erklärte mir eine Bekannte mit harten, fast lieblosen Worten, sie müsse immer davonlaufen, wenn Anna auf sie zukomme. Sie könne nichts mit Anna anfangen, weil sie sie nicht verstehen könne. Ich kann diese Angst durchaus nachvollziehen. Zum Glück kann Anna sehr unbeschwert mit solchen Menschen umgehen. Da ist sie mir ein Vorbild. Sie nimmt die Ablehnung durchaus wahr. Aber Anna geht immer wieder hoffnungsvoll und unvoreingenommen auf diese Leute zu.

Wer Angst oder Hemmungen im Umgang mit behinderten Menschen hat, löst diese Problematik nicht mit Davonlaufen. Es ist in Ordnung, dass nicht alle wohlwollend auf Menschen mit Behinderung zugehen können. Es wäre hilfreicher, sich zum Beispiel mit uns in Verbindung zu setzen und einen Zugang zu Anna zu suchen. Vielleicht würde Anna ihre vielfältigen Sprachmöglichkeiten nutzen und sich der Person gegenüber öffnen? Mein Wunsch wäre es, dass Anna als behinderte Frau mit Respekt behandelt wird.

Antonia, eine Frau aus unserer Kirche, weiß eigentlich wenig über Annas Welt. Doch sie ist sehr unkompliziert im Umgang mit ihr. Ihre Unterhaltung dauert jeweils erstaunlich lange. Beide reden mit Händen und Augen und viel Gestik. Antonia legt sich mit vollstem Engagement ins Zeug. Sie lachen zusammen, und es scheint, als würden sie sich bestens verstehen. Man müsste nahe bei ihnen stehen, um feststellen zu können, dass eine von beiden Frauen gar keine gesprochene Sprache spricht. Ob sie sich verstehen, frage ich gar nicht. Anna muss auch ihre ganz eigene Welt haben, in die ich nicht eingreife.

Sonntagmorgen

Trotzdem wollen und müssen wir viel Arbeit leisten, damit Annas wahres Wissen und Verstehen begriffen wird. Am Sonntagmorgen, bevor wir den Gottesdienst besuchen, geschieht Folgendes bei uns:

Hansuli bereitet das Frühstück vor, während Anna und ich uns fertig anziehen, frisieren und schön machen. Anna referiert schon fast pausenlos und vergisst dabei, dass sie sich eigentlich noch fertig ankleiden sollte. Manchmal bemühe ich mich, ihr nicht so viel zu antworten. Denn jede Antwort ermutigt sie zum Weiterplaudern. Und da wir Anna ziemlich gut verstehen, kann sich so ein Plausch ganz schön in die Länge ziehen.

Mittlerweile ist Hansuli längst fertig mit dem heiß dampfenden Kaffee und dem schön gedeckten Frühstückstisch. Wir sollten uns beeilen. Die Zeit läuft, und wir sind wieder einmal sehr knapp dran. Da kommt mir in den Sinn, dass Anna ihre «Sprache» noch einpacken sollte. Sie denkt überhaupt nicht dran, weil sie so viel plappert. Ich weiß aber, dass ihr die Hilfsmittel zum Sprechen fehlen werden, wenn sie diese im Gottesdienst nicht dabeihat.

«Anna, wir müssen noch aufschreiben, was du den Leuten nach dem Gottesdienst erzählen willst.» Ich hole einen Schreibblock, nehme ihn zum Frühstückstisch und frage: «Und was willst du heute berichten?»

Mit ihrer Zeichensprache oder den Bildern, die Anna natürlich erst noch holen muss, obwohl die Zeit immer knapper wird, zeigt sie mir ihr Anliegen. Ich muss mich in Anna hineinversetzen und ihre Gedanken erfassen und aufschreiben. Der Text auf Papier muss sich leicht und schnell lesen lassen. Anna will, dass ich ihr den Text vorlese. Wenn ich etwas vergessen habe, meldet sie sich deutlich. Bei dieser aufwändigen, aber unbedingt notwendigen Arbeit kommen wir regelmäßig zeitlich ins Trudeln.

«Hast du deine Bibel und den Piktogrammordner schon eingepackt?», prüfe ich nach.

In Windeseile steckt Anna die erwähnten Bücher in eine große Tasche.

«Den Zettel zum Lesen, ist der auch dabei?»

«Ja», meint Anna. Gut, dann wäre sie für heute sprachlich ausgerüstet. Oder sollen wir noch den Fotoordner einpacken? Es ist immer praktisch, wenn sich Anna nach dem Gottesdienst in der Cafeteria mit Leuten zusammensetzen und Fotos zeigen kann.

«So, haben wir nichts vergessen? Aha, doch, für mich selbst habe ich wieder einmal nicht gesorgt …», stelle ich fest. Meine Haare sind noch nicht gekämmt, was bei meiner Hochsteckfrisur noch etwas Zeit beansprucht.

Den Sprachcomputer könnte Anna ja auch mitnehmen. Eigentlich ist er für solche Situationen gedacht. Wir haben aber festgestellt, dass der Umgebungslärm es sehr erschwert, die Texte auf dem Computer akustisch zu verstehen. Das ist vor allem dort der Fall, wo viele Menschen sich versammeln. Da ist es leichter, wenn Anna ihren Piktogrammordner, den sie im Werkheim neu zusammengestellt haben, mit dabeihat.

Ich bin mir bewusst, dass Anna sich immer mehr von mir lösen wird und dass neue Menschen ganz nahe bei ihr sein werden. Ich muss Anna freigeben, damit sie gute Menschen um sich wissen darf, wenn wir einmal nicht mehr da sind. Wir bemühen uns, unsere Erfahrungen mit Anna und ihrer Sprache weiterzugeben. Sie ist angewiesen auf Menschen, Bücher, aktuelle Fotos und das Kontaktheft.

Es ist immer wieder erstaunlich, in Annas wunderschöne, sanfte, dunkelbraune Augen zu schauen, die so viel aussagen. Mittlerweile können wir uns ausführlicher unterhalten. Anna benutzt die Zeichensprache, das viele Bildmaterial, das ihr zur Verfügung steht, und den Sprachcomputer. Es ist längst kein «Einweggespräch» mehr. Im direkten Blickkontakt zu Anna konnten und können wir mit ihr immer mehr Lebensbereiche besprechen. Anna will verstanden werden.

Ich mache mir nicht mehr so viele Gedanken, ob Anna verstanden wird. Wir haben gelernt, dass der Höchste, unser guter Gott, für Anna sorgt. Er stellte ihr immer wieder die besten Leute zur Seite. Ihm vertrauen wir, dass er, auch was ihre sprachliche Begleitung anbelangt, für sie sorgen wird.

Haben wir nicht eine wunderbare geistig behinderte Tochter? Sind wir nicht reich beschenkt durch sie, gerade weil sie geistig behindert ist? Was wollen wir mehr? Trotz all der Einschränkungen, gerade auf der sprachlichen Ebene, ist unser Leben unendlich reich. Anna einen effizienten Zugang zu der Welt der Sprechenden zu verschaffen, war und ist viel Arbeit. Aber es ist eine Glück bringende Investition. Wir werden immer wieder reichlich belohnt für unsere Bemühungen, wenn Anna uns aus ihren fröhlichen, viel sagenden Augen anstrahlt. Ihre Blicke sagen mehr aus als schön gewählte Worte.

Kapitel 13: Schönheit

Anna legte schon immer viel Wert auf die äußere Schönheit. Wir beide, Anna und ich, sprengen da gerne die Grenzen des Gewöhnlichen.

In Annas Adern fließt, wie man so schön sagt, echtes «Zigeunerblut». Ihre schwarzen Haare, ihre bräunliche Haut und ihre aussagekräftigen Augen machen daraus kein Geheimnis. Obwohl sie bei uns hier in der Schweiz aufgewachsen ist, spürt man gerade dort, wo es um glitzernde Stoffe, Farben, Schmuckstücke, Musik und Bewegung geht, wie tief die «schöne Zigeunerin» in Anna verwurzelt ist. Das ist immer wieder faszinierend für uns.

In unserem Näh- und Bastelzimmer liegen viele schön sortierte Stoffe auf einem offenen Regal. Die einen Stoffe glänzen, wenn die Sonne ins Zimmer scheint. Andere sind bestickt mit vielen Pailletten und Perlen. Eines Tages, als Anna sich schon recht gut von ihrem Unfall erholt hatte, entdeckte sie diese «Zauberecke». Von da an holte sie sich immer wieder dieselben Stoffe aus dem Sammelsurium. Sie mussten glänzen, leuchten, farbenfroh und wenn möglich mit Spitzen besetzt sein. Diese Stoffe, die etwa einen Meter breit sind, legt sich Anna bis heute gerne um die Schultern. Manchmal möchte sie das Tuch am Kopf festgeklammert haben. Wie unter einem königlichen Schleier fühlt sich Anna dann himmlisch wohl.

Die goldenen Kronen vom Dreikönigstag sammelt Anna ebenfalls seit Jahren. In ihrer Kommode liegen all ihre zusammengetragenen Schätze. Ja, Anna zaubert aus der Kiste allerlei hervor, was ich verschollen oder weggeworfen glaubte.

Anna liebt Ohrringe, Fingerringe, Halskettchen, Anhänger und Haarschmuck und überhaupt allen Schmuck. Sie hat von vielen lieben Leuten Accessoires bekommen. Mittlerweile hat sich so viel davon bei ihr angesammelt, dass ich den Überblick völlig verloren habe. Anna hingegen hat ihn behalten. Sie hat zu jedem Schmuckstück eine Beziehung. In einem Bastelgeschäft entdeckten wir Ohrklipps, die wir selber dekorieren konnten. Selbstverständlich mussten wir die kaufen. Zu Hause bastelte ich Blümchen aus Filz und klebte sie darauf. Eigentlich wollte ich die selber anziehen. Aber nein, Anna schnappte sich diese neue Errungenschaft und fuhr nach dem Wochenende damit ins Werkheim!

Jede Halskette, die ich mir anfertige, muss ich hart kämpfend verteidigen. Anna liebt diesen Klunker so sehr, dass sie sofort jede Neuerwerbung entdeckt und für sich beansprucht. Sie macht sich selber gerne schön! Sie ist dann jeweils ganz begeistert von ihrem Aussehen.

Wenn wir Kleider kaufen, dann müssen es immer ganz besondere Exemplare sein. Sie will keine Kleider, die man überall bekommen kann. Wenn Anna noch Schnickschnack dranwill, legt sie die Kleider fein säuberlich unter die Nähmaschine, sozusagen als Hinweis: «Bitte verziere das Ding für mich. Du weißt ja schon, wie ich es gerne habe, gell?!»

Wenn es die Zeit erlaubt, mache ich mich an die Arbeit. Schön ist es, wenn wir zusammen Opernmusik hören, Anna mir gegenüber am Tisch sitzt, ihre geliebten Opernbilder ausmalt und ich die gewünschte Bestickung erledige. An kalten Wintertagen brauen wir uns noch einen heißen Tee und genießen leckere Kekse dazu. Wir zelebrieren solche wunderschönen Momente richtiggehend.

Als Anna ihre Vorliebe für Opern entdeckte, verband sie ihr Wissen um die schön gewandeten Damen der Opernwelt mit ihren Glitzerstoffen. Allzu gerne verkleidete sie sich selber als «Königin der Nacht». Das Kleid musste dunkel und glitzernd sein. Ihren Kopf verzierte sie mit vielen Haarklammern, die ebenfalls funkeln mussten. Anna konnte fast regungslos dasitzen und sich bewundern lassen. Noch lieber schaute sie in derart aufgemotzter Verzierung die geliebte Oper und fühlte sich dabei selbstverständlich wie eine Königin.

Unsere faszinierende und faszinierte Anna ist doch einfach genial! Sie ist so natürlich geblieben, dank ihrer Behinderung. Für sie ist nicht eine hoch toupierte Frisur oder die modernste Aufmache der Inbegriff von Schönheit. Annas Schönheit bezieht sich ganz auf die Welt, die ihr wichtig ist. Sie kann völlig an den üblichen Modetrends vorbeigehen. Sie ist fähig, ganz alleine und eigenwillig ihre Fantasien auszuleben. Erstaunlich ist, dass sie nicht belächelt wird, wenn sie manchmal etwas schräg durch die Welt bummelt. Im Gegenteil. Ihr Selbstbewusstsein in all ihrem Tun scheint die Mitmenschen zu beeindrucken.

Innere Schönheit

Anna hatte eine besondere Beziehung zu einem älteren Ehepaar aus unserer Kirche. Paul versprach Anna, einmal mit ihr ins Alpamare (eine Erlebnisbadelandschaft) zu gehen. Er erklärte Anna, dass er trotz fortgeschrittenen Alters auf alle Fälle mitkommen werde! Anna freute sich riesig und bestürmte Paul fast Sonntag für Sonntag, diesen speziellen Erlebnistag durchzuführen. So entstand zwischen ihnen beiden eine spezielle Beziehung.

Um die Jahreswende 2003/04 erkrankte Pauls Frau Ruth schwer. Nach ungefähr zwei Monaten starb sie. Paul teilte mir telefonisch mit, dass Ruth gestorben sei. Anna bekam mein Entsetzen über den Tod mit und hielt in ihrem Spiel inne.

Nach einer Weile hatte ich mich so weit gefasst, dass ich Annas fragendem Blick begegnen konnte.

«Anna, Ruth ist gestorben», sagte ich mit bebender Stimme. Anna wollte mit mir darüber reden. Ihre Möglichkeiten, sich sprachlich auszudrücken, waren beschränkt. Sie schaute mich mit ihren großen, aussagekräftigen Augen an und ließ offensichtlich die traurige Nachricht auf sich wirken. Ich fühlte mich so wohl mit meiner Anna, gerade in diesem Moment. Sie schien mich zu beobachten, um herauszufinden, was ich wohl fühle und denke. Eine wunderbare Innigkeit zwischen uns war da zu spüren!

Dann jubelte Anna. Sie strahlte. Es machte sie glücklich, dass Ruth so ganz plötzlich zu Jesus gehen konnte. Es gab keine Worte, die ihren Gesichtsausdruck hätten beschreiben können. Mit ihren eingeübten Zeichen zeigte sie, dass sie sich unendlich freute für Ruth. Für Anna war Ruth nicht gestorben. Sie war nur in den Himmel übergesiedelt. Ruth durfte nun ganz nahe bei Jesus sein. Und das ist doch der größte Wunsch von Anna, auch einmal so nahe bei Jesus sein zu dürfen.

Anna war gar nicht traurig. Im Gegenteil, sie verstand nicht, dass Menschen so gerne auf dieser Erde leben, wenn es doch bei Jesus so viel schöner sein muss. Sie hätte gerne mit Ruth getauscht. Wir mussten Anna erklären, dass sie noch warten müsse, bis sie eines Tages in den Himmel umziehen darf.

Diese Begebenheit berührte unsere Herzen. Wie viel einfacher hätten wir es doch, wenn wir so denken könnten wie Anna. Ihre innere Schönheit kommt in solchen Erfahrungen so richtig zum Ausdruck.

Anna war uns auch ein Trost, als wenige Monate später mein Vater ganz plötzlich und unerwartet starb. Dabei wollten wir mit ihm noch so viel erleben! Für Anna ist er einfach in den Himmel gegangen. Er hat es ja gut dort! Warum sollten wir also traurig sein?!

All das heißt nicht, dass Anna nicht betroffen ist, wenn Menschen sterben. Sie findet das nicht einfach unproblematisch. Sie erkennt, dass die Zurückgelassenen den Abschied verschmerzen müssen. Die Menschen, die gestorben sind, werden niemals mehr mit den Zurückbleibenden etwas erleben können. Annas Großvater wird niemals dabei sein, wenn sie ihren 25. Geburtstag feiert. Er wird es nicht erleben, wenn sie vielleicht einmal mit ihrem David gesegnet werden sollte.

Ich weiß nicht, ob Anna so weit denkt. Wohl kaum. Aber sie erkennt, dass der Tod uns voneinander scheidet, für immer, was dieses Erdendasein betrifft. Und das ist ein Grund zur Trauer. Gleichzeitig ist es aber ein Grund zur Freude, wenn die Gestorbenen im Himmel sein dürfen. Und dafür hat Anna den klareren Blick als wir. Ihr Blick für den Himmel ist ungetrübt.

Wir wussten, dass Anna Jesus über alles liebt. Sie sieht Jesus so, wie ihn nur geistig behinderte Menschen wahrnehmen können. Überall nahm sie ihre geliebte Bibel mit, die mit wunderschönen farbigen Bildern bestückt ist.

Das Lieblingsbild von Anna war eine Darstellung von Jesu Segnung der Kinder. Dieses Bild musste Hansuli immer wieder kopieren, damit sie, mit einem zarten Lächeln auf dem Gesicht, ihren Freund Jesus ausmalen konnte. Es war nicht etwa die reife Kunst eines Teenagers, die den Betrachter des Bildes überzeugte und berührte. Vielmehr wurde die innige Liebe zu diesem Freund Jesus sichtbar durch das Bild, das Anna ausmalte. So lernen wir von unserer Tochter und ihrer inneren Schönheit.

Dekorierter Tisch und Kerzenlicht

Schön muss es auch sein, wenn wir Besuch erwarten. Jeder Besuch ist für uns höchst wichtig und wird gebührend gefeiert. Auch wenn er wegen Anna kommt. So ein Abendessen wird immer mit allem Drum und Dran vorbereitet: Ich koche, wenn möglich mit Annas Hilfe, ein ganz spezielles Gericht. Selbstverständlich gehört ein Dessert dazu. Anna hilft beim Dekorieren des Tisches. Kreativ und bunt muss alles sein. Die passenden Servietten und das Kerzenlicht dürfen nicht fehlen. Wir alle putzen uns schön heraus. Anna und ihr Besuch sollen wissen, dass sie – und nur sie! – an dem Abend zählen.

Glitzerstein

Annas Zähne entwickelten sich eigentlich gut. Auch wenn die leidige Putzerei der Zähne über Jahre hinweg kaum ohne tägliche Kämpfe abging, schafften wir es doch, Anna ohne ein einziges Loch in den Zähnen ins Erwachsenenalter zu begleiten. Sie war offensichtlich mit gesunden Zähnen gesegnet, nur die Stellung war nicht so schön. Deshalb kam die Diskussion auf, ob eine Zahnspange angebracht wäre. Es war unsere Überzeugung, dass ein Mensch mit einer geistigen Behinderung genauso das Anrecht auf Schönheit (sprich: auf eine schöne Zahnstellung) hat wie ein Mensch ohne geistige Behinderung. Wie aber sollte ich Anna zum Zahnarzt und dort auf den Stuhl bringen?

Eine unschöne Situation führte zu einem unausweichlichen Zahnarztbesuch. Anna war ungeschickt gefallen und hatte sich die oberen mittleren Schneidezähne abgeschlagen. Ob die noch repariert werden konnten? Wir machten gemeinsam einen ersten Versuch, dem Schulzahnarzt Annas Zähne zu zeigen. Der versuchte, ihr Gebiss näher anzuschauen. Aber Anna hatte einfach kein Sitzleder auf dem Untersuchungsstuhl. Er bemühte sich leidlich und gab mir dann zur Antwort:

«Wissen Sie, es lohnt sich nicht, bei so einem Kind große Umstände zu machen. Sie sehen ja, sie kann nicht still sitzen.»

Sprachlos, getroffen, fast betäubt saß ich da und dachte, ich hätte mich wohl verhört. Aber nein, er war nicht gewillt, sich weiter an Annas Zähnen zu schaffen zu machen. Wir trotteten irgendwie sehr benommen nach Hause. War das möglich?

Wir ließen einige Zeit verstreichen. Dann schlug sich Anna im Hallenbad eines dänischen Hotels die Zähne wieder an und verlor nochmals ein kleines Stückchen Zahn. Diesmal schmerzte es. Wir entschieden uns dafür, unsere private Zahnärztin aufzusuchen. Und siehe da, Anna konnte von Anfang an still sitzen. Die verblüffte Zahnärztin lobte Anna, was sie richtig motivierte, sich weiterhin ruhig zu verhalten. Wieder einmal staunten wir, wie Anna scheinbar immer rechtzeitig begriff, dass ihre Kooperation die ganze Sache vereinfacht. Wir verstanden das als Hilfe Gottes!

Von da an nahm Annas Zahngeschichte ihren Lauf. Anna wollte zukünftig ohne meine Begleitung zur Behandlung und machte alles zur großen Zufriedenheit der Zahnärztin mit. Die Schneidezähne wurden leicht angeschliffen und blieben damit erhalten. Wir entschieden, dass wir mit der Korrektur abwarten wollten.

Später stellte sich heraus, dass Anna eine Zahnspange, den berühmten «Gartenzaun», benötigen würde. Auch das meisterte sie souverän. Der Kieferorthopäde freute sich über ihre

Mitarbeit. Sie begriff mittlerweile, dass schöne Zähne auch genügend gereinigt werden müssen. Hansuli übernahm von da an die Arbeit mit der Zahnseide, was immer zu lustigen Szenen führt. Anna liebt es überhaupt nicht, wenn wir in ihrem Mund herumfummeln. Aber sie sieht ein, dass sie diese Arbeit nicht alleine verrichten kann. Und sie will ja schön sein.

Als Anna die Zahnspange herausgenommen werden konnte, wusste sie, dass nun ihr lang gehegter Wunsch in Erfüllung gehen würde: Sie träumte von einem Glitzerstein auf einem Zahn. Der freundliche Kieferorthopäde fixierte den gewünschten Glitzerstein an einem äußeren Schneidezahn von Anna. Seither leuchtet Annas Lächeln noch mehr! Sie ist glückliche Besitzerin eines kostbaren, leuchtenden Glitzersteines an einem ihrer schön gerichteten weißen Zähne.

Und die abgeschlagenen Schneidezähne wurden auch noch geflickt. Wunderschön!

Unsere schöne Anna

Wenn Anna über ein Wochenende nach Hause kommt, packt sie in ihre «Wohlfühltasche» Gegenstände ein, die für sie wichtig sind: Glitzertücher, Schmuck, Haarspangen, Opernbücher und Zeichensachen. Tja, das sind eben die Besitztümer, mit denen Anna sich wohlfühlt! Sie würde von sich aus keine Zahnbürste, keine Unterwäsche oder Ähnliches einpacken. Schließlich muss die schöne Anna nur die schönsten Dinge einpacken …

Anna *ist* wunderschön! Die dunklen Locken, die Annas bräunliches Gesicht umrahmen, sind schon eine Pracht. Ihre dunkelbraunen Augen, die von langen, schwarzen Wimpern umrandet sind, strahlen aus ihrem fröhlichen, aufmerksamen Gesicht. Und nun muss man sich noch bei jedem fröhlichen Lachen den Glitzerstein als dauerhafte Verzierung an Annas Zähnen vorstellen! Trägt sie dazu ihre farbenfrohen Kleider, kann man die attraktiv herausgeputzte Anna einfach nicht mehr übersehen!

Meine Grundüberzeugung war schon immer die, dass ein Mensch mit einer geistigen Behinderung nicht behindert aussehen muss. Im Gegenteil! Warum sollten diese Menschen nicht gerade extra hübsch aussehen? Wir werden Anna immer, so lange wir können, in ihrem Bemühen um innere und äußere Schönheit unterstützen. Inzwischen ist sie selber schon so eigenständig darin, dass sie sich auch ohne unser elterliches Zutun und ohne unsere Hilfe den schönen Dingen des Lebens zuwendet.

Kapitel 14: Ablösungsprozess

Wann fängt dieses gegenseitige Ablösen denn eigentlich an? Das fragte ich mich oft und stellte dabei immer wieder fest, dass ich mich schon früh damit befassen musste. Durch die ganze Geschichte mit Annas Adoption machte ich mir immer schnell Sorgen. Das Loslassen war für mich also ein heikles Thema, dem ich mich stellen musste.

Schon als Anna den Regelkindergarten besuchte, war es für mich nicht leicht, sie ziehen zu lassen. Am Anfang begleitete und holte ich sie von dort ab. Ich fühlte mich wie eine Henne, die ihr Küken beschützen wollte. Wenn Anna zur erwarteten Zeit nicht aus dem Kindergarten heimkehrte, arbeitete mein Hirn auf Hochtouren und ersann tausend Möglichkeiten, wo meine Anna wohl stecken könnte.

Dieses Verhalten hat sich all die Jahre nicht wesentlich verändert. Es war ganz klar, dass Anna nach dem Unfall über lange Zeit meine ganze Aufmerksamkeit benötigen würde. Ich hatte gar keine Wahl, ob und wie ich sie loslassen könnte. Oder doch?

Ist Anna gut aufgehoben?

Einmal hörte ich, wie zwei Jungs Anna auslachten und sich über sie aufregten. Das hat mir tief ins Herz geschnitten. Gerade in diesem Moment spürte ich, wie wichtig es war, Anna nicht ihrem Schicksal zu überlassen. Ich musste mich regelrecht dazu zwingen, Anna den jeweiligen Lehrpersonen und ihrer sorgsamen Betreuung anzuvertrauen. Meine Zurückhaltung war ein wichtiger kleiner Schritt in die Richtung, sie loszulassen.

Immer wenn Anna später neues Lehrpersonal bekam, hatte ich wieder für eine Weile meine Schwierigkeiten, den noch unbekannten Leuten zu vertrauen. Für mich hing meine innere Freiheit, sie sorglos ziehen zu lassen, sehr stark damit zusammen, ob ich Anna gut aufgehoben wusste oder nicht.

Gerade weil Anna sich sprachlich lange Zeit kaum verständigen konnte, fiel es mir besonders schwer, sie aus meinem Betreuungsumfeld zu entlassen. Mir wurde klar, ich musste etwas unternehmen gegen mein «Sorgenspinnen-Denken». Ich wollte lernen, mich zu überwinden und es auszuhalten, dass Anna nicht immer unter meinem Schutz stehen würde.

«Frau Gujer, es ist sehr schwierig für uns und für Anna, uns gut aufeinander einzuspielen. Wir spüren, dass Sie uns nicht vorbehaltlos unterstützen in unserer Arbeit. Wir merken bei Anna, dass sie offenbar zu Hause in Gesprächen mitbekommt, dass Sie mit uns nicht einverstanden sind.» Diese Worte von Frau Z. beim ersten Elterngespräch waren sehr deutlich.

«Es wäre für alle sehr viel einfacher, wenn Sie unsere Arbeit vertrauensvoll unterstützen würden!» Frau Z. wurde dabei so direkt, dass wir uns gemaßregelt fühlten. Mir war gar nicht wohl. Aber sie hatte vollkommen Recht. Daran gab es keinen Zweifel.

Ich entschied mich also ganz bewusst dafür, dieser Frau zu vertrauen und Anna in ihre Obhut loszulassen. Es war eindeutig, sie wollte um alles in der Welt für Anna ein optimales Lernumfeld schaffen. War das nicht Grund genug, endlich mit dem Sorgen aufzuhören?

Dieses offene Gespräch war die beste und schnellste Lösung eines abwendbaren Problems. Mir wurde dabei bewusst, dass ich sehr schlecht loslassen konnte. Es war uns sonnenklar, dass ich nicht immer zur Stelle sein würde, wenn Anna schwierige Situationen in ihrem Leben meistern musste. Darum überlegten wir uns gründlich, wie wir Anna unterstützen könnten. Die Lösung sahen wir darin, Anna zu einer konfliktfähigen, selbstbewussten und starken Persönlichkeit zu erziehen.

Selbstbewusst wie Pippi Langstrumpf

Um Annas wachsendes Selbstbewusstsein zu unterstützen, feierten wir fröhlich jeden Fortschritt, den sie machte. Anna genoss es sichtlich, dass sie häufig gelobt wurde. Noch heute schmunzle ich bei der Erinnerung, wie Anna durch diese kleinen Feiern deutlich selbstsicherer und mutiger wurde.

Ich erzählte ihr gerne Geschichten über starke Mädchen, die sich selbst zu helfen wissen. Die liebe, lustige Pippi Langstrumpf ist da das beste Beispiel. Dieses Mädchen wird von Astrid Lindgren trotz der Nachteile, die sie im Leben hat, so witzig beschrieben. Sie meistert zum Beispiel ihre einsame Weihnachtsfeier ohne Vater und Mutter. Mit viel Fantasie und Humor packt Pippi viele kleine Dinge in farbige Geschenkpapiere und hängt alle Geschenke in den Baum vor ihrem Haus. Das ist der Weihnachtsbaum, den sie für die Kinder in der Nachbarschaft geschaffen hat. Ihre größte Weihnachtsfreude ist es dann, das Glück der Kinder beim Auspacken in sich aufzunehmen. Sie kann aber auch zu ihrer Trauer um das Fehlen einer richtigen Familie stehen. Viele Erfahrungen in Pippis Leben sind denen von Anna ähnlich.

Wir lachten viel zusammen über die verrückten Erlebnisse, die Pippi Langstrumpf machte. Mit kleinen, selber gebastelten Spielfiguren konnte Anna die Fantasiewelten nachspielen. Ihre Pippi Langstrumpf, eine kleine Drahtpuppe, siegte natürlich immer in den Miniatur-Universen, die Anna schuf.

Vermehrt setzte Anna sich selber, dargestellt als kleine, bräunliche Playmobilfigur, so in ihre überschaubare Spielwelt hinein, dass sie keinerlei Nachteile zu befürchten hatte. Ich achtete immer darauf, dass Anna lernen würde, sich einzufügen. Das bedeutete, dass sie sich auch wohlfühlen sollte, wenn sie nicht die absolute Siegerin war. Beim gesunden Selbstbewusstsein geht es ja darum, zufrieden mit sich selbst zu sein, auch wenn man nicht im Mittelpunkt steht und nicht immer den ersten Platz bekommen kann.

Noch etwas wollten wir Anna nicht vorenthalten. Sie bekam teilweise unsere ehelichen Unstimmigkeiten mit. Aber sie erlebte auch die Versöhnungen. Ich bin eine impulsive, kämpferische Frau, die schon mal einen Streit anzetteln kann. Auch wenn mir mein Charakterzug diesbezüglich nicht immer sympathisch ist und ich manchmal lieber eine sanfte, fügsame Frau wäre (dadurch könnte ich mir manche Konflikte vom Leibe halten!), lernte Anna an meinem Beispiel zu kämpfen.

Ich bin so dankbar, dass sie es wagte, sogar mir die Stirn zu bieten. Und sie gab nicht so schnell nach, wenn sie zu ihrem Ziel kommen wollte. Mir war das alles sehr recht, obwohl ich mir damit auch mühevolle Auseinandersetzungen einhandelte. Es kam die Zeit, wo wir Anna gegenüber unseren Willen nicht mehr durchsetzten. Wir gaben ihr in ihren Forderungen aber auch nicht gleich nach. Die Zeit war gekommen, wo wir Anna zutrauten, dass sie einen eigenen Weg finden konnte, um ihr Ziel zu erreichen, ohne dass wir ihr gleich unter die Arme griffen.

Das sah etwa so aus: Anna wollte eine DVD schauen. Wir entschieden, dass sie sie nicht mitten am Tag bei strahlendem Sonnenschein reinschieben sollte. Ich bot ihr als Alternative an, den Film am Abend zu genießen. Das könnte doch ein schöner Tagesausklang sein. Damit wollte ich sie sanft überzeugen und hoffte, dass sie ohne großen Widerstand einwilligen würde in meinen Vorschlag. Da hatte ich mich aber gründlich getäuscht. Anna wurde mein Schatten. Sie lief immer hinter mir her und trug die DVD in der Hand. Sie wurde weinerlich und mit der Zeit ärgerlich. Vor allem als sie erkannte, dass sie mich nicht weichklopfen konnte, begann die Wut überhandzunehmen. Sie zupfte provokativ an der Plastikbox der DVD herum. Sie wusste ganz genau, dass ich es gar nicht liebte, wenn Dinge in die Brüche gingen. Also war ihr Verhalten definitiv wirksam, dachte sie.

Wir konnten solch nörgelnde Auseinandersetzungen gut eine Weile aushalten. Ganz bewusst bot ich Anna nicht so schnell Erleichterung. Irgendwann wurde mir aber klar, diese Auseinandersetzung würde sich endlos hinziehen, wenn ich nicht für die Entspannung der Situation sorgte. Jetzt wendete ich mich Anna ganz bewusst zu und begann mit ihr zu verhandeln. Sie sollte erfahren, dass ihr Wunsch nicht einfach in den Wind geschlagen wird. Ich formulierte meine Bewunderung, dass sie so lange für ihr Anliegen gekämpft hatte. Dann wollte ich ihr meine Sicht der Dinge deutlich machen und verlangte ihre Aufmerksamkeit. Im direkten Blickkontakt gestand ich ihr zu, dass sie den Film schauen dürfe. Sie müsse mir dabei aber etwas entgegenkommen. Sie sollte noch eine Zeitlang spielen. Dann dürfe sie einen Teil des Films vor dem Abendessen schauen. Danach müsse sie sich zügig bettfertig machen und könne dann den Film fertig schauen.

Anna lernte, auf einen solchen Handel einzugehen. So kam sie mir und ich ihr etwas entgegen.

Sicher, wir hätten es einfacher haben können. Anna ist ja geistig so sehr beeinträchtigt, dass ich sie leicht hätte zwingen können, meinen Willen zu respektieren. Aber ich wollte ja, dass sie eigene Anliegen entdecken kann und für sie einstehen lernt. Sie musste dabei üben, Frust auszuhalten, weil ich ihr nicht gleich nachgab.

Als ich erlebte, wie sie mit dieser Erziehungsmethode mehr und mehr an Selbstbewusstsein gewann, wuchs auch bei mir die Sicherheit, dass Anna mit der Zeit ohne mich ihren Weg finden könnte. Solche Beziehungsgeschichten durften nie so lange dauern, bis Anna aufgab. Und sie durften auch nie so kurz sein, dass Anna womöglich meinte, stets mit Siegen ohne Einschränkungen leben zu können. Die Stärkung des Selbstbewusstseins durch Kämpfen war das Ziel.

Lust und Frust

Wir wollten Anna aber auch ein gutes Sozialverhalten beibringen. Indem sie durch die eben erwähnten Konflikte lernte, auch auf mich und meine Anliegen einzugehen, bekam sie so nebenbei mit, dass man im Zusammenleben Kompromisse machen muss. Sowohl in der Familie als auch in der Kirche erlebte Anna mit, dass es nicht nur tiefe Freundschaften gibt, sondern auch Auseinandersetzungen, die gelöst werden müssen. Um friedlich zusammen zu leben und zu arbeiten, müssen wir immer wieder bereit sein, uns aufeinander einzulassen. Anna erlebte Anteilnahme, Konflikte, Ärger, Freude, Feste, Fröhlichkeit, Trauer und noch vieles mehr.

Anna wird flügge

Als ich sie in ihrer Persönlichkeit so gestärkt sah, wurde es für mich zunehmend einfacher, mich an den Gedanken zu gewöhnen, dass Anna einmal ohne mich auskommen könnte. Trotzdem schob ich solche Überlegungen mit Vorliebe immer wieder auf die lange Bank. Bis wir zusammen mit Anna im Werkheim Uster mit Herrn Litschi ein folgenschweres Gespräch hatten. Herr Litschi konfrontierte uns mit der Frage, wie wir dazu stünden, Anna im Werkheim wohnen zu lassen. Ich musste bei der Frage die Luft anhalten.

«Nein, Anna ist dafür noch viel zu jung!», hämmerte es in meinem Kopf.

«Lassen Sie sich Zeit mit dem Gedanken. Bewegen Sie ihn. Der Moment kommt, wo Anna und Sie bereit sein werden für diesen Schritt. Es wird nicht einfacher, die Kinder loszulassen, wenn man lange damit wartet. Sie leben sich viel einfacher in jungen Jahren in eine Institution ein», meinte Herr Litschi.

Ja, da hatte er wohl Recht. Dem konnte ich mich nicht widersetzen. Trotzdem, warum sollte Anna schon so früh aus dem gemachten Nest ausfliegen?

Der Gedanke, der ja vorerst nur ein Anstoß zum Nachdenken war, bewegte einiges in uns. Wir merkten mehr und mehr, dass Anna sich nicht nur deswegen gegen uns auflehnte, weil sie wütend war oder etwas erzwingen wollte. Sie wollte damit zeigen, dass sie nun stark genug war, sich von meiner sorgsamen Obhut zu befreien. Dieses Signal wollte ich schon wahrnehmen. Aber war ich denn wirklich bereit, mich von meiner geliebten Anna zu lösen? Mittlerweile war unser Zusammenleben viel harmonischer geworden. Die alten, oft fast unlösbaren Konflikte gehörten längst der Vergangenheit an.

Da wurde mir plötzlich bewusst, dass Anna ein sehr wichtiger Teil meines Lebensinhaltes war. Sie war der Grund, warum ich keine externe Arbeit aufgenommen hatte. Sie füllte meine Gedanken von morgens bis abends. Mein ganzes Leben während der letzten dreizehn Jahre war auf die Förderung und Erziehung unserer Tochter ausgerichtet gewesen. Ich musste mich damit befassen, mein Leben irgendwie mit neuen Inhalten zu füllen.

Ich begann mich mit der Überlegung zu befassen, dass es für Anna das Beste ist, wenn ich mich auf eine räumliche Trennung einstelle. Wir hatten zu dem Zeitpunkt noch keine Aussichten auf einen internen Heimplatz. Es ging lediglich darum, dass wir dem Gedanken, Anna ziehen zu lassen, genügend Raum gaben, damit er sich entwickeln konnte.

Als Anna mit neunzehn Jahren im Werkheim einzog, begann für mich erst der richtig happige Prozess des Loslassens.

Die Ablösungskrise

Vom ersten Tag im Werkheim an war Anna wesentlich mehr auf sich gestellt als in der Schule. Es kostete mich unermessliche innere Kraft, den Menschen dort zu vertrauen, dass sie sich gut um Anna kümmern würden. Ich erwartete, dass Anna geschützt und begleitet sein würde.

Meine Unsicherheit war sehr groß. Zu Hause zu sein und nicht zu wissen, ob Anna sich gegen die zum Teil sehr starken Persönlichkeiten behaupten konnte, war fast nicht auszuhalten. Ich schätzte Annas eigene Kraft nicht richtig ein.

K., Annas Bezugsperson bei der Arbeit, war da ein Geschenk des Himmels für uns. Sie verstand es, wenn ich mich mit ihr über meine Bedenken unterhielt und Anna anfänglich noch recht oft von der Arbeit abholte. Ich hatte trotz des mir entgegengebrachten Wohlwollens wahnsinnig Angst, dass ich in die Schranken gewiesen werden könnte. Irgendwie empfand ich mich selber als aufdringlich. Jedes lobende Wort über Anna ermutigte mich. Und jede kleinste Kritik an Anna verunsicherte mich grundlegend. Ich steckte mitten in einer schweren Ablösungskrise!

Anna reihte sich gut in die lebendige Gemeinschaft der Menschen mit einer geistigen Behinderung ein. Sie knüpfte fleißig Kontakte und lachte sich schnell in die Herzen ihrer Mitmenschen hinein. Anna sei wie ein ruhender Pol mit ihrer fröhlichen, zufriedenen Art. Auch ihre Ausstrahlung und ihre Art, sich zu kleiden, seien wohltuend, hörten wir von ihren Bezugspersonen. Wenn Anna, die so gerne herzlich lacht, wegen der Lautstärke gerügt wurde, nahm sie die Zurechtweisung zur Kenntnis. Für sie war und ist das kein Weltuntergang, der sie verunsichern würde. Anna konnte Frust aushalten, der unvermeidbar ist, wenn so viele verschiedene Menschen beieinander sind. Sie konnte sich wehren für ihre Anliegen. Sie konnte auch ohne die gesprochene Sprache Beziehungen pflegen. Anna war also bereit, sich in einer solch gemischten Gemeinschaft einzugliedern.

Anna ging es dabei gut. Sie entwickelte sich blendend und arbeitete so gerne im Werkheim, dass sie gar keinen Urlaub nehmen wollte. Unsere Ankündigung, wir würden unsere Ferien im Sommer in Dänemark verbringen, löste bei ihr keine Begeisterungsstürme aus. Sie wollte bei ihren Leuten bleiben. Besonders ihre Bezugsperson K. hatte Anna schon so sehr ins Herz geschlossen.

Ich, die ich mich so viele Jahre um Anna bemüht hatte, begann diesen neuen Zustand zu genießen. Denn ich erlebte dabei, dass Anna sich ganz normal entwickelte und sich auf neue Menschen außerhalb der geschützten Familie einlassen und ausrichten konnte. Der ganz normale beidseitige Ablösungsprozess begann konkrete Formen anzunehmen.

Ein wichtiger Schritt für mich war, Anna nicht an mich binden zu wollen. Ich wollte, dass wir in einer gewissen Weise ersetzbar werden würden. Selbstverständlich hatten wir nicht im Sinn, uns so zurückzunehmen, dass wir mit der Zeit aus Annas Leben verschwinden würden. Nein, wir wollten nur, dass Annas Wohlbefinden irgendwann nicht mehr von unserem Da-Sein und unserer Fürsorge abhängig ist. War das realistisch, oder war es Illusion?

In dieser Zeit bot mir Frau M., die Leiterin des Wohnbereiches im Werkheim, an, mir einmal alle Wohngruppen zu zeigen, damit ich mir ein Bild machen konnte vom internen Wohnen. Wir vereinbarten einen Termin. Frau M. nahm sich viel Zeit, um mich zwei Stunden im Werkheim herumzuführen und mir alles zu erklären. Meine innere Unruhe und Unsicherheit in Bezug auf Annas Zukunft im Werkheim verflüchtigte sich mehr und mehr. Ich erkannte, dass sie vermutlich sehr viel profitieren könnte, wenn sie im Werkheim wohnen würde. Wieder war ein Schritt in Richtung Ablösung getan.

Menschen aus dem Werkheim

Trotz des immer wieder ausgesprochenen Lobes bereitete mir der Prozess des Loslassens immer noch erheblich Mühe. Neben all dem Erfreulichen, das ich zu hören bekam, wollten sich die kleinen Unklarheiten und Unsicherheiten in meinen Gedanken und Gefühlen festkrallen.

Unsere gesellige Anna machte uns immer wieder deutlich, dass sie die Leute vom Werkheim zu sich nach Hause einladen wollte. Sie ist ein richtiges Rudelmädchen. Am wohlsten war und ist es ihr, wenn etwas los ist und sie mitten in einer Menschenmenge sein kann. Wir folgten also Annas Bitte und luden Leute vom Werkheim zu uns nach Hause ein. So lernten wir diese Mitmenschen kennen und schätzen. Es wurde dadurch nochmals ein Stück leichter, Anna in die Welt des Behindertenheimes gehen zu lassen.

Alle paar Wochen schaute ich im Werkheim vorbei. Ich lernte so nach und nach immer mehr Menschen kennen. Das war sehr wichtig für mich, um sicherzugehen, dass ich Anna ihrem neuen Umfeld sorglos überlassen konnte. Nur so konnte ich Vertrauen in diese Institution und die Menschen darin setzen.

Das große Wohlwollen, mit dem uns die Betreuer(innen) immer wieder begegneten, hat uns überwältigt und mit Dankbarkeit erfüllt.

Sommerlager

Nun stand uns aber noch etwas ganz Neues bevor. Anna würde Mitte Juli 2006 an ihrem ersten Sommerlager mit erwachsenen behinderten Menschen teilnehmen. «insieme Zürcher Oberland» organisiert jedes Jahr ein Wander- und Kletterlager in den Schweizer Bergen. Anna war Feuer und Flamme für die Idee. Die Sache wurde also für Anna geregelt … Nur (wie könnte es anders sein?) mein Herz kam da wieder einmal kaum mit. Viele Sorgen plagten mich. Ob man sich um Anna wohl genügend kümmerte?

Das Lager wurde ein vergnügliches Erlebnis für Anna! Sie hat sich gleich für das nächste angemeldet. Anna arrangierte sich ohne Probleme mit den neuen Leuten und der Tatsache, dass die sie ziemlich sicher nur schlecht verstanden. Wir bekamen Rückmeldungen, dass Anna sich leicht und mit viel Humor und Lebensfreude in die Gemeinschaft einfügte. Kathrin und Albert, ein Paar, das ebenfalls im Werkheim wohnt, sind Annas Freunde. Sie sagten, mit Anna sei es sehr lustig gewesen. Und genau den Eindruck bekamen wir, als der Bus die fröhliche Gesellschaft wieder heimbrachte.

Zu diesem Teil der Geschichte möchte ich einen Auszug aus dem Tagebuch wiedergeben:

Samstag, 22. Juli 2006

Anna ins Erwachsenenlager gehen zu lassen kostete mich einiges an Kraft. Ich konnte mir so gar nicht vorstellen, mit wem Anna zusammenkommen und wie umfangreich sie denn betreut würde. Ich hatte Angst, dass Anna selbständiger sein müsste, als sie in Wirklichkeit war. Um eine Antwort auf diese Fragen zu bekommen, meldete ich mich bei Frau F. vom insieme-Büro. Wir hatten ein langes, sehr heiteres, ausführliches und informatives Gespräch. Sie zeigte unendlich viel Verständnis für meine Ängste, da Anna zum ersten Mal an so einem Lager teilnahm. Ich musste lernen, Anna ein Stück mehr in eine Welt ziehen zu lassen, die mir nicht bekannt ist.

Am Abreisetag musste ich dann trotzdem eine Träne verdrücken … Vertrauen in mir noch unbekannte Menschen zu investieren, die für Anna sorgen sollten, wird mir wohl immer schwerfallen.

Normale Ablösung

Bei Anna kündigte sich langsam ein richtig normaler Ablösungsprozess an. Jede Gelegenheit, die sich ihr bot, ohne uns etwas zu erleben, nutzte sie mit Begeisterung. Auch die neu eingerichtete Jugendgruppe, die im Werkheim einige junge Leute motivierte, etwas zusammen zu unternehmen, nutzte Anna von Herzen gerne. Sie genoss die Sonntage, die sie mit Soraya alleine sein konnte. Für Anna waren das wunderschöne, unvergessliche Zeiten. Sie löste sich ganz offensichtlich vom Rockzipfel der Mutter. Meine Sorge, die bei Annas Ausflügen mitschwang, legte sich so nach und nach.

Eines Tages teilte mir Frau M. vom Werkheim freudig mit, es sei nun definitiv entschieden worden, dass die Jugendwohngruppe gegründet werde. Ich könne mich schon einmal damit befassen, dass Anna da einen Platz zum Wohnen bekommen könnte. Der Zeitpunkt für die Eröffnung dieser Jugendwohngruppe sei für den Frühling 2007 geplant.

Die Jugendwohngruppe und meine schwere Seele

Anna reagierte so begeistert auf das Angebot, in die Jugendwohngruppe ziehen zu dürfen, dass auch für uns klar war, sie in den neuen Lebensabschnitt ziehen zu lassen. Die Wochenenden würde Anna noch meistens zu Hause verbringen. Wir sagten also zu. Annas Vorfreude war riesengroß. Immer und überall erzählte sie von ihrer Jugendwohngruppe und dass sie bald umziehen werde. Ihre Begeisterung wirkte ansteckend. Das half auch mir, ihr zuzutrauen, dass sie mit dem neuen Leben zurechtkommen würde. Wie immer lebte sie intensiv und erwartungsvoll auf den Umzugstag hin.

Noch bevor Anna am mittlerweile festgelegten Termin auszog, fühlte ich mich zusehends schlechter beim Gedanken an die große Veränderung. Alle Kleider mussten mit Namensschildchen bestückt werden. Diese Arbeit schob ich Woche für Woche vor mir her. Denn mit diesem Tun arbeitete ich aktiv an Annas Auszug mit. Das tat mir in der Seele weh. Woche für Woche vergrößerte sich die Trauer in mir. Ich träume nachts immer noch von allem Möglichen, was Anna zustoßen könnte, weil ich sie nicht beschützen kann.

Als ich mir beinahe nicht mehr zu helfen wusste, entschied ich mich für ein Gespräch mit Herrn Winistörfer, dem Leiter des Werkheimes Uster. Ganz unbürokratisch stellte er mir seine kostbare Zeit zur Verfügung. Ich durfte das ausdrücken, was längst kein Geheimnis mehr war: meine Angst vor dem Auszug von Anna.

Herr Winistörfer hörte mir geduldig zu und fand, das sei doch ganz normal und nachvollziehbar, dass ich Anna nicht einfach so leicht ziehen lassen könne. Sein Verständnis und sein Mitgefühl taten mir sehr wohl. Ich spürte, dass es mir leichter ums Herz wurde. Anna würde in einer guten Institution arbeiten und leben. Sie würde auch hier eine gewisse Geborgenheit bekommen und sich weiterhin gut entwickeln können. Er sagte mir definitiv nichts Neues.

Am zweitletzten Sonntagnachmittag vor dem Auszug besuchten wir ein Alternativrestaurant in Ottikon bei Zürich. Jeder von uns bestellte sich sein eigenes Dessert. Wir drei lachten zusammen und genossen jede Stunde und jede Minute. Ich musste Anna immer wieder in den Arm nehmen und streicheln. Die Tränen wollten ständig hochkommen. In mir drin drohte etwas zu zerreißen. Wie gerne hätte ich die Ablösung mit derselben Leichtigkeit erlebt, mit der Hansuli mit der ganzen Veränderung umging.

Iris und Daniela, die beiden Verantwortlichen für die Wohngruppe, besuchten mich zu Hause, um den Umzug zu besprechen. Sie wollten von mir Informationen über Anna, um sich einen ersten Eindruck von ihr zu verschaffen. Bei diesem Gespräch konnte ich meine Ängste mitteilen, meinen Befürchtungen Ausdruck geben und erleben, wie verständnisvoll die beiden Frauen auf mich eingingen. In der Tat staunte ich sehr, dass mir so viel Mitgefühl entgegengebracht wurde. Wir vereinbarten, dass Daniela, als Annas Bezugsperson im Wohnbereich, für Annas Kleider zuständig ist und ich diese Aufgabe bewusst abgebe.

Am Schluss des langen Gespräches fragte mich Iris: «Aurelia, wünschst du dir noch etwas von uns?»

Hatte ich mich da verhört? Ich sollte noch einen Wunsch äußern? War das wirklich wahr?

Ganz perplex meinte ich: «Ich wünsche mir einfach, dass Anna sich bei euch geborgen fühlen kann und an Selbständigkeit gewinnt!» Ich staunte, wie viel Interesse sie an Anna und den anderen Betreuten und an uns Eltern zeigten! Wieder war eine kleine Hürde im Loslassen genommen.

Die Kleider waren mittlerweile mit Namen versehen. Alles lag schön gebügelt und zusammengefaltet bereit. Die Spiele, die Anna mitnehmen wollte, hatten wir sortiert und in eine Schachtel gepackt. Alles wurde beschriftet. Jedes einzelne Ding, das wir verpackten, bedeutete Abschied. Meine Seele kam nicht mit.

Die letzten Tage vor Annas Auszug brachten uns noch heftige Konflikte. Anna wollte mir endgültig zeigen, dass sie mich nicht mehr so sehr braucht. Der Sonntag vor ihrem Umzug kam. Am Nachmittag gingen wir als kleine Familie in ein Restaurant zum Eisessen. Die schönen Erinnerungsfotos, die wir schossen, zeigen viel Nähe und tiefe Verbundenheit.

Dann kam der festgesetzte Umzugstag, der 2. April 2007. Anna und ich waren emotional nicht auf derselben Ebene. Während sie die Stunden kaum erwarten konnte, bis es Zeit für den Umzug war, vergingen sie mir viel zu schnell. Als es so weit war, gab ich mir alle Mühe, eine gute Stimmung zu verbreiten. Gegen meine inneren Gefühle lachte ich mit Anna. Ich hätte es mir nie verziehen, wenn ich Annas Heiterkeit mit meiner Traurigkeit überschattet hätte. Der Umzugstag sollte ein schönes Erlebnis werden.

Als wir dann im Werkheim ankamen, wurde das neu bezogene Appartement der Jugendwohngruppe gerade erst möbliert. In Annas Zimmer stellten sie soeben den Wandschrank zusammen. Das Bett war schon aufgebaut, aber noch nicht bezogen. Alles fühlte sich so gar nicht gemütlich an. Die neuen Betreuer hatten alle Hände voll zu tun. Es fehlte an Zeit, um die Neuankömmlinge wärmstens willkommen zu heißen. Trotzdem, sie gaben sich alle erdenkliche Mühe, es Anna und Nathalie, die das Zimmer neben Anna bezog, schön zu machen. Meine Nerven lagen blank, meine Seele litt still vor sich hin. Und dann kam noch die Müdigkeit hinzu, die sich während der letzten Wochen so angesammelt hatte.

Der Abschied von Anna war sehr, sehr schwer. Immer und immer wieder fand ich einen Grund, warum ich nochmals in Annas Zimmer musste. Da konnte ich sie auch immer wieder fragen, wie es ihr denn so ergehe. Ich wusste, dass ich mich zusammenreißen musste, um meine Not nicht auf Anna zu übertragen. Andrea, eine Betreuerin, rief Anna und Nathalie zu sich und sagte, sie wollten nun miteinander in der Kantine das Abendessen einnehmen.

Jetzt *musste* ich mich also verabschieden. Und da sah ich in Annas Augen Tränen aufsteigen. Sie verzog das Gesicht leidvoll und ängstlich. Meine starke, große Anna! Das war dann doch zu viel für mich. Wir rissen uns los und überließen Anna den neuen Umständen. Gleich am selben Abend musste ich mich telefonisch erkundigen, ob Anna noch immer Mühe und Trauer bekundete. Das konnten die guten Leute dann verneinen. Gott sei Dank!

Die erste Zeit, die Anna in der neuen Jugendwohngruppe lebte, offenbarte aber ihren wahren Seelenzustand. Am ersten Tag war sie sehr nervös und auffällig unruhig. Am zweiten Tag legte sich die extreme Unruhe etwas, wenigstens am Arbeitsplatz. Anna fand den Weg zur Arbeit nicht mehr und wirkte verwirrt und unsicher. Nun kam noch das Sprachproblem dazu. Die Betreuerinnen und Betreuer hatten noch nicht die Zeit gehabt, sich eingehend mit Anna und ihrer Sprache zu befassen. Alle waren bis aufs Äußerste angespannt.

Suche nach einem neuen Weg

Ich litt so sehr unter der Trennung, dass ich ständig Tränen in den Augen hatte. Dominique, die Mutter von Annas Schulfreundin Katja, überraschte mich während der ersten Woche mit einem wunderschönen Mohnblumenstrauß.

Noch in der Haustür sagte sie mir mit gefühlvoller Stimme: «Schau, diese Blüten sollen dich trösten und dir Freude bereiten. Ich kann mir so gut vorstellen, wie sehr dir die Trennung von Anna zu schaffen macht. Und schau, wenn die Blüten sich entfalten, dann denk daran, wie sich Anna im neuen Umfeld entfalten wird.»

Ich war sprachlos, nicht nur, weil dieser Freundschaftsdienst so berührend war. Nein, Dominique rührte mich zu Tränen. Die zeige ich aber nicht so gerne in der Öffentlichkeit. Und so verkniff ich mir die Tränen, die zu weinen doch so befreiend gewesen wäre!

In den ersten beiden Wochen, die Anna im Werkheim wohnte, organisierte ich fast täglich Besuche bei Freundinnen. Die Zeit zu Hause wurde für mich erdrückend. Ich musste mich ablenken, um die Leere aushalten zu können.

Meine Gedanken kreisten pausenlos um Anna: «Wie geht es ihr? Fühlt sie sich wohl? Kümmern sich die Leute vom Wohngruppenteam gut um sie?», fragte ich mich fast stündlich. Von Entspannung konnte keineswegs die Rede sein. Unentwegt wühlten die Sorgen um Anna meine Seele auf. Nachts konnte ich nur sehr schlecht in den Schlaf finden. War es dann doch endlich so weit, dass ich eingeschlafen war, plagten mich schreckliche Träume um Anna. Ich sah sie verloren, alleine und traurig auf dem Bettrand sitzen. Die nächtlichen Fantasien nahmen bald auch die Tagträume ein. So drehte sich mein ganzes Denken und Fühlen um meine Anna.

Dann entschied ich mich, einfach zu vertrauen, dass es Anna gutgeht. Ich musste diesen klaren Entscheid fällen, um mich auf meine neue Lebensgestaltung ausrichten zu können. Aber diese vorher sehr intensiv gelebte Trauerphase musste ich durchmachen, um nun sicheren Schrittes weitergehen zu können.

Plötzlich wurde mir bewusst, dass ich mich schnell und gezielt um einen neuen Lebensinhalt für mich kümmern sollte. Nach all den Jahren, die ich fast ausschließlich Anna zur Verfügung gestellt hatte, war es ganz schwierig, überhaupt herauszufinden, welche Bedürfnisse ich hatte. Ich entschied mich dann, ein Heilpädagogikstudium anzufangen. Nach längerem Suchen fand ich in Basel im ISP (Institut für Spezielle Pädagogik und Psychologie) an der Fachhochschule Nordwestschweiz einen Ausbildungsplatz. Es war wichtig für mich, nach Annas Auszug nicht einfach im Leeren zu stehen.

Anna lebt sich ein

Die erste Woche war sehr kurz. Ich durfte Anna schon am Donnerstagnachmittag abholen. Das Osterwochenende lag vor uns. Diesen Nachmittag konnte ich kaum erwarten. Anna in meine Arme zu schließen, sie wieder ganz nahe bei mir zu haben, stellte ich mir sehr befreiend vor. Wie überrascht war ich dann, als Anna gar nicht nach Hause kommen wollte. Wenn Anna sich bei der Arbeit einer neuen Herausforderung stellt, gibt sie eben nicht auf, bis sie die Aufgabe beherrscht. Nun schien sie es mit der neuen Wohnsituation genauso zu halten: Sie wollte bleiben. Vielleicht bis alles seine Ordnung hatte? Ich wusste ihre Motivation, dort bleiben zu wollen, nicht richtig zu deuten. Aber dieses Verhalten freute und befreite mich sehr. Nun wusste ich einmal mehr: Anna wird diese neuen Herausforderungen auch ohne meine Hilfe meistern! Ganz stolz war ich auf sie, meine tapfere, kämpferische Anna!

Während des Wochenendes packte sie dauernd ihre Sachen zusammen und machte deutlich, dass sie jetzt wieder in die Wohngruppe gehen wolle. Wir erklärten ihr immer wieder, dass sie am Montagabend wieder ins Werkheim gehen werde. Wütend und laut sagte sie: «Nein!»

Annas Wohngruppenteam versicherte mir, dass ich jederzeit anrufen dürfe, wenn ich mich um Anna sorge. Wie gerne hätte ich in den ersten Wochen alle zwei Stunden telefonisch nachgefragt, ob es Anna gutgeht, und vor allem, wie sie lebt. Ich tat es nicht. Um alles in der Welt wollte ich nicht als überbesorgte Mutter auffallen. Und doch *war* ich so eine Mutter!

Auch wenn ich mich in Tat und Wahrheit sehr zurückhielt mit Telefonanrufen, so verhielt ich mich trotzdem ziemlich kontrollierend. Nachträglich staune ich, dass die Betreuenden mir kaum den Eindruck gaben, ich sei eine aufsässige Mutter, die ihr Kind nicht loslassen kann. Ganz zufällig, wie ich das zumindest erscheinen lassen wollte, brachte ich ab und zu etwas vorbei. Eigentlich wollte ich dabei kontrollieren, ob meine Anna den Umzug und das neue Leben überstand …

Zu meiner Frage, wie sich Anna mitteile, meinte Daniela: «Anna ist präsent und meldet sich deutlich und unübersehbar. Anna ist lebendig und kommunikativ. Sie ist lernbegierig, will mehr Selbständigkeit. Sie strebt nach Autonomie. Anna kann ihre Bedürfnisse gut kommunizieren. Sie bringt sich aktiv ein in die Gruppe und wird von den anderen auch problemlos angenommen. Man spürt bei Anna die Beziehungsfähigkeit.»

«Wo sind denn Annas Schwachpunkte?»

«Sie ist manchmal ruhelos, will immer mithelfen, selber aktiv werden. So hat sie an einem Mittag von sich aus, ohne Aufforderung, den Essenswagen drüben in der Küche abgeholt und selbständig in die Wohngruppe gebracht. Das ist an sich eine erstaunliche Entwicklung zur Selbständigkeit. Wir haben uns dabei nur gefragt, wo und wann Anna sich von sich aus auch mal Ruhezeiten gönnt. Den Essenswagen holte sie nämlich direkt nach der Arbeit in der Gärtnerei. Sie macht keine

Pause, wie das bei den meisten anderen Betreuten der Fall ist.» Mit leuchtenden Augen erzählte mir Daniela diese Begebenheit. Ich sah ihr an, dass sie sich für Anna unbedingt mehr Ruhe wünschte.

Eine lustige Episode möchte ich noch erwähnen: Nach einigen Wochen verbrachte Anna das Wochenende erstmals in der Jugendwohngruppe. Am Sonntag war Muttertag. Wir Eltern waren zu Kaffee und Süßigkeiten eingeladen. Bevor wir uns aber unter die Leute mischten, besuchten wir Anna in ihrem Zimmer. Voller Freude und ganz aufgeregt wollte sie mir das Muttertagsgeschenk, einen bemalten Blumentopf mit einer Begonie darin, überreichen. Die Freude meinerseits war riesengroß!

Ich sah mich in Annas Zimmer um und vermisste sogleich die Farbstiftschachtel, die Anna für gewöhnlich immer in ihrer Nähe hat.

«Anna, wo ist die Farbstiftschachtel?», wollte ich wissen.

«Da!» Anna zeigte in Richtung Kleiderschrank.

Jetzt spürte ich gleich, dass ich mich eigentlich zurückhalten und nicht in ihre Sachen einmischen sollte. Ich schaffte es wenige Sekunden lang, meinem Suchinstinkt zu widerstehen. Plötzlich siegte mein inneres Drängen, «Ordnung» zu machen. Ich wollte wissen, warum die Schachtel nicht auf dem Schreibtisch lag. Irgendwie begab ich mich zum Wandschrank, öffnete die Tür und sah – oh weh! –, dass Anna ihre Reisetasche gepackt hatte. Ein Stich machte sich in meinem Herzen bemerkbar. Meine Gedanken und Gefühle begannen sich zu verselbständigen.

Da trat Andrea ins Zimmer: «Aurelia, bist du wieder am Aufräumen?!», fragte sie ziemlich forsch. Und sogleich fühlte ich mich ertappt. Was sollte ich jetzt nur machen? Ich musste mich so schnell und so geschickt wie möglich aus der Affäre ziehen.

«Hier, wir haben die Farbstifte gesucht. Anna hat ihre Reisetasche gepackt!», antwortete ich sichtlich überrascht. Und dabei hoffte ich sehr, dass Andrea nicht meine wahren Gefühle erkannte. «Wollte Anna vielleicht nach Hause kommen?»

Ich glaube, mit dieser unsicheren Frage habe ich mich verraten. Andrea, eine sehr umsichtige, einfühlsame Frau, die differenziert wahrnimmt und verantwortungsvoll ihre Arbeit tut, schaute mich mit einem kleinen Lächeln an. Ich spürte ihr Verständnis. Vermutlich werde ich nicht mehr so schnell in eine derart peinliche Situation kommen. Ich merke, dass ich mich in Annas neues Lebensumfeld nicht einmischen sollte. Ich muss vom Gedanken wegkommen, dass Anna mein kleines Mädchen ist. Sie ist es nicht mehr. Auch wenn Anna geistig behindert ist, wird sie erwachsen.

Es gab immer wieder Dinge, die mich aufwühlten. Einmal entdeckte ich, dass häufiger mal Kleider von Anna fehlten. Sie wurden nach Tagen der Suche bei Annas Mitbewohnern in den Schränken gefunden. Manchmal fand ich Kleider von den anderen in Annas Kleiderschrank. Hatten die Leute das Leben meiner Anna also doch nicht ganz im Griff?

Was steckt hinter der Angst um Anna?

Heute erkenne ich, dass ich durch all die Jahre der Begleitung von Anna eine gewisse Leichtigkeit verloren habe. Vielleicht versteckt sich ja hinter der manchmal übergroßen Angst um Anna das Gefühl von Schuld. Ich weiß es nicht so genau. Vordergründig meine ich eher, dass die Schuldfrage für mich geklärt ist. Nun überlege ich mir aber trotzdem, warum ich wohl immer wieder von der Angst getrieben werde, ich könnte eine Not von Anna übersehen. Grund hätte ich genug, den Leuten im Werkheim zu vertrauen.

Ich will also lernen, mich vertrauensvoll wieder vermehrt auf mein Leben zu konzentrieren. Die Zeit ist gekommen, wo wir uns für unsere Ehe wieder mehr Muße gönnen sollten. Anna ist und bleibt das uns anvertraute Kind. Sie wird immer einen wichtigen Platz in unserem Leben einnehmen. Wir werden nie so losgelöst voneinander leben, dass wir Anna aus den Augen verlieren.

Loslassen heißt ja nicht, dass wir nicht mehr verbunden

sind miteinander. Ich verstehe darunter nur, dass wir ein wenig zurücktreten und für die Menschen Platz machen, die mit Anna leben und arbeiten. Sozusagen wie im «normalen» Leben entlassen wir sie in die Welt der Erwachsenen. Und wie im «normalen» Leben werden wir immer für Anna da sein, wenn sie uns braucht. Wir werden weiterhin Anteil nehmen an ihrem Ergehen und vielleicht sogar ab und zu gemeinsame Erlebnisse machen. Vielleicht entwickelt sich alles einmal so, dass wir nicht mehr die sind, die am meisten wissen über Anna und sie am besten verstehen. Dann werden wir bei den Leuten nachfragen, die Anna am nächsten stehen. Und das sind dann vielleicht Leute aus ihrer Wohngruppe oder dem Arbeitsbereich.

Wie auch immer, wir wollen uns damit befassen, Anna in ein neues Umfeld zu begleiten, damit sie getragen ist, wenn uns einmal etwas zustoßen sollte. Wir müssen den Gedanken zulassen, dass wir plötzlich sterben könnten. Anna hat keine Geschwister, die für sie aufkommen könnten und für sie sorgen würden, wenn wir einmal nicht mehr da sein sollten. Darum müssen wir zu ihrem Besten mithelfen, Anna eine neue Welt des Wohlbefindens und einer gewissen Sicherheit zu schaffen.

Es gehört für mich zum erfolgreichen Prozess des Loslassens, dass ich weiß, Anna könnte gut und zufrieden weiterleben – auch ohne uns. Dieser Weg ist noch lange nicht fertig. Wir sind noch ganz am Anfang. Wir bemühen uns aber, Anna nicht an uns zu ketten, sondern sie freizusetzen für ihr eigenes, so weit wie möglich selbstbestimmtes Leben. Und dieser Prozess ist sehr, sehr schwer.

Rückblick auf das erste Jahr nach Annas Auszug in die Wohngruppe

Während der Zeit, in der Anna sich in ihre neue Umgebung im Werkheim Uster einlebte, fing ich an, ihre Geschichte aufzuschreiben. Hochkonzentriert suchte ich in der Erinnerung und meinen Tagebüchern nach all den Details für die Lebensgeschichte mit unserer Anna. Nicht gerade eine entspannende Sache! Das Ganze zeigte mir im Verlauf der folgenden Wochen, wie viel Arbeit und Leid wir doch als kleine Familie zusammen durchgestanden hatten. Manchmal kostete mich die Aufarbeitung der Vergangenheit alles. Seelisch wie körperlich völlig erschöpft kämpfte ich mich durch die Tage. Dass da die Sorge um Anna übergroß zu werden schien, ist für mich heute, wo ich etwas Abstand habe, verständlich. Irgendwie schaffte ich es nicht, das Leben einfach mal nur zu genießen. Ich wurde meine Sorgen um das Wohlergehen von Anna auch nach Monaten nicht los.

Feinfühlig, sehr kompetent und interessiert sprach mich Daniela, die Bezugsperson von Anna, auf meine Sorgen an. Nun konnte ich nicht mehr ausweichen. Die Frage, ob ich dem Wohngruppenteam vertrauen könne, musste ausgesprochen werden. Ein Kampf brach in mir los. Was sollte ich jetzt sagen? Dürfte ich wirklich ganz offen sein? Welche Folgen hätte meine Offenheit für Anna?

Während mehrerer Wochen suchten wir im Gespräch immer wieder den Punkt, wo mein Vertrauen richtig Wurzeln schlagen konnte. Bei jedem Gespräch fasste ich mehr Mut, meine Ängste, Schwierigkeiten und die Ungereimtheiten in mir ehrlich zu äußern. Nach und nach lernte ich auch, Dinge anzusprechen, die mich ärgerten. Dabei achtete ich darauf, dass ich freundlich und wertschätzend blieb in meinen Aussagen. So fanden wir zu einer offenen, transparenten und lösungsorientierten Gesprächskultur. Wir schätzen die Offenheit der Betreuenden sehr. Sie nehmen unsere Ängste ernst und suchen gemeinsam mit uns Eltern nach Wegen, wie wir alle das Leben für Anna am optimalsten gestalten können.

Herr Winistörfer, der Leiter des Werkheims Uster, sagte mir einmal: «Wissen Sie, Frau Gujer, ich sage meinen Leuten immer wieder, dass die Eltern unserer Betreuten so lange nachfragen und nachschauen, bis sie sich sicher sind, dass ihre Kinder gut aufgehoben sind. Das ist vollkommen natürlich.

Aber nicht alle Eltern brauchen diesen engen Kontakt zu ihren Kindern.»

Dazu meinte ich zu meiner eigenen Verteidigung: «Für mich war und ist dieser Kontakt deshalb so wichtig, weil Anna die gesprochene Sprache nicht zur Verfügung steht. Wenn sie etwas Schwieriges erlebt, dann muss ich auf dem Weg des Gespräches mit den Betreuenden herausbekommen, was Anna bedrückt.»

So oder so, die Möglichkeit, Bedenken, Unklarheiten, Fragen und was da alles dazugehört immer und jederzeit bei den Betreuenden deponieren zu können, war schon sehr wohltuend und befreiend. Meine Ängste wurden kleiner und kleiner und nahmen nach und nach weniger mein Denken und Fühlen ein.

Die Betreuer der Wohngruppe nahmen Anteil an meinem schwierigen Prozess bei der Verarbeitung unseres Lebens mit Anna. Langsam, fast unmerklich, wuchs das so wichtige Vertrauen zueinander.

Hansuli erlebte diesen Prozess weit weniger dramatisch als ich. Für ihn verlief das Leben eigentlich kaum sehr viel anders als vorher. Nur die Abende konnten wir freier gestalten. Wenn wir Lust hatten, genossen wir unbeschwert einen ungeplanten späten Abendspaziergang. Anna wohnte ja nicht mehr bei uns. Hansuli merkte, dass ein gewisser Druck von mir gewichen war. Wir konnten in gewisser Weise Freiheiten genießen, die wir seit Jahren in der Form nicht mehr gekannt hatten.

Wir mussten erneut lernen, unserer Ehe mehr Raum zu geben. Wir wollten wieder als Paar funktionieren und das umsetzen, was wir uns insgeheim schon lange gewünscht hatten. Das war dann gar nicht so leicht. Hansuli wollte die Zweisamkeit, und ich wollte die «ausgeflogene» Anna zurück. Unsere Erwartungen und Gefühle trafen sich nicht.

Nach und nach fanden wir aber zueinander. Wir lernten, wieder unbeschwert und ungestört miteinander zu reden und einander zuzuhören.

Anna ging es mittlerweile recht gut. Sie zeigte uns jedoch,

dass sie eigentlich doch wieder lieber zu Hause wohnen möchte. Nicht gerade die beste Botschaft für mein sorgenanfälliges Mutterherz!

Den Gefühlen Ausdruck geben

In der Lehrwerkstatt und der Wohngruppe bemühen sich die Betreuenden wirklich tüchtig um die Sprache und die Sprechmöglichkeiten für Anna. Sie fordern Anna, indem sie ihr immer wieder den regen Gebrauch des Sprachcomputers ans Herz legen. Sie soll vertraut umgehen können mit dem Gerät, das ihr Zugang zur Welt der Sprechenden verschafft.

Herr Litschi und sein Team fordern Anna heraus, ihre Gefühle, Erwartungen, Wünsche und Grenzen mitzuteilen. Reagiert Anna wütend auf das Nicht-Verstandenwerden, wird sie darauf hingewiesen, dass sie der Wut einen Namen geben kann. Dazu soll sie lernen, die Tasten für ihre Gefühle auf dem Computer zu nutzen und sich auf diese Weise verständlich zu machen.

Die große und aufwändige Arbeit mit Anna scheint dem Team von der Lehrwerkstatt nie zu viel zu werden. Mich beeindruckt es, mit wie viel Eifer und Können Anna und die anderen Lernenden betreut werden. Empathisch, achtungsvoll und wertschätzend werden die jungen Leute angewiesen, einen wertvollen Beitrag für die Arbeitswelt zu leisten. Sie fühlen sich dadurch wichtig, ernst genommen und nicht so leicht zu ersetzen. Das Selbstwertgefühl der Menschen mit einer geistigen Behinderung wird unterstützt.

Gott vertrauen

Im Vertrauen, dass auch in diesem Lebensabschnitt Gott mit uns ist, gehen wir Schritt für Schritt in eine noch unbekannte Zukunft. Ich werde eine Mutter bleiben, die sich schnell Sorgen macht. Gleichzeitig möchte ich Anna größtmögliche Freiheit gewähren, damit sie ihr Leben dort, wo wir nicht dabei sind, auch ohne uns fröhlich gestalten kann.

Hansuli wird weiterhin helfend da sein, wenn Anna ihn braucht. Er wird auch seinem Naturell entsprechend Anna mehr Freiheiten lassen und ihr mehr Eigenständigkeit zutrauen als ich. Anna wird davon profitieren, wie sie von meiner Fürsorge profitieren kann.

Wir werden weiterhin so viele Wochenenden wie möglich mit Anna erleben und uns an den gemeinsamen Stunden freuen. Vielleicht planen wir wieder einmal gemeinsame Reisen. Budapest oder Prag sind Ziele, die Anna gerne ins Auge fassen möchte. Sie weiß, dass es dort schöne Marionettentheater gibt.

Wir werden auch weiterhin eine gute, lebendige und offene Zusammenarbeit mit den Betreuern von Anna pflegen. Denn die Wohngruppe wird auch in Zukunft zu Annas Alltag gehören. Sie wird wohl nie alleine und ganz selbstbestimmt leben können. Darum ist es wichtig, dass wir jetzt bereit sind, mit ihr das Leben mit anderen Menschen zu üben. Anna erlebt dabei, dass sie uns nicht aus den Augen verliert oder aufgeben muss. Wir bleiben ihre Eltern, ihre Nächsten, ihre Vertrauten.

Anna segelt wie ein fröhlich flatternder Schmetterling durchs Leben. Dank vielen fürsorglichen Begleitern wird sie unterstützt, umsorgt und geachtet. Ihrer inneren Schönheit wird Rechnung getragen. Wir wünschen jedem Menschen mit einer Behinderung eine menschenwürdige Umgebung, wo die Betreuenden an die Fähigkeiten und Ressourcen ihrer Anvertrauten glauben. Wenn Menschen mit einer Behinderung ein lebenswertes Leben gestalten sollen, dann benötigen sie dieses wohlwollende Umfeld. Mögen noch viele Menschen vom außergewöhnlichen Menschenbild des Werkheims Uster angesteckt werden!

Unser Erleben, das viel Tragisches und Unverständliches beinhaltet, hat sich letztlich in eine großartige Liebesgeschichte gewandelt. Wir haben zwar viel gelitten, aber auch viel gewonnen. Wir sind gesegnet mit einem unermesslichen inneren Reichtum. Wer hätte gedacht, dass Gott mit uns so eine spannende, lebendige, prägende Geschichte schreibt?

Glaube und Behinderung (Anhang von Ruth Bai-Pfeifer)

Aus eigener Erfahrung weiß ich, wie weh das Leben mit einer Behinderung tut. Deshalb habe ich vor fast zwanzig Jahren, zusammen mit anderen behinderten Menschen, den Verein «Glaube und Behinderung» gegründet.

Die Basis unserer Arbeit bildet der christliche Glaube.

Die Menschen

Unsere Mitglieder kommen aus Landes- und Freikirchen. Sie leben selbst mit einer Behinderung oder sind als Eltern, Kinder, Partner und Freunde nahe am Thema dran.

Miteinander teilen wir Freud und Leid. Wir ermutigen uns gegenseitig, mit unseren Behinderungen leben zu lernen. Für viele Betroffene und für Eltern von Kindern mit einer Behinderung ist es wichtig, nicht das Gefühl zu haben, alleingelassen zu werden. Als Christen setzen wir Zeichen der Hoffnung: Unser Leben, samt der Behinderung, ist wertvoll und hat Sinn.

Die Wege

Wir zeigen Wege auf, Menschen mit einer Behinderung …

- seelsorgerlich zu begleiten.
- zu verstehen und zu integrieren.
- Tipps für die Entfernung baulicher Barrieren von Kirchen und anderen Einrichtungen zu geben.
- eine Stimme in Kirche und Gesellschaft zu geben.
- durch die Organisation von Ferien und Reisen in der Freizeit zu begleiten.
- Gehör zu verschaffen durch Gottesdienste und Seminare, durch Unterricht an theologischen Ausbildungsstätten und durch Referate.

Die Ziele

Unsere Grenzen sind oft sichtbar. Wir stehen zu ihnen.

Wir sind so, wie wir sind. Und wir sind Geschöpfe Gottes.

Gott liebt jeden von uns persönlich und hat einen Plan mit uns.

Wir wollen keine speziellen Gottesdienste für Menschen mit Behinderung, sondern herzliche Aufnahme in jeder Kirche und Gemeinde.

Wir unterstützen Menschen mit einer Behinderung darin, ihren Platz in der christlichen Gemeinde einzunehmen. Dort sollen sie integriert, ernst genommen, gefördert und getragen werden.

Die Hoffnung auf ein Leben in der Ewigkeit bei Gott ist keine billige Jenseitsvertröstung, sondern Kraftquelle, um das Leben mit allem Leid und Schmerz hier und jetzt zu bewältigen. Diese Hoffnung teilen wir mit anderen Menschen in der gleichen Situation.

Um nicht nur bei unserem Leid stehen zu bleiben, unterstützen wir ein christliches Rehabilitations-Zentrum für Kinder mit einer Behinderung in Albanien.

GLAUBE UND BEHINDERUNG

Glaube & Behinderung
Postfach 31
CH-3603 Thun BE
Tel. +41 (0)33 221 57 63
info@gub.ch
www.gub.ch

Nachbemerkungen zum Thema «Ablösung»

Harmonischer Übergang zu neuen Lebensperspektiven

Aus der Sicht von Herrn **Rudolf Litschi**, Gruppenleiter von Annas Lehrwerkstatt:

Nicht da ist man daheim, wo man seinen Wohnsitz hat, sondern wo man verstanden wird.

Christian Morgenstern

Einleitung

Als Gruppenleiter in der Lehrwerkstatt befasse ich mich täglich mit der Elternarbeit. Diese Erfahrungen und Haltungen will ich als möglichen Denkansatz in das Thema «Übergang zu neuen Lebensperspektiven» einfließen lassen. Ich bin sehr motiviert, die anspruchsvolle Zusammenarbeit, die Erkenntnisse und Erfahrungen der involvierten Parteien zu erläutern.

In der institutionellen Praxis zeigt sich, dass die Eltern-Kind-Ablösung – verbunden mit dem Eintritt in eine Institution – oftmals als sehr schmerzhaft, belastend bis teilweise bedrohlich von den Eltern oder seitens des Jugendlichen empfunden werden kann.

Was heißt Ablösung? Was soll denn abgelöst werden und von wem?

Natürlich wird die Beziehung zu den Eltern nicht völlig gelöst. Dieses Verhältnis aufzulösen, wäre unbefriedigend für alle Beteiligten. Tatsache ist jedoch, dass mit dem Heimeintritt ein neuer Lebensabschnitt für die beteiligte Familie beginnt. Die Beziehung zu den Eltern wird sich wahrscheinlich ändern.

Chancen und Risiken der Bedürfnisse im Heimalltag

Chancen für die Jugendlichen

Den Neuanfang nach der Schule erachte ich als größte Chance für die Jugendlichen. Die Möglichkeit, an einem neuen Ort in neuer Umgebung und von anderen Personen betreut zu werden, ist eine große Herausforderung für alle Beteiligten. Eine neue Reifungschance beginnt, und damit wird auch die Anpassungsfähigkeit der Jugendlichen für den Heimalltag herausgefordert. Die Beziehungsmuster der Jugendlichen sind noch nicht festgelegt. Die Verhaltensweisen werden ausprobiert und gefestigt, und somit bietet sich für sie die Chance zur Selbständigkeit. Der natürliche und gesunde Wettbewerb entwickelt bei den jungen Leuten Lernstrategien, so dass sie gegenseitig voneinander profitieren können. Mitbestimmung und aktive Kommunikation werden im Arbeits- und Wohnalltag gelebt. Die Steigerung von Selbstbewusstsein und Selbstwertgefühl äußert sich bei einer Mehrzahl der Jugendlichen in selbstsicherem Auftreten in der Gesellschaft.

Risiken für die Jugendlichen

Manchmal wird der Jugendliche mit geistiger Behinderung durch einen Orts- und Beziehungswechsel verunsichert. Wenn diese Unsicherheit auf den Jugendlichen so bedrohlich wirkt, dass sich dadurch regressive oder aggressive Verhaltensweisen äußern, benötigt dies viel Geduld und Verständnis vom Betreuungspersonal und den Eltern. Nicht zu unterschätzen ist, dass die Wohnstruktur in der Institution sich möglicherweise von der im Elternhaus unterscheidet. Dies kann Stress, Wut oder Unmut bei den Betreffenden auslösen. Beispiele: konkrete Abmachungen über die Fernsehzeit; wer in der Wohngruppe zu welcher Zeit das Badezimmer benutzen kann; oder die Übernahme von bestimmten Aufgaben im Wohngruppenhaushalt.

Chancen für die Eltern

Können die Eltern der Institution das Vertrauen schenken, indem sie wissen, dass ihr Kind in einem guten Umfeld lebt, wird das anhaltende «schlechte Gewissen», sein Kind in andere Obhut gegeben zu haben, beruhigt werden. Dies kann ein zeitlich intensiver Prozess für die Eltern sein. Mit der Delegation der Aufgabe «Betreuung im Heim» bietet sich den Eltern die Möglichkeit, mehr Zeit für die anderen Kinder, die Partnerschaft und für sich selber zur Verfügung zu haben.

Risiken für die Eltern

Viele besonders anspruchsvolle Situationen und Hürden wurden von den Eltern mit ihrem Jugendlichen gemeistert. Aufgrund der großen Odyssee mit ihrem Heranwachsenden kann den Eltern gar nicht genügend Respekt für ihre tagtägliche 24-Stunden-Leistung entgegengebracht werden. Mit dem Wechsel in den Heimalltag des Jugendlichen fühlen sich einige Mütter «aufgabenlos», und die Frage nach dem Sinn des Lebens wird zum Thema. Diesem Übergang die nötige Aufmerksamkeit zu geben, erachte ich als sehr sinnvoll, denn es beginnt für alle Familienmitglieder ein neuer Lebensabschnitt.

Chancen für die Institution

Für die Institution erachte ich die bedürfnisgerechte Elternarbeit als eine große Chance und Grundlage im weiteren Leben des Jugendlichen. Der zentrale Punkt der Elternarbeit ist die gemeinsame Zusammenarbeit. Es gilt, die Umsicht zu lernen, die Bedürfnisse der Eltern und die des Jugendlichen zu verstehen. Empathie und Verständnis bewirken in der Regel mehr bei den Eltern als ein mehrseitiger professioneller Förderungsplan für den Jugendlichen. Wenn das Betreuungspersonal akzeptiert, dass die Eltern die Fachleute für den Heranwachsenden sind, entsteht eine erfolgreiche Zusammenarbeit.

Risiken für die Institution

Wenn das Verständnis für die Eltern nicht vorhanden ist, kann dies bei dem Jugendlichen einen Loyalitätskonflikt auslösen zwischen Eltern und Betreuern. Im Gegensatz dazu sind dem Personal, je nach Anzahl der Jugendlichen, im Wohn- oder Arbeitsbereich bei der einzelnen und individuellen Betreuung zeitliche Grenzen gesetzt. Dass die bedürfnisgerechte Behandlung ihres einzelnen Jugendlichen deshalb nicht der Eins-zu-eins-Betreuung wie zu Hause entspricht, muss immer wieder kommuniziert werden.

Haltung der Betreuungspersonen

Der Betreuer bzw. die Betreuerin agiert als mitverantwortliche Bezugsperson im Auftrag der Institution und der Eltern oder Vertreter. Einerseits vertritt die Bezugsperson die persönlichen Anliegen der Jugendlichen, und andererseits sind die Wünsche und Bedürfnisse der Eltern zu berücksichtigen. Die damit oftmals entstehenden Interessen- und Zielkonflikte werden mit transparentem und direktem Umgang gelöst. Das Ziel, nämlich die Entwicklung des Jugendlichen, kann nur gemeinsam mit den Eltern erreicht werden. Als Institution und Dienstleistungsbetrieb ist es unsere Aufgabe, den Eltern das Gefühl zu vermitteln, um das Wohlergehen und um die Interessen ihres Kindes besorgt zu sein.

Zusammenarbeit mit den Eltern

Häufig ist es der Wunsch der Eltern, dass sich der Jugendliche im Umfeld wohlfühlt und dass den Bedürfnissen des Jugendlichen und der Eltern angemessen begegnet wird. Die Ängste und die Sensibilität sowie die Anliegen der Eltern müssen ernst genommen werden. Eltern reagieren sehr empfindlich, wenn sie die Gefahr wittern, dass durch «ungeschickte Betreuung» die über viele Jahre unermüdlich geförderte Entwicklung in Gefahr ist.

Die transparente Kenntnis über das physische und psychische Befinden ist von großer Wichtigkeit. Deshalb sollen die Eltern in die Förder- und Therapievorschläge, Maßnahmen und Abklärungen ihres Kindes einbezogen sein. Die umfangreiche Kenntnis über das physische und psychische Befinden ist von zentraler Bedeutung. Die Eltern und die Betreuungspersonen können und sollen voneinander profitieren. Weil die Eltern über den Jugendlichen am meisten Wissen besitzen, ist es umso wichtiger, dieses in die Betreuungsarbeit einfließen zu lassen.

Die Geschichte (Biografie) ist ein ganz wichtiger Teil des Lebens mit oder ohne Behinderung, sie gehört zu jedem Individuum. Die Biografie ist ein Bestandteil unserer Arbeit und bietet uns Rückschlüsse auf das Verhalten.

Nur wer den Menschen liebt, wird ihn verstehen.
Wer ihn verachtet, wird ihn nicht einmal sehen.

Christian Morgenstern

Loslassen – Vertrauen

Gedanken von **Urs Winistörfer**, Werkheimleiter:

Gerne schreibe ich aus meiner Sicht als Werkheimleiter ein paar Gedanken zum Thema «Loslassen – Vertrauen». Ich möchte damit Eltern ermuntern, für ihre Anliegen im Zusammenhang mit ihren erwachsenen Kindern mit einer Behinderung zu kämpfen. Wenn ich Heimleitungen Anregungen für eine konstruktive und möglichst konfliktfreie Zusammenarbeit mit Eltern vermitteln kann, betrachte ich mein Ziel mit diesen Gedanken als erreicht.

Das Menschenbild steht im Vordergrund

Als ich mich vor 28 Jahren dazu entschied, mich als Werkheimleiter zu bewerben, standen ganz pragmatische Überlegungen im Vordergrund. Ich verfügte weder über eine heilpädagogische Ausbildung noch über Erfahrungen im Umgang mit Menschen mit einer Behinderung. Nebst meinen Kernkompetenzen in Betriebswirtschaft, Personalführung und Problemlösung war mein Menschenbild ein zentraler Faktor dafür, dass ich angestellt wurde. Dieses fand später auch Eingang in das Leitbild, das der Stiftungsrat für das Werkheim Uster für verbindlich erklärte.

> «Wir stehen zu einem ganzheitlichen Menschenbild, wo Körper, Geist und Seele untrennbar miteinander verbunden sind. Unsere betreuten Menschen sind einmalige Persönlichkeiten und Teil unserer Lebensgemeinschaften, in denen wir die physische, psychische und sexuelle Integrität schützen und den eigenen Lebensstil so weit wie möglich gewähren.»

Offenheit schafft Vertrauen

Ich stand als «Nobody» nun plötzlich dem neu erstellten Heim vor und sah mich mit der Aufgabe beauftragt, Vertrauen zu verbreiten, damit Eltern von geistig behinderten Erwachsenen, die sich während vieler Jahre für «ihr Heim» eingesetzt hatten, am Ende nicht enttäuscht auf der Strecke blieben.

> Mein Rezept: «Gegenseitige Offenheit schafft gegenseitiges Vertrauen!»

Um dies zu erreichen, wandte ich intuitiv verschiedene Maßnahmen an.

Ich besuchte jeden behinderten Menschen, der sich für eine Aufnahme im Werkheim Uster ernsthaft interessierte, bei sich zu Hause in seinem gewohnten familiären Umfeld. Es war mir wichtig, persönlich zu erfassen, unter welchen Voraussetzungen und Umständen der behinderte Mensch und seine Familie zu Hause lebten.

Ich betrieb ein offenes Haus. Besuch, auch ohne Voranmeldung, war jederzeit willkommen.

Mit «Elternbriefen» informierte ich alle zwei Monate schriftlich darüber, was im Heim läuft und funktioniert, aber auch über das, was nicht so ohne weiteres geht. Und ich dankte dort, wo ich für die Unterstützung durch Eltern froh war. Zweimal im Jahr lud ich zu persönlichen Informationsanlässen ins Heim ein und legte Wert darauf, dass das Personal ebenfalls anwesend war, um informelle persönliche Kontakte zu den Eltern zu pflegen.

Das jährlich stattfindende Werkheimfest wäre ohne die Mitarbeit von Eltern schlichtweg nicht durchführbar gewesen. Ein monatlicher Mütterstammtisch, an dem für den Uster-Markt und das Werkheimfest fleißig gestrickt wurde, war eine meiner persönlichen Gelegenheiten zu informellen Kontakten.

Neben der Offenheit des Heimleiters und damit der Institution braucht es die Offenheit der Eltern. Für eine wirkungsvolle und erfolgreiche Betreuung des Menschen mit einer geistigen Behinderung benötigen wir im Heim das fast grenzenlose Vertrauen seiner Eltern. Ich habe gute Erfahrungen damit gemacht, den Eltern gegenüber zum Ausdruck zu bringen, dass wir auf ihre Unterstützung durch ihre Erfahrungen, ihre Kenntnisse und ihr Wissen über den behinderten Menschen angewiesen sind. Das Wohl des Menschen mit einer Behinderung soll das Ziel der gegenseitigen Bemühungen sein.

Loslassen und Dritten anvertrauen

Loslassen – das erwachsene Kind mit einer geistigen Behinderung Dritten anvertrauen, bildet für viele Eltern eine enorm hohe Hürde. Meine Rezepte sind:

- Nicht drängen.
- Zeit für die Entscheidung lassen.
- Einen Übergang nicht abrupt, sondern stufenweise vollziehen.
- Ein erster Schritt zu einem Heimeintritt kann ein Ferienaufenthalt in einem auswärtigen Ferienlager des Heims sein.
- Ein unverbindlicher Schnupperaufenthalt von mindestens zwei Wochen soll Eltern und Kind die mögliche neue Situation erleben lassen.
- Den Heimaufenthalt im Wocheninternat beginnen, das Wochenende aber regelmäßig zu Hause verbringen.

Irgendwann hat in den meisten Fällen der Mensch mit einer Behinderung die Ablösung dann selbst gefördert oder gar vollzogen, indem er nicht mehr jedes Wochenende nach Hause wollte. Das Leben und die Freizeit unter seinesgleichen zu verbringen, bietet einen Reiz, den das (möglicherweise stereotype) Wochenende zu Hause bei der Familie nicht vergleichbar zu bieten vermag.

Ich weiß, dass dieser Moment für Eltern schmerzlich sein kann. Die auf Vertrauen basierende Offenheit zum Heim trug in der Regel dazu bei, Verständnis für das Bedürfnis des betreuten Menschen zu finden und loszulassen. Wie erlösend war in solchen Fällen die Erkenntnis, dass Besuche zu Hause plötzlich praktisch konfliktfrei und dadurch entspannter verliefen. Es wurde für Eltern wieder möglich, bei ihrem Kind Einfluss zu nehmen, ohne dass es das als Einmischung in seine persönlichen Angelegenheiten empfand.

Bezugspersonen im Heim

Die bisher beschriebenen Maßnahmen bilden eine ausgezeichnete Basis, auf der die Betreuungsarbeit aufgebaut werden kann. Die Zusammenarbeit mit den Eltern erfolgt im Heimalltag über die Bezugspersonen des behinderten Menschen im Wohnbereich und bei der Arbeit. Durch standardisierte Abläufe (Qualitätsmanagementsystem) gewährleistet die Heimleitung die Mitsprache der Eltern bei der Festlegung der Ziele in der Förderplanung. Im jährlichen Standortgespräch wird über die Zielerreichung gegenseitig informiert, und das weitere Vorgehen, die zu treffenden Maßnahmen, werden festgelegt.

Ein Qualitätsmanagementsystem bietet noch keine Gewähr, dass die Betreuungsarbeit im Heim im Einvernehmen mit den Eltern und zur Zufriedenheit der Eltern geleistet wird. Die Heimleitung hat bei der Rekrutierung des Fachpersonals die anspruchsvolle Aufgabe, zu prüfen, ob die Menschenbilder der Stellenbewerber sich mit dem Menschenbild der Institution decken. Anders ausgedrückt heißt das, dass die Heimleitung über die Personalrekrutierung Einfluss nehmen muss und dass sie sich im alltäglichen Führungsprozess immer wieder vergewissern muss, dass die vom Stiftungsrat im Leitbild und den anderen Führungsinstrumenten vorgegebene Grundhaltung gelebt wird.

Sollte es trotzdem zu Konflikten zwischen Eltern und den betreuenden Personen im Heim kommen, haben Eltern jederzeit das Recht, bei den Vorgesetzten (Bereichsleitungen, Heimleitung) vorzusprechen und diese um Hilfe bei der Konfliktlösung zu ersuchen. Als letzte institutionsinterne Ansprechinstanz ist den Eltern in jedem Fall der Weg zum Stiftungsrat zu ermöglichen.

Als externe Stellen, die Beratung und damit Hilfe anbieten, können sich Eltern an die Elternvereinigungen von insieme oder Pro Infirmis wenden.

Persönlich ist mir bis heute wichtig, dass Eltern nie aus Angst vor Repressalien gegenüber ihrem behinderten Kind darauf verzichten müssen, ihre Bedürfnisse und Anliegen sachlich und pointiert vorzubringen. Ein ständig gestörtes Verhältnis zum Heim des eigenen Kindes betrachte ich auf die Dauer für Eltern und Kind als belastender als einen Heimwechsel. Offenheit ist also gefragt, und diese Offenheit soll konsequent gelebt werden!